心・理・学

基礎の学習と研究への展開

psychology

松川順子 編著
Matsukawa Junko

ナカニシヤ出版

まえがき

　本書は大学に入って初めて心理学を学ぶ学生や，心理学を何らかの形で学ぼうとして手にされた一般の方々を対象として書かれた概説用テキストである。今日，心理学は非常に幅広い分野や領域に広がり，個々の分野もさらに細分化し研究も深まりをみせており，その全容を知ることは難しい。そのような状況の中で，本書は，第一に，心理学の分野でも比較的伝統的な，また基礎とされる心の過程を扱う感覚・知覚・記憶・学習・思考・動機（欲求）・感情について，最近の研究動向も視野に入れながら概説することをめざしたものである。本書の第Ⅰ部がそれにあたる。第二に，基礎からの展開・発展として，近年進展が著しい基礎的分野の紹介とその他の応用的分野の紹介をとおして，基礎学習がどのような心理学研究へと展開可能なのか，それはまた多くの人々が関心を持つ日常的なことがらや問題とどう結びつくのか，その手がかりや道筋を示すことをめざしたものである。本書の第Ⅰ部の各コラムや第Ⅱ部がそれにあたる。

　心理学を学ぼうとして大学に入学してくる学生は今も多い。入学時点では，心理学とはカウンセリングであると思っていたという学生に出会うことも多い。その一方で，近年よく話題になる脳科学への関心から，人の心を脳から科学的に説明することに関心を持つ学生や，友人や親とのかかわりの経験から人間関係を扱うのが心理学であると思っている学生も多い。それらはある意味すべて正しいといえる。一口に「心」といってもそのイメージされるところは人によってさまざまであり，またすでに述べたように「心理学」で括られる分野や領域は想像をはるかに超えて広いからである。

　今の時代を眺めると，心にかかわるさまざまなできごとや事件がますます多くなっているようにも思われる。犯罪事件を防ぐ手だてや対策，専門家の援助を必要としている人々の心への支援や対処は急務である。しかし，何か魔法の杖のようなものがあって一挙に事件や悩みがかたづくほど，人の心は単純で簡単なことでないことも事実である。また，多くの人々が悩みや問題をかかえつつ，何とか心の健康を維持し，あるいは維持しようとして毎日を送っていることも事実である。読者には，本書をとおして，「心」領域への探求は心理学にお

いても多岐にわたっていること，そのそれぞれにおいて「心」を説明する「理」を明らかにしようと実証的研究が進められていることを学んでほしい。また，「心」は実は日常生活を送っていることの中にあり，そこに心理「学」の面白さもあることを発見してほしいと願っている。

　最初に述べたように，本書は二部構成になっている。第Ⅰ部は心理学の基礎学習として，主として個人の心の働き・しくみを複数の領域から概説したものである。入門書としてはやや多くの内容を含んでいるが，それぞれの専門分野を学ぶ際に参考になるように，その手がかりをキーワードとしてちりばめてある。各章のコラムには，比較的日常的な関心に近い最新の研究紹介をすることで，基礎領域においても今日的なテーマへと研究が展開することを理解できるように工夫した。一方で各分野を専門的に学ぶには十分な内容でないこともまた確かである。関心を持った内容や分野については，それぞれの専門の概説書を手にされることを勧めたい。

　第Ⅱ部の展開と発展編では，基礎過程と考えられる領域もその周辺へと新しい広がりをみせていることを紹介し，広く心理学を学ぼうとする入門書としても利用できるようにしてある。まずは基礎編に収まらなかった比較的新しい注目されている基礎領域として神経心理学・比較心理学の概説を加えた。また，発達・社会・臨床など，応用的とも考えられる分野について，その領域の概説と具体的な研究への発展を紹介してある。著者の方々には無理難題をお願いしたが，それぞれにわかりやすく研究の面白さや研究の進め方を紹介していただき，編者としても大変勉強になった。読者においても同様であろうと期待している。

　このような本書のねらいが成功したかどうかは，本書を手にした読者や本書を教科書として利用いただく教授者からの反応にかかっているといえるだろう。

　最後になるが，本書を編集するにあたり，ナカニシヤ出版と編集部の山本あかね氏には大変お世話になった。短期間での無理な作業をお願いすることになったが，やりとりの中で多くの助言や励ましを受け，ようやく刊行の運びとなった。この紙面を借りて御礼申し上げる。

2009 年 2 月　金沢市角間にて
松川順子

目　　次

まえがき　i

第Ⅰ部　心理学の基礎

第1章　心理学を学ぶ　2
1. 心理学とは　2
2. 実験心理学の誕生から現代の心理学まで　4
3. 心理学の研究方法　12

第2章　感覚・知覚　22
1. 感　覚　22
2. 知　覚　30
3. 注　意　37

第3章　記　憶　43
1. 記憶の世界　43
2. 記銘方略　50
3. 想起と忘却　53
4. 意味記憶　58

第4章　思　考　65
1. 問題解決　65
2. 推　論　69
3. 意思決定　75
4. 概念と表象　78

第5章　学　習 …………………………………………………… 86
1. 学習研究の基礎　87
2. 馴化・鋭敏化　87
3. 古典的条件づけ　89
4. オペラント条件づけ　98
5. 社会的学習　107

第6章　動機づけ・感情 …………………………………………… 111
1. 動機づけ　111
2. 感　情　120

第Ⅱ部　心理学の展開と発展

第7章　脳の働きから心をみる──神経心理学 ……………… 134
1. 神経と脳　134
2. 大脳皮質の機能局在　136
3. 脳による心的表象　144

第8章　動物の心の世界を探る──比較心理学 ……………… 147
1. 動物の知覚　147
2. 動物の記憶　148
3. 動物における概念と思考　153
4. 心の働きの種差　156

第9章　ことばを獲得するための基盤──発達心理学 ……… 159
1. 発達心理学とは　159
2. 言語発達研究の展開　160
3. ことばの知覚とカテゴリーの形成　161
4. 語と対象やカテゴリーとの対応づけ　162
5. コミュニケーション機能　164

6. 象徴機能　166
　　7. 社会文化的アプローチからの言語発達研究　167
　　8. 終わりに　169

第 10 章　人とともに，社会とともに─社会心理学　170
　　1. 社会心理学とは　170
　　2. 社会心理学史上の流れ　170
　　3. 社会心理学で使用される主要な研究デザインと方法　172
　　4. 社会心理学の多様な領域　173
　　5. 社会的状況とは何か　177
　　6. 研究への展開　179

第 11 章　学習性無力感と燃え尽き症候群─臨床心理学　182
　　1. 臨床心理学とは　182
　　2. 基礎と臨床をつなぐ心理学研究　185
　　3. 終わりに　194

引用文献　195
索　　引　208

コラム
1　日本の心理学会と資格　21
2　注意バイアスと臨床応用　41
3　視覚的短期記憶と加齢　63
4　思考の抑制　84
5　豚の学習　109
6　ポジティブ感情と認知機能　131

心理学の基礎

第Ⅰ部

第1章 心理学を学ぶ

松川順子

1. 心理学とは

(1) 現代の心理学

　心理学とは，心や心のしくみ・働きについて研究する学問である。現代の心理学研究は，実験心理学の誕生とともにあるといわれる。その特徴は，研究が実験観察をとおして行われることが多いこと，行われた研究は客観的に評価可能で実証的なものであり，結果の再現性をめざしているということになるだろうか。近年は，調査研究においても因果関係を説明する分析方法の発達が著しく，実験や調査などの広い意味での観察ということが，現代の心理学の中心であるといってよいかもしれない。これらのことから現代の心理学研究は，一般的には実証的研究，科学的研究とよばれている。しかし，心や心の働き自体は個々の人の内的世界の動きであり，目に見えることもなく，主観的な体験そのものである。そのため，研究される心や心の働きも，物などと異なって，基本的には，主観的に体験される性質を持っている。そのことから心理学研究では，つねに主観的な直接経験をどのように客観化し説明可能にするか，またそれは可能かということが議論されてきた。現在もなおさまざまな議論と研究方法に関する模索があるといえる。

　心へのアプローチは心理学だけでなく，さまざまな領域で試みられている。文学作品には多くの登場人物をとおして，細やかな心理描写がなされて人物への共感や作品への理解を生む。日常的な生活に目をやれば，消費者としての行動や心理は経済学・経営学などともかかわりが深い。心地よく過ごすための人と物との関係の研究は，デザイン工学・人間工学とよばれる領域などとも近いといえる。近年の脳科学・神経科学とのつながりも深い。また，心へのアプローチは古来より哲学を中心に，自分自身あるいは人そのものの存在への問いかけという形で行われてきたのである。

(2) 心と心理学研究

　私たちが心というとき，誰の心に関心があり，誰の心を指していっているのだろうか。まずは自分自身の心を知りたいというかもしれない。次に，私の近くにいる友人にも心があり，心を動かしているはずであると私は考え推測している。そのため，友人の心の世界を知り理解したいと考えているのかもしれない。さらに，地球上には多くの人々が生活し，あるいは互いにかかわり合って生きている。一人一人の生き方があるという意味で，一人一人の心の働きは異なっており，また時々刻々と変化している。しかし，私や友人を含めた人々に共通する心の働きやしくみがあるからこそ，互いの理解ややりとりが可能なのだろう。そのため，私はそうした人々の心の働きやしくみを理解したいと考えているのかもしれない。このように，心への関心や関心を持つ心の働きは大きく3つの視点で捉えることができる。私自身の心，他者の心，人々の心である。渡辺（2002）は，これを一人称的，二人称的，三人称的視点とよび，一人称・二人称的視点に立つ心理学では，主観的体験やその理解が求められているのに対し，三人称的視点に立つ心理学では他者の行動の説明や脳における過程による説明が求められていると述べている。

　現代の心理学では，実証という立場と目に見えない主観的な心の働きを客観化するために，目に見える**行動**を手がかりとして扱うことが多い。そのため，心理学はときに**行動科学**としての心理学とよばれることもある。ここでの行動は，人の動作や仕草，表情だけでなく，言語として語られた内容など，人の取るさまざまな行為をすべて含んだものである。図1-1には，人が環境からの刺激を受けて意識的にも無意識的にも内的に反応し変化し，行動する流れを表した。基本的には人はこのように複雑な刺激状況と，刻々と変わる環境の中で意識的にも無意識的にもさまざまに反応し行動しているのだろう。現在，心理的な内的反応は互いに関連性のある複数の下位のシステムからなると考えられている。行動を手がかりとして，複数の下位のシステムの関連性から心の働きやしくみを客観的に説明していこうとするのが現代の心理学研究である。人全般をまずは捉えるという意味でも，三人称的視点に立つ心理学である。しかし，先に述べた一人称・二人称的視点を持つ心理学においても，主観的体験や理解・了解した事実を記述することは必要であり，その意味で客観化のプロセスが求めら

図 1-1　心の概念図

れているといえる。

　自分自身は確かに気づいている主観的な経験世界をどのように研究することが可能だろうか？　心の存在は自分の心としてはある意味明らかなようである。しかしその経験しつつある主観的世界を説明するためには，自分を他者と同じように客観的に捉える試みが必要である。そのための方法の1つが実験であり，その実験のために用意されるのが実験装置などの道具である。実験ではさまざまな条件のもとで観察（測定）が行われる。それらの観察結果はデータとなり，一部のデータは記号や数値に変換して処理し，実証可能な形に変えていく工夫がされる。近年は調査法も含め新しい研究法が次々と開発され展開されている（吉田，2006）。それとともにこれまで明らかにできなかった新しい研究が可能にもなっている。実験に限らずさまざまな研究手法全般への関心をつねに持つことが，研究の発展には必要なことといえる。

2. 実験心理学の誕生から現代の心理学まで

　では，実験心理学の誕生から現代の心理学に至るまで，心はどのように研究されてきたのだろうか？　ここでは意識性・全体性・行動を主なキーワードとして，実験心理学の誕生とその後について簡単にみておこう。

(1) 実験心理学の誕生

　科学的な方法として実験をとり入れ，現代の実験心理学の基礎を作ったのは，ヴント（Wundt, W.）である。ヴントは大学で医学，生理学を学んだ後，ライプチヒ大学の哲学教授として赴任し，そこで1879年に心理学研究室を創立し

たことで知られる。そのため，この1879年を実験心理学の誕生と位置づけることが多い。ヴントは自らの心の過程を内省する**内観法**を用いて，直接経験としての**意識の構成要素**を明らかにしようとした。これらのことからヴントの心理学は**意識心理学**ともいわれる。また，意識の構成要素として純粋感覚と単純感情を考えたことから，ヴントに師事したティチェナー（Titchener, E. B.）が自らよんだこともあり，この立場を**要素主義・構成主義**ともいう。このように，ヴントの実験は外から与える刺激を制御するということであり，観察され分析されたのは，その刺激に対する意識的な内省報告であった。つまりここでの実験心理学は，意識とその構成要素の探求がその出発点であったといえる。しかし，人間の行動には意識では説明できないものが多くある。また，心には要素には分解できないような意識状態があるのではないかということも考えられる。人がさまざまな環境の中で生きていることを考えると，心は要素から構成されるという受動的なものではなく，環境への適応という点で能動的な働きを持つのではないかといった批判もなされた。

　その他，同じ19世紀後半には，フェヒナー（Fechner, G. T.）が物理的刺激と心（精神）の関係を説明しようとし，その方法としての**精神物理学的測定法**の確立に貢献した。1860年にはフェヒナーの著書「精神物理学原論」が刊行されている。**恒常法**（the method of constant stimuli），**調整法**（the method of adjustment），**極限法**（the method of limits）といった古典的精神物理学的測定法は，現在も実験において重要な測定方法の1つである。**恒常法**とは，等間隔で段階的になっているいくつかの刺激をランダムな順序で多数回反復呈示して，各刺激に対する判断を求めるという方法である。ランダムな呈示のため次に出てくる刺激を予測できないという特徴がある。しかし，多数回の反復呈示のため，実験に時間がかかるのが欠点である。**調整法**とは，実験参加者が自ら刺激の値を変化させて，標準刺激とよばれる刺激と比較刺激が同じ値になるよう調整する方法である。**極限法**とは，たとえば標準刺激に対して比較刺激を一定の段階で少しずつ変化させて呈示していきながら，比較刺激に対して「標準刺激よりも大きい」「標準刺激と同じ」といった形で判断を求め，実験参加者の判断が大きいから同じなどのように変化をする刺激の値を決定するという方法である。刺激段階の変化方向には，少しずつ増加させる上昇系列と少しずつ減

少させる下降系列とがある。

(2) 心の全体性

　ゲシュタルトという言葉は全体としてのまとまりという意味である。意識心理学が心を要素に還元しようと考えたのに対し，心の全体性を主張する考え方をしたグループの研究者たちを総称してゲシュタルト学派，その考え方をゲシュタルト心理学という。その代表の一人であるウェルトハイマー（Wertheimer, M.）は，心に立ち現れる経験は要素の集合ではないことを主張した。ウェルトハイマーは，著書の中で，人が窓辺に立って家や木々や空を見るとき，見ているのはその全体としての風景であるということを述べている。たとえば，メロディもその例である。個々の音を組み合わせたメロディは，キーが変わって，その個々の音の高さが変化しても全体としてのメロディは保たれている（これを移調という）。また，ネオンサインのように光信号がわずかな時間のずれで2つの刺激間で点滅するとき，光が動いたように見える現象を仮現運動（第2章 p.37 参照）というが，この現象も個々の光信号からは説明できない。

　その他，解決すべき問題の全体構造を把握することで解決を導くことを洞察（第4章 p.66 参照）というが，これについては，ケーラー（Köhler, W.）によるチンパンジーの知恵実験が有名である。ケーラーは著書の中で，天井からぶら下げられたバナナを取るために，最初は試行錯誤していたチンパンジーが室内を見渡し，そこにある複数の箱を積み上げてバナナを取ることに成功した例を紹介している（Köhler, 1917：宮訳, 1962）。レヴィン（Lewin, K.）は体験を通じて構造化される生活空間に物理学の場理論の考え方を導入して，人間の行動を表そうとした。また，場の概念を人間の集団行動に応用し，集団内の個人はその集団が持つ性質やそこにいる他者などによって影響を受けると考え，グループ・ダイナミックス（集団力学）を生み出した（Lewin, 1950：猪俣訳, 1956）。全体としてのまとまり，構造化された全体というゲシュタルト心理学の考え方は，下位の内的表象の関連性から心の働きをみようとする現代の認知心理学に影響を与えたとされる（大山ら, 1990）。

(3) 行動から心をみる

　内観法による意識心理学に対し，1912 年，ワトソン（Watson, J. B.）は他の自然科学と方法論を共有するためには，客観的な行動を対象とするべきであると提唱した。この考えを**行動主義**という。ワトソンにとっては心理学の目的は行動の予測と制御であり，物理的刺激と個体の全体的活動（反応）の関係，つまり刺激（S）と反応（R）の関係が重要であった。たとえば先に示した図 1-1 は，環境からの刺激と結果としての行動との関係を表していると考えられる。彼は，この刺激－反応（S-R）を分析単位として，すべての行動の再構成が可能であると考えた。こうした考え方は，反応する人の意識や心の過程を排除したものであるといえ，後に批判を受けることになった。ワトソンの考え方は，後の新行動主義に対し，古典的行動主義ともよばれている。

　新行動主義は，同じ刺激でも異なった反応が生じ，また異なった刺激にも同じ反応が生じるという事実から，刺激と反応を仲介する個体（O）の内的な変数を考えた。その結果として，S-O-R 図式から刺激と反応の関係を説明しようとした。トールマン（Tolman, E. C.）は個体の目的的行動に焦点をあて，手段－目的関係が明瞭になっていく中で統合的な認知地図が形成されると考えた。

　また，ハル（Hull, C. L.）は刺激－反応の連合の強さを動因の減少による強化とし，仮説構成体に代表される多くの仲介変数群と多くの公準や系を表した。スキナー（Skinner, B. F.）は，仲介変数の必要性を認めず，実験的行動分析とよばれる理論を体系づけた。方法的には，スキナー箱や強化のスケジュールなどの新たな研究分野を切り開いた（大山ら, 1990）。現代の心理学の基本的方法は，行動から心の働きを推し量ろうとするものであり，行動を分析の対象とする行動主義の考え方は，行動の科学としての現代の心理学に受け継がれているといえる（第 5 章参照）。

(4) 意識と無意識

　無意識とは，私たちの感情や行動に大きな影響を与えているが意識されない心理的過程をいう。意識心理学が自覚される意識を心理学の対象としたのに対し，精神科医のフロイト（Freud, S.）は，患者への催眠暗示による症状の消失や心の深層にあると考えられるしこりを取り除く心理療法などをとおして，人

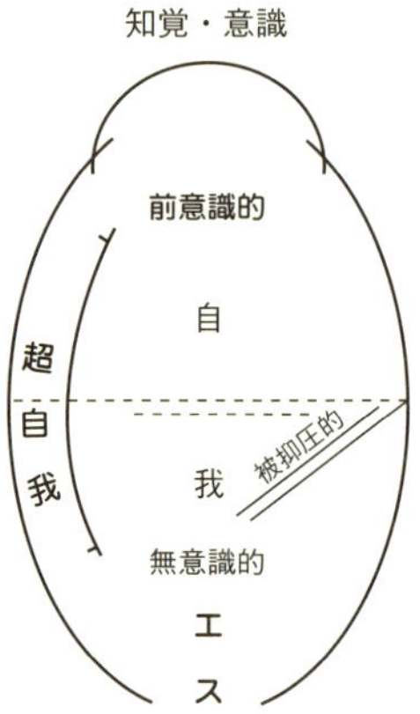

図1-2 フロイトの心の装置

の内部に抑圧され気づかれない無意識があることに気づき，後に，精神分析学を打ち立てた。精神分析学では，心理的過程は意識，前意識，無意識からつくられており，また，心の装置を自我，エス，超自我からなると考えている（図1-2）。図1-1の心の概念図にフロイトの考えた心の装置を加えたものを図1-3に示した。自我は現実的判断をする意識的側面を指す。エスとは無意識的な本能衝動を指し，心的エネルギー（リビドー）によって快楽原則にしたがったさまざまな行動を生じさせると考えられている。快楽原則とは，不快な状態を避けて本能衝動による満足を直接すぐに得ようとする傾向をいう。また超自我は，良心や理想などを表し，社会や親などをとおして形成される社会規範などであり，エスの衝動を抑えると考えられた。自我は環境からの刺激と無意識的な衝動（欲求）からの働きかけに対して現実的な判断をして行動しようとする。精神分析学では無意識を解明するために夢の分析や自由連想を用いる。精神分析学の考え方は，その後，ユング（Jung, C. G.）やアドラー（Adler, A.）によって批判も受けた。ユングは集合的無意識と自己の働きを強調して分析心理学へと発展させ，アドラーは力への意志や優越感といった社会的欲求や社会性を重視した個人心理学を創始した（大山ら，1990）。

　フロイトは日常生活の言い間違いや書き間違い，物忘れや失敗の中に無意識的な願望をも見て取ることができることを示した（Freud, 1901：懸田ら訳，1970）。すべてが無意識による願望の結果として説明できるかどうかは疑問も

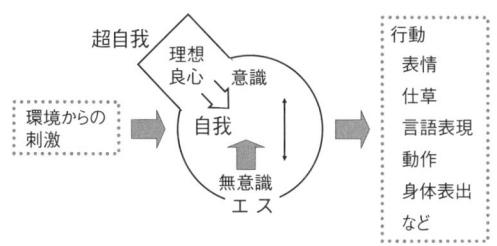

図1-3　図1-1にフロイトの心の装置の考え方をとり入れた心の概念図

あるが，私たちが行っていることがらには意識されずに無意識的に行われることも多く，初めは意識されていた行動が次第に自動的に行われていくことも多い。心の働きを考えていくときには，意識のみならず無意識的な心の働きを想定する必要がある。この無意識的な・自動的な心の働きは現代の心理学の考え方に受け継がれている。

(5) 個 と 心

ところで，一人一人の心のありようはどのように表現可能だろうか。行動観察をとおして実証的に明らかにされる心のしくみや働きは，その働き方自体は，人がおかれたその時々の状況や環境（自然・人・社会それぞれ）によって異なっている。また，それぞれの人によるその人自体の働き方であるといえる。人はその人独自の生得的特性を保持して誕生し，その人独自の環境とかかわって発達するからである。環境との関係によって，経験されることがらは異なり，人を含めたさまざまな環境へのかかわり方やコントロールの発達も異なってくるだろう。このような，身体的，心理的に統合された行動傾向を決める個としての個人の特徴を，パーソナリティ（人格）とよぶ（ときに性格ともいう）。図1-4には，このような生得的特性と経験的特性を持ちあわせた個としての人の心の概念図を表した。

心理学では，一人一人異なる独自の存在であることを認めたうえで，性格について表現しようとする試みがなされてきた。これは，たとえばよく似た特徴を持つ人々をまとめることで，より人間を理解しやすくしようとする方法や，人が共通して持っていそうな特徴を描き出して，その特徴を一人一人がどのように持っているかを見ていくことで理解しやすくしようとする方法などがある。

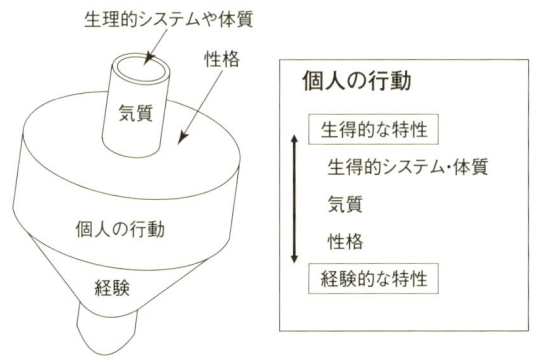

図1-4 個と心の概念図 (宮城, 1965を参考に作成)

前者の考え方は**類型論**，後者は**特性論**とよばれてきた。類型の1つに外向・内向がある。これは，環境に対してより積極的に向かうか，環境により敏感であるかなどの特徴を人は持っていると考えるもので，ユングが向性論として展開したとされる。

個としての人の理解や研究は，面接などのほか，さまざまな心理テストを用いて行われることも多い。質問紙法による心理テストは，テストの実施法や採点法が決められており，得られた結果が集団規準に照らして解釈できるように作成される標準化の手続きを経たものが多い。これを標準テストという。その他，投影法といわれるテストなども数多く開発されている。

(6) 心理学の領域

現代の心理学は，先にも述べたように，心に意識と無意識過程を含み，行動を手がかりとして，下位過程としての複数の心の過程の相互的な関連性を描き出して，全体としての心の働きを実証的に捉えようとする学問といえる。現在では，心理学自体としてのアプローチも多岐にわたっているが，その中で代表的な現代の心理学として認知心理学がある。本書の基礎学習の章（2章から6章）は，この認知心理学が扱う感覚・知覚，記憶，思考，学習などの認知機能全体とそれに関連する欲求・感情について説明したものである。認知機能を担った主体としての私（O）が，外界から刺激を情報としてとり入れ処理する（認知する）心の働きやしくみを問題にするという意味で認知心理学とよび，これ

を認知主義ということがある．個としての人の心を問題にしようという点では，その他の人間関係や組織などを扱う社会心理学，個としての人の発達を扱う発達心理学，個としての特性を扱うパーソナリティ心理学，さらにはさまざまな困難な心の問題を持つ人への支援・援助を行う臨床心理学においても，認知的な視点がとり入れられているといえる．また，このことは1950年代後半以降に，人間を相互に関連する情報処理系を持つ情報処理システムとみなし，人がどのように外界からの情報を処理していくのかという観点から心の働きを理解しようとして発展した**人間情報処理心理学**の立場と考え方と深くかかわっている．

　図1-5は，これまで意識性，全体性，行動というキーワードによって説明してきた実験心理学の誕生からその後の展開をまとめたものである．さらに，それらが現代の心理学のさまざまな領域に影響を与えていることを，1つの流れとして簡単に表したものである．現代の心理学のアプローチには大きく分けると，認知的，行動的，主観的，現象学的，精神分析的なものがあるという(Smith et al., 2003)．それらのアプローチによって，現代の心理学は，認知心理学，学習心理学，パーソナリティ心理学，社会心理学，臨床心理学，(生涯)発達心理学，神経心理学，比較心理学など，さまざまな領域に細分化された形で広く研究が展開されている．その一方で，個々の領域において研究や研究法の深化も著しく，ひと括りに心理学といっても全体を見渡し深く理解することが難しくなっている．本書の基礎学習編で扱う領域については，これを基礎領域というのに対し，展開編の一部にあるそれ以外の領域を応用領域と分類することもある．しかし，応用領域とされる，たとえば社会心理学や発達心理学，臨床心理学などにおいても，その研究手法として基礎領域と同様の実験手法が多くとり入れられており，そのことは本書の中でも理解されよう．したがって，こうした二分法は現代の心理学の動向にはそぐわないともいえる．

　また，認知心理学や神経心理学は，情報科学・認知科学や，脳の活動を脳波やfMRI(機能的核磁気共鳴画像法)，NIRS(近赤外分光法)などで測定し，脳の機能について研究する脳科学・神経科学とのつながりが深く，社会心理学は社会科学全般と密接にかかわっている．臨床心理学，発達心理学も同様である．一方で，人々の生活基盤である文化的背景が人の心理過程に深く影響を与えていることを強調する文化心理学などもみられる．現代の心理学は，個々の研究

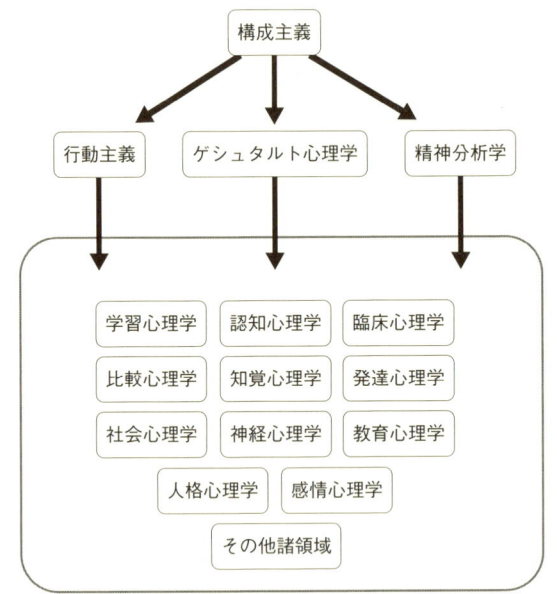

図1-5 実験心理学の誕生からその後と現代の心理学のさまざまな領域

領域が研究法とともに広がりと深まりを持つことと，文化人類学，社会学，文学，生理学，脳科学，医学など心理学以外のさまざまな領域をまたいだ学際的研究へと広がっている点が大きな特徴といえるかもしれない。

3. 心理学の研究方法

　これまでに述べたように，心理学研究では人々がある状況下でさまざまに行動する仕方を観察することで，心の働きやしくみを考えていくことが多い。そのため，心理学研究の一般的な方法は観察といえるだろう。観察する対象としての人は，自分自身だったり，隣にいる友人だったり，クラブの仲間達だったりする。また，観察にもいろいろな側面がある。いずれにおいても，研究する場合には観察される人（研究参加者または研究協力者）の理解や合意には十分注意し，研究上の倫理的配慮が必要であることはいうまでもない。以下では，組織的観察である実験を中心に，研究方法について簡単にみていく。

(1) 観　　察

　観察するには観察できる事象やできごとが必要である。教室に座っている学生の様子を観察したり，桜の開花を観察したり，自然環境や社会環境など多くの観察場面がある。また人が話すのを聞きとったり，またその状況をよく見たりするのも観察である。路上でいろいろな人々が行き交う様子も観察できる。話している友人の様子や表情や，小さな子どもの遊ぶ姿も観察できる。心理学では，観察されることがらは広く**行動**として捉えられている。この行動に含まれることがらには，走ったり歩いたり，その場で身体を動かしたり，仕草や表情を変えたり，言葉や音声を発したり，書くことなど，また語ったり書いた内容など，実にさまざまなものがある。観察とは，それらの行動がその人がおかれた状況や環境，そして与えられる刺激によってどのように変化するかを丁寧に見ることである。

　日常生活の中で自然のまま行動を観察することを**自然観察**という。自然観察では時間や空間が定まっていないために，観察されたことがらがどのような状態や条件のときに生じたのか推測が難しいことがある。また，そうした時間や空間を限定しない場合には，無制限に観察をし続けなければよくわからないといった疑問も起きてくる。このことから，ある一定の時間や場所を決めて観察する方法として**場面観察法**がある。これは，たとえば，授業時間と授業科目を特定してある教室での授業風景を観察し，学生の反応から教授法と理解の関連性についてみるというようなことである。この場合，その特定の時間や場所で生じた結果なのか，その他の時間や場所でも同じように生じるのかといったことが疑問として生じてくるだろう。

(2) 実　験　法

　上記の自然な観察方法に対し，変化を観察するための状況を組織的に整えて観察する方法が**実験**とよばれるものである。このことから，実験をときに**組織的観察**ということがある。実験に参加する人を**実験参加者**という。実験では，状況の変化を意味する**独立変数**に対し，それに応じて変化した行動を捉える**従属変数**があり，両者の関係を因果関係として分析していく。変数とは，いろいろな値をとりうるものを指す。たとえば，教え方が変わることによって児童の

国語の理解力がどのように変化するかを調べるとき、教え方（独立変数）にもいろいろな方法が用意される。そのそれぞれの教え方に対して、児童の国語の理解力（想定されたテストを用いたとして）の成績（従属変数）は児童と教え方によっていろいろな値をとりうる。こうして集められた観察されたことがらのまとまりを、データという。

　心理学における実験には3つの側面がある。1つは、組織化された観察という実験である。2つは、実験室という限られた空間で行われるという実験である。3つは、要因計画に基づいている実験である。これらの3つの側面を持った**実験室実験**が組織的観察のもっとも一般的な方法といえる。実験室実験で観察されたデータは、統計処理・分析にかけられる。実験室実験では、調べたいことがらがある場合、その他のさまざまな環境要因からそれが影響を受けることを避けるために、静かな実験室内で実験参加者に当該の課題を行ってもらい、要因計画に基づいて独立変数と従属変数の因果関係をみる。近年は、パーソナルコンピュータの画面上に独立変数となるべきさまざまな刺激を呈示し、その刺激に対してキーボードなどで反応させ、反応時間を計測する方法を取ることも多い（図1-6）。その一方で、実験器具や用具を用いて刺激への反応を調べることも行われている（図1-7）。脳波やfMRI, NIRSを用いる神経科学的な研究も実験室実験が主である。

　このような実験室実験では刺激も含め実験そのものが人工的であり、日常経験からはかけ離れた印象がある。そこで近年には、日常生活の中で実験を行い、その中からデータを得て分析する方法もみられる。これを**フィールド実験**とい

図1-6　パーソナルコンピュータを用いた実験風景写真

図1-7 用具を用いた実験風景写真
大きさの恒常法の測定場面および重さの弁別閾の測定場面。

う。フィールド実験では，調べたいことがら以外の環境要因の影響をどのように制御するかが問われるが，日常場面でこそ得られるデータもあり，さまざまな工夫をして研究が進められている。

(3) 調査法

観察のもう1つの方法として，言語を用いて問いかけ，言語を用いて回答を得る方法がある。この代表的な方法は**質問紙調査法**である。調査には面接で問いかけて回答を得る面接法も含まれる。言語を用いて問いかけるときに補助としてさまざまな絵画資料を用いるようなテスト法も，一種の調査法といえるだろう。

言語を用いた質問紙調査は，質問紙に用いる言語を理解する人々がその研究の対象になるということになる。質問には，あらかじめ設定された選択肢の中から回答する選択肢法と，回答欄に自由に文章を記入する自由回答法がある。また，個別に行う面接調査，集団で行う調査，郵送調査などのほか実験室実験の補助として用いられる調査がある。

質問紙調査では，実験室実験で参加者が実験者と対面する状況とは異なり，回答が研究者の存在によって影響されにくいといえる。また，質問内容によっては，内面的な情報を得ることができる。そのほか，一度に多数の回答者から質問への回答を得ることができるという長所がある。その一方で，回答者のおかれた状況を統制しにくい，回答が内観による自己報告である点などの短所が指摘されている。また，質問が言語を用いているため，個人の言語能力に大き

◆下に，人の感情や気持ちを表す言葉が並んでいます。一つ一つの言葉について，今現在それらの感情をどの程度感じているかチェックしてください。

	全く感じていない	あまり感じていない	少し感じている	はっきり感じている		全く感じていない	あまり感じていない	少し感じている	はっきり感じている
1. のどかな	□	□	□	□	11. 自信がない	□	□	□	□
2. 活気のある	□	□	□	□	12. 悩んでいる	□	□	□	□
3. つまらない	□	□	□	□	13. ゆっくりした	□	□	□	□
4. のんびりした	□	□	□	□	14. だるい	□	□	□	□
5. くよくよした	□	□	□	□	15. 元気いっぱいの	□	□	□	□

(項目については，寺崎ら (1991) を参考に作成した。)

図1-8　評定法の例

く依存し，言語発達の十分でない乳幼児に用いることができない。質問の表現が不適切であると回答が誘導される可能性があり，またあいまいな表現や難しい表現によって回答が影響を受けることがある。このようなことが起こらないよう予備調査を実施するなど十分な注意が必要である。

　質問紙調査は複数の変数間の相関をみるものであり，一度に多くの変数を測定でき，同時に分析することが可能である。分析には多くの変数から得られた多変量データの分析のための**多変量解析**や，近年は**共分散構造分析**などの手法がよく用いられている。共分散構造分析では収集したデータの性質に応じて，分析者が立てた仮説に基づいて構成概念間の関係を表現するモデルを構成することができ，従来の多変量解析では扱うことが難しかったモデルの表現ができるという特徴がある。

(4) データの分析—統計的方法

　「あお」という文字を赤色で書いたときの，その刺激の色を「赤」というのは，「あか」という文字を赤色で書いたときの刺激の色を「赤」というときよりも難しい。これは，私たちが文字を読もうとしてしまうためであると考えられている。このような刺激をストループカラーワードテスト刺激（ストループ刺激）という。文字で書かれた色名と印刷された色との不一致の状況で生じる反応の

難しさは，反応時間を測定することで確認することができる。このように，色名を印刷した色を答えさせるときに反応が難しくなることをストループ干渉という。またときには，文字を読む場合にも印刷された色が干渉することもあり，これを逆ストループ干渉という。

たとえば，このようなストループ刺激を用いた実験を行い，干渉の大きさを調べるために，10人の参加者に次の2つの実験を行ったとしよう（カバー折り返し部分も参照）。実験では，10行6列からなる60個の単語または無意味な語（無意味綴り）を左上から順に読んでもらい，読み終わる時間（反応時間）を計測した。実験1ではすべて黒色で印刷された色名を答えさせる（統制条件）場合と文字の意味に一致しない色で印刷された色名を答えさせる（実験条件）場合を比較する実験を行った。この条件の比較から，逆ストループ干渉の有無を調べることができる。また，実験2では，意味のない文字（無意味綴り）を印刷した色を答えさせる（統制条件）場合と文字の意味に一致しない色で印刷

表 1-1 観察されたデータの一例

この例では，ストループ干渉に関する2つの実験を行った10人分のデータを示す。60刺激を読み終わった時間（反応時間）が指標である。

単位：秒

参加者番号	実験1：統制条件	実験1：実験条件	実験2：統制条件	実験2：実験条件
1	28	25	29	38
2	21	21	28	34
3	18	19	25	37
4	21	21	27	37
5	30	30	44	56
6	24	24	31	34
7	24	27	31	43
8	22	24	24	30
9	26	24	32	39
10	25	24	26	33
平均	23.9	23.9	29.7	38.1
標準偏差	3.57	3.14	5.70	7.25

参加者に番号を振る。条件ごとにラベルをつける。

観察データ

4つの条件それぞれで10人の反応時間を平均する。標準偏差を求める。

18　第Ⅰ部　心理学の基礎

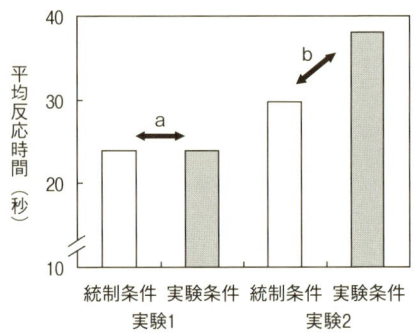

図1-9　表1-1のデータをもとに実験結果を図にしたもの

された色名の印刷された色を答えさせる（実験条件）場合を比較する実験を行った。この条件の比較から，ストループ干渉の有無を調べることができる。表1-1には，実験1と実験2の2つの条件で得られた10人分の反応時間の結果を示してある。また図1-9には，結果をまとめた図が示してある。

　このように観察したことがらはデータとして収集される。実際に観察して得られる結果を**未加工のデータ**（raw data　ロー・データ）という。多くの場合，この未加工のデータは，調べたかったことがらを検討できるように処理や加工され，情報としてまとめられて整理，集約されたデータとなる。心理学研究において，このようなデータの記述や分析はかかせない。心理学では，研究を行うために必要な統計学を心理統計学とよんでいる。データの加工や要約の仕方を誤ると，そこから得られる結果は異なったものになるということに注意が必要である。コンピュータ処理によって簡単に何らかの結果が出てきてしまうが，目的に合ったデータ処理をしているかどうかの確認やその後の分析についても慎重に進めることが求められる。以下では簡単に心理学研究で扱われるデータやその分析法をみておく。

　1）心理的尺度　　心理学で用いられる数字には，名義尺度，順序尺度，間隔（距離）尺度，比例（比率）尺度とよばれる4種類がある。名義尺度は，1組・2組と名前をつけるように，その数字が記号としての意味しか持たないものである。順序尺度は，100メートル走の1位・2位・3位というように，順序が問題になり，1位と2位，2位と3位が異なった速さでテープを切ったかは問わな

いときの数字を指す。たとえばレストランなどある複数の刺激に対して順位をつけて好意度を回答するというのもこれにあたる。間隔尺度は，その距離が等間隔である場合をいう。レストランへの好意度についてどの程度好むか得点をつけて回答するというのも等間隔とみなした処理を行うことが多い。心理学では，このように，心理的に等間隔とみなした5件法や7件法といった評定値を用いることが多いが，このときのみなしが本当に心理的等間隔であるのかという問題が指摘されている（山内，1998）。比例尺度は，絶対ゼロを持ち比率的に扱える数字であり，先のストループ実験のように，実験室実験で指標とする反応時間の測定等はこれにあたる。

2）**記述統計学**　観察されたデータの特徴を客観的に効率よく記述する方法論を総称して記述統計学という。データにはさまざまな値がみられる。このデータの要約には，データの代表値とデータのちらばり（分布）がよく用いられる。また，各測定値が全体のデータの中のどの位置にあるのか，相対的位置を示すこともある。表1-1の例では，10人の人が2つの実験に参加し，それぞれ統制条件と実験条件での刺激に反応した時間が示されていた。この10人の反応時間を条件ごとに平均した数値は，各条件の反応時間の分布を表す代表となる値である。このように平均は代表値の1つであるが，代表値には平均のほか，中央値や最頻値が用いられることもある。一方，10人の反応時間はさまざまであり，ちらばっている。この反応時間のばらつきは，散布度で示される。散布度には，**分散**や**標準偏差**がよく用いられるほか，範囲，四分領域などで示すこともある。分散は，n個の観測値がある場合，個々の値の平均からのずれを2乗してその総和をnで割ったものであり，標準偏差は分散の値を平方根として求めたものである（表1-1参照）。心理学では，一般的には，さまざまな心的活動は平均を中心として平均から逸脱する反応は少なくなるという正規分布を仮定している。しかし，実際のデータはゆがみや異なるちらばりを持っていることが多く，平均値が0，分散が1の標準正規分布に変換し（これを**標準化**という），分布上の相対的位置関係や，集団間の得点の比較ができるようにすることが多い。そのほか，変数間の関係をみるには，散布図や相関が用いられる。

3）**推測統計学**　心理学研究では，得られたデータを標本として扱い，そしてたとえば，「2つの環境（母集団）がそれぞれ異なって問題解決に影響を与

えるといってよいかどうか」を検定することが多い。このような標本から母集団の統計的性質を推測する方法論を**推測統計学**という。推測統計では，統計的仮説として2つの条件には差がないとする**帰無仮説**を立て，この帰無仮説が成立する可能性が5%や1%未満であることをもって，帰無仮説を棄却して（「差がない」を否定して），2つの条件に差があると結論づける。これを**有意差検定**という。このとき，帰無仮説が正しいときにそれを棄却してしまう誤りを**第一種の誤り**といい，帰無仮説が成立しないときに，それを採択してしまう誤りを**第二種の誤り**という。この第二種の誤りの確率を1から引いた値（第二種の誤りをせずに，一般化できるとする確率）を**検定力**という（南風原, 2002）。

先のストループ干渉（表1-1，図1-9参照）についても，統制条件と実験条件の反応時間平均を求め，文字と色が不一致の実験条件での反応時間が統制条件よりも長く，干渉が起きたといってよいかどうかを検定する。このとき，2つの条件間には「差がない」という帰無仮説を立て，この帰無仮説が成立する可能性が5%よりも小さいかどうかを調べることになる。図1-9をみると，実験1の実験条件と統制条件では反応時間の平均がほぼ同じであるのに対し，実験2では実験条件で統制条件よりも反応時間平均が長い。実験2の2つの条件の反応時間の間に統計的に差があるといってよいかどうか（これがストループ干渉であるが），有意差検定をすることになる。この実験例では，検定の結果，実験2におけるストループ干渉が認められ，実験1での逆ストループ干渉は認められていない。

参考図書

南風原朝和（2002）心理統計学の基礎　有斐閣
中島義明ほか（編）（1999）心理学辞典　有斐閣
大山　正・岡本夏木・金城辰夫・高橋澪子・福島　章（1990）心理学のあゆみ［新版］　有斐閣
山内光哉（1998）心理・教育のための統計法［第2版］　サイエンス社
吉田寿夫（編著）（2006）心理学研究法の新しいかたち　誠信書房

コラム1　日本の心理学会と資格

　現在，日本には「心理学」という名称を用いた多くの学会や研究会がある。「日本心理学諸学会連合」(http://jupa.jp/) は，これら心理学関係の学会39団体（2009年3月1日時点）が加盟して設立されたものであり，この連合では2008年度より**心理学検定**を実施している。この検定では，大学卒業レベルの心理学的知識・能力を測るための検定試験を行い，合格領域数に応じて，「心理学検定1級」「心理学検定2級」の資格を授与している。

　心理学を学び大学卒業後に得られる資格には，社団法人日本心理学会 (http://www.psych.or.jp/) が認定する「**認定心理士**」がある。これは心理学の専門家として仕事をするために必要な最小限の標準的基礎学力と技能を修得していると認定するものである。a. 心理学概論，b. 心理学研究法，c. 心理学実験・実習の各「基本主題」科目に対応する科目の他，d. 知覚心理学・学習心理学，e. 生理心理学・比較心理学，f. 教育心理学・発達心理学，g. 臨床心理学・人格心理学，h. 社会心理学・産業心理学の5領域から3領域以上の科目を必要単位数修得していることが必要である。認定心理士は，大学における心理学教育の一般的な学習像を表しているともいえる。

　大学院教育を経て得られる資格として，指定された大学院修士課程を修了するか，あるいは修了後1年以上の心理臨床経験を有する人が，審査に合格して財団法人日本臨床心理士資格認定協会より認定される「**臨床心理士**」の資格がある。第1種と第2種の大学院指定があり，日本心理臨床学会 (http://www.ajcp.info/) が関連学会である。

　その他，日本発達心理学会・日本感情心理学会・日本教育心理学会・日本パーソナリティ心理学会の4学会の連合資格として，「**臨床発達心理士**」(http://www.jocdp.jp/)，日本教育心理学会 (http://wwwsoc.nii.ac.jp/jaep/) の資格として「**学校心理士**」などがあるが，いずれも学会等の認定による資格である。日本学術会議の分科会 (http://www.scj.go.jp/) が「医療領域に従事する『職能心理士（医療心理）』の国家資格法制の確立を」という提言をしており，今後の動向が注目される。精神保健福祉士や言語聴覚士など，心理学に関連した国家資格もある。

　ホームページ上には，学会等とは関係なく類似の名称で資格をうたったものなどもあるので，留意のうえ参照するとよいだろう。

松川順子

# 第2章 感覚・知覚

松川順子

　ふと目をやると，庭にツツジが鮮やかに咲いている。学生食堂からはカレーのにおいが漂ってくる。オーディオから流れる音楽が心地よい。このように私たちの周りにはさまざまな色や音やにおいがある。また，人間関係を成り立たせている基本に家族や友人などの仕草や表情，声の調子など，人から受けるさまざまな刺激が存在する。私たちは実にさまざまな刺激を感じ取りながら生活をしている。目や耳や鼻をとおして感じ取られるさまざまな感覚は，生活に潤いを与え，心を温かくも冷たくもする。この章では，もっとも基本的な心理過程としてこのような感覚・知覚をとりあげる。

1. 感　　覚

(1) 感覚と感性

　人の感覚（sensation）には古くから五感があるとされている。五感とは，視覚・聴覚・嗅覚・味覚・触覚である。このうち触覚は皮膚感覚ともよばれ，圧覚，温冷覚，痛覚を含んでいる。また，身体感覚として自己の身体運動に関する運動感覚（筋運動感覚）や身体の方向に関する平衡感覚（身体感覚），身体内部に関する内臓感覚（有機感覚）などもある。感性（sensibility）とはこれら感覚をとおして得られた情報への直感的な印象や感情の評価および評価する判断能力を指すことが多い（三浦，2007）。美術鑑賞や音楽鑑賞で感じ入ったり良い悪い，好き嫌いなどの印象を持ったりするときに，こうした感性が働いている。

　　1）**感覚の特性**　　感覚はそれぞれの種類に応じて，その感覚を生じさせる刺激とその刺激を受け取る感覚受容器，受容器からの生理的信号を伝達する感覚神経系が異なっている。特定の感覚器官は特定の物理的エネルギーのみを受容するといわれており，受容器にもっとも効果的な刺激の種類がある。それぞれの感覚でのそのような刺激を**適刺激**といい，それ以外の刺激を不適刺激とい

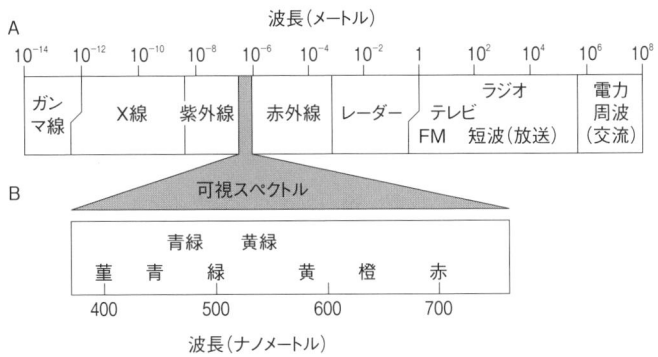

図2-1 電磁波のスペクトルと可視スペクトル (Hochberg, 1978より作成)

う。たとえば視覚では,目が感覚受容器であり,可視光線（可視スペクトル）といわれる一定の範囲の電磁波が適刺激である（図2-1）。

　また感覚の種類に応じた感覚経験をモダリティ（modality）という。たとえば視覚であれば明るさや色を,味覚であればさまざまな味を感じるが,そうした感覚経験である。しかし,単に視覚・聴覚などの感覚を指してモダリティということもある。同一の感覚,たとえば色の感覚では,赤や青といった性質の異なった色を感じるが,こうした感覚の性質の差を質（クオリティ）という。このようなクオリティが異なる感覚に共通した性質として感じられることがある。たとえば「明るさ」は一般的には視覚に対して用いられる感覚の質であるが,音についても「明るい音」などと表現することがある。このように,異なる感覚に共通した性質が感じられる現象を**通様相性現象**（intermodality phenomenon）とよんでいる。さらには,ある感覚刺激を本来の感覚以外に別の感覚としても感じることができる能力のあることが知られており,これを**共感覚**という。たとえば,共感覚を持つ人はある音を聞くと色を感じる（わかる）などの経験をするという（Harrison, 2001：松尾訳, 2001）。これは通様相性現象の1つである。このような現象が生じるメカニズムは現在でもよくわかっていない。しかし,未分化な感覚システムで生じている混合経験であるとする仮説と,脳の感覚野同士が結合することで生じる経験によるとする心的連合仮説が提案されている。

　マガーク効果とは,聴覚で捉えた音が視覚刺激によって異なって聞こえる現

象である。たとえば「ば」と発音された音が耳に届いたときに，同時に口元が「が」という音を発音している視覚刺激を見ると，「だ」のように聞こえる。これは視覚刺激がないときには生じない。また，視覚刺激と聴覚刺激に時間的ずれがあったりすると結果は異なってくる。成人の場合にはより視覚刺激の影響を受けやすいという報告もある。このように，複数の感覚からの情報は，統合されたり，どちらかが優位に働いたり影響し合っている（重野，2003）。

2）色　　覚　私たちの周りには色が溢れている。光は波長によって異なったよび方がされる電磁波の一種であり，その中でも私たちが見ているのは可視光線といわれる波長が約 380 ～ 780 nm（ナノメーター。1 nm は 10 億分の 1 メートル）の領域の光である（図 2-1 参照）。虹でさまざまな色を認めるように，短い波長で菫色や青紫色，波長が次第に長くなるにつれて青色，緑色，黄色，橙色，赤色というように変化して見える。実際には，光の強度が変わると感じる色の範囲も変わり，光の強さが低いと赤色と緑色の範囲が広く，高くなると黄色と青色の範囲が広くなる。可視光線の両端である菫色と赤色の間に似た性質が感じられることから，日常的な色の世界は，連続的な光の波長とは異なり，円環をなしているとされる。このため色の次元は円環状で表現される。マンセル色立体は，色を系統的に表示する体系の 1 つであり，ときに色立体という。この色立体では，色の三属性とされる，色相（波長の違い），明度（明るさ），彩度（鮮やかさ）を立体的に表現している（図 2-2 およびカバー折り返し部分も参照）。

色がどのようにして見えるのかについて，いくつかの考え方がある。三色説

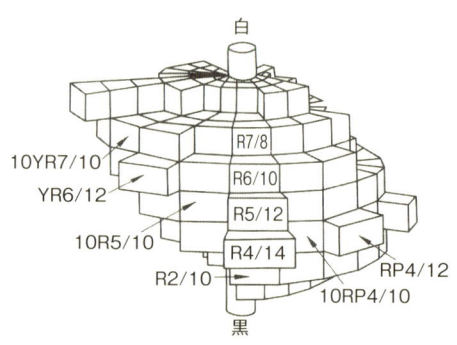

図 2-2　マンセル色立体（大山ら，1994 より）

は，3種類の原刺激を加えあわせるとどんな色でも再現できるという考え方で，この代表はヤング・ヘルムホルツ仮説ともいわれる。網膜に3種の機構が存在し，それらの活動によってさまざまな色覚が生じるという考え方で，現在はそれに対応する赤・緑・青の3種類の感覚細胞が確認されている。可視光はこれらの細胞すべてが反応する波長を含んでいるため，白色として感じられる（加法混色）。一方，赤いリンゴであるとか，緑色の傘など，さまざまな物体の色は，光のうち一部の波長が物体に吸収されて残りが反射された色である。反射された物の色は，色を加えるほど暗くなるため減法混色といい，色の3原色としては，青緑（シアン）・赤紫（マゼンダ）・黄とされている。

　一方，**反対色説**とは，ある色とある色は互いに反対関係にあるという考え方を示している。このとき反対色関係にあるのは，赤と緑，黄色と青である。ヘリング（Hering, K. E. K.）は，刺激の波長に応じて正・負・ゼロいずれかの活動状態をとる2種の機構（赤と緑，黄と青）を仮定した。

　段階説とは，視覚系で最初に光が到達する錐体視細胞レベルでは3種類の錐体による三色説的な情報処理が行われ，次の段階（遅くとも神経節細胞の段階）では，その三色説的な信号が反対色説的な信号へと変換されて，脳に伝達されると説明する考え方である。三色説的な処理から反対色説への変換処理については不明な部分もあるが，それぞれの細胞レベルが確認されたことから，現在はこの考え方が一般的である（図2-3）（池田，1988）。

3）対比と同化　　感覚は周辺の刺激との関係で影響を受ける。対比とは，

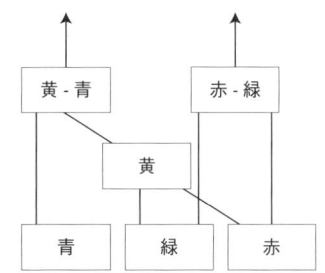

図2-3　色覚の段階モデル（池田，1988を参考に作成）
赤，緑，青の3種の錐体の反応出力がそれぞれ，黄－青，赤－緑系へ入る。黄系は赤と緑の錐体からの出力が加えあわされた信号であり，黄－青系へ入る。この他に，明るさ信号も考えられており，赤，緑，青の錐体の反応出力は明るさ信号として送られる。

26　第Ⅰ部　心理学の基礎

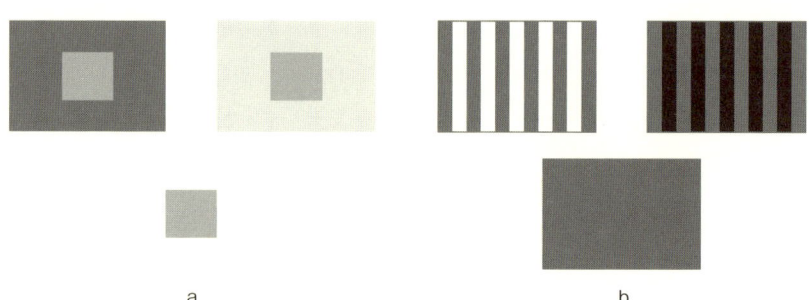

a
（左上の真ん中の四角の
ほうが，明るく見える）

b
（左上の灰色の部分はより明るく見え，
右上の灰色の部分はより暗く見える）

図2-4　明るさの対比(a)・同化(b)

　同次元の感覚刺激で，互いの差が拡大強調され，感度（感じ方）が増すことをいう。これには明るさの対比，色対比，大きさの対比などがあげられる。明るさの対比では，明るい領域はより明るく，暗い領域はより暗くみえる。また，同次元の感覚刺激で，互いの差が縮小され平滑化されるように感じられることを同化という（図2-4a, b）。

(2) 感覚の大きさと変化

　感覚器官をとおしてさまざまに感じる世界は，明るさや音の大きさなど，感覚器官の特性に応じて表現される。また，私たちは外界から感覚器官に到達するすべての刺激を感じ取っているわけではない。到達した刺激の感じ方も人によって異なっているだろう。このような感覚の大きさや変化について，閾という考え方を中心にみておく。

　1）刺激閾と刺激頂　私たちが特定の感覚器官に適刺激を受けた場合，感覚可能な最低の強さの刺激を刺激閾（stimulus threshold, stimulus limen）または絶対閾という。暗闇の中で灯りを見つけるなどの例がそれにあたる。また，それ以上強度が増しても感覚の強さが変わらない上限のあることが知られており，この強度の刺激を刺激頂（terminal stimulus）という。私たちはこの範囲で外界からの刺激を感じているということができる。この範囲を感覚可能範囲という。ある感覚器官に刺激が与えられたとき，その刺激に対して感覚器官が反応する程度を示す指標を感度（sensitivity）という。動きを感じるときにも，最

下限の刺激値（これを速度閾という），最上限の刺激値（刺激頂）のあることがわかっている。あまりに遅い動きやあまりに速い動きを感じることはできない。

2）弁別閾　私たちの周りにはさまざまな刺激がある。それらの刺激をどのように感じるのか，さまざまな場面で感覚を比較する。商品を見比べる，重さを比べるなど，比べてどちらが大きいか重いか，あるいは良いか悪いか判断できるのは，基本的に比べた刺激から感じた感覚量や感覚の性質の違いに気づくからである。違いに気づかなければどちらも同じと感じてしまうだろう。日常生活においては，違いに気づくことができるかどうかが問われることが多い。このような感覚的に区別できる最小の強度差を**弁別閾**（discriminative threshold, differential limen）という。または**丁度可知差異**（just noticeable difference（jnd））ともいう。動きについても同様，2個の刺激の速度が異なって感ぜられるための最小変化量（弁別閾）がある。

　私たちの感覚は同じ刺激が与えられてもつねに同じ感覚として捉えているわけではない。刺激が与えられたときに感覚できる，弁別できるかは，刺激の強さや大きさの変化によって徐々に増加し，全く感じない（弁別できない）からすべて感じ取れる（弁別できる）というようにS字型曲線を描いてその感覚が上昇していくことが多い。閾値は50%閾値のように，ある頻度で感じられる刺激の強さを指している（図2-5）。

3）感覚の大きさの測定　このような主観的に感じる強さや大きさをどのように表すことができるだろうか。ある標準となる刺激（円の大きさやバケツの水の重さなど）に対して感じる感覚強度があるとき，それにほぼ比例して弁

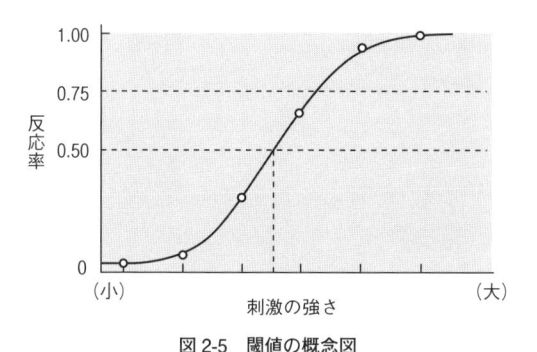

図2-5　閾値の概念図

別閾が上昇することが知られている（ウェーバーの法則）。感覚の大きさを測る尺度の目盛りにこの弁別閾 (D) を用いると，感覚の大きさ (S) が1単位ずつ等差級数的に増えるごとに，刺激強度 I を ($1 + D$) 倍ずつ等比級数的に増やせばよいことになる。これは対数関数を表している。フェヒナーは，ウェーバーの法則を「感覚の大きさ (S) の増加量 (ΔS) が，刺激強度 (I) に対する刺激強度増加量 (ΔI) の比率に対応すること」と考えて，感覚の大きさを，

　　　感覚量 (S) = $C + k \log I$ 　　（I：刺激強度，C：定数，k：定数）

として表現した。これをフェヒナーの法則という。しかし，現在ではウェーバーの法則，フェヒナーの法則ともにいつも成り立つとは限らず，ある範囲内でのみ成立すると考えられている。このフェヒナーの考え方に対し，スティーブンス (Stevens, S. S.) は，私たちが感じる感覚に直接数値を割り当てる数量的判断が可能であると考え，さまざまな方法を考案した。そのうちの1つがマグニチュード推定法である。これは実験参加者がそれぞれの刺激に対して主観的に感じる大きさを数値で答える方法である。スティーブンスはさまざまな刺激への測定を検討した結果，感覚の大きさ (S) は

　　　感覚量 (S) = kI^n 　　（I：刺激強度，k：定数，n：指数）

または

　　　$\log(S) = n \log I + k$

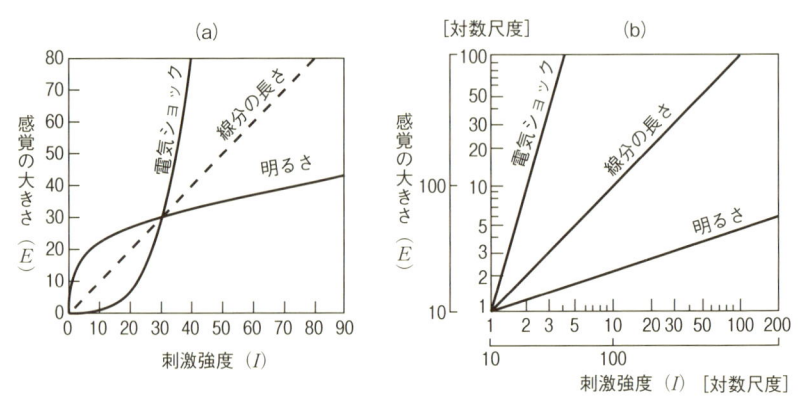

図 2-6　スティーブンスの法則 (a) と横軸・縦軸ともに対数変換して示したもの (b)
(b) では，横軸の上段は線分の長さ，明るさに対する値，下段は電気ショックに対する値を示す。縦軸の右は線分の長さ，電気ショックに対する値，左は明るさに対する値を示す。

というベキ関数として表せることを示した(図2-6)。これをスティーブンスの法則という。ベキ関数は両対数方眼紙に表すとnの勾配をもった直線として表される。ベキ指数のnは感覚の種類

表2-1 さまざまな感覚モダリティのベキ指数 (n) の値
（大山ら（1994）に基づき作成）

・広さ（投影した正方形）	0.7
・長さ（投影した線）	1.0
・電気ショック（指）	3.5
・音の大きさ（両耳）	0.6
・温度（冷覚：腕上）	1.6

によってほぼ一定していることが明らかになっている（相場, 1970）（表2-1）。

4）信号検出理論　これまで刺激を受けて感じる大きさについてみてきたが，私たちの感覚は，雑音が多い中で話し声を聞き取ろうとするときに話されていない言葉を聞いたように感じるなどのように，刺激がなくてもあったように感じてしまうことがある。雑音の中から信号を検出するときの考え方として信号検出理論（signal detection theory）があるが，これを用いて感覚の強さを測ることがある。信号検出理論では，刺激があるときにあると感じられることをヒット（hit）といい，刺激がないときにないと感じられることをコレクトリジェクション（correct rejection）という。それに対して，刺激を受けていないのに感じることをフォールスアラーム（false alarm）という。刺激を受けていても感じなかったときに生じるのがミス（miss）である。

5）感覚の変化　強いにおいや濃い味がしばらくするとそれほど強くまたは濃く感じられなくなったりするように，刺激を持続的に与えられると，感覚は徐々に変化する。これは持続的な刺激の呈示により感覚細胞の応答に変化が生じ，刺激閾が上昇し感覚機能の応答性が低下するため，感覚の強度や性質，あるいは明瞭性が弱まり，顕著な場合は感覚が消失することもある。このような感覚の変化を順応という。順応には感度が高まる正の順応と，感度が鈍くなる負の順応がある。強いにおいをしだいに感じなくなるのは負の順応である。この負の順応を一般的には感覚の順応といっている。負の順応から徐々に回復することが正の順応にあたる。

視覚では，映画館などの暗い所から明るい所に移るとき，最初非常にまぶしく感じるが，これは桿体（明るさに関係する視細胞）から錐体（色に関係する視細胞）へ機能が移行する過程で生じる現象であり，明順応とよんでいる。ま

た，映画館に入ると最初は暗くてよくわからないが，しだいに周囲が見えるようになってくる。このような明るい所から暗い所に移るときの順応は暗順応といい，これは錐体から桿体へ機能が移行する過程で生じる現象である。

2. 知　覚

　私たちは光を受け，音を聞き，舌で味を感じるだけでなく，それらがどのような物やできごとなのかを知る。こうした感覚から得られた情報をまとまった対象や事物について知る経験として捉えることを知覚（perception）という。知覚にはある物やできごとを形として捉えるという特徴と，それらが時間と空間の中でどのように位置づけられるのかを把握するという特徴を持っている。また，知覚には外界から入ってくる多種多様の刺激を情報として受け止める注意の働きがかかわっている。感覚と同様，知覚も主観的な経験である。そのことから，物理的な刺激とは異なる経験が観察されることも多い。その典型的な例が錯視である。図 2-7 には，幾何学的錯視とよばれる古典的な錯視図形の例

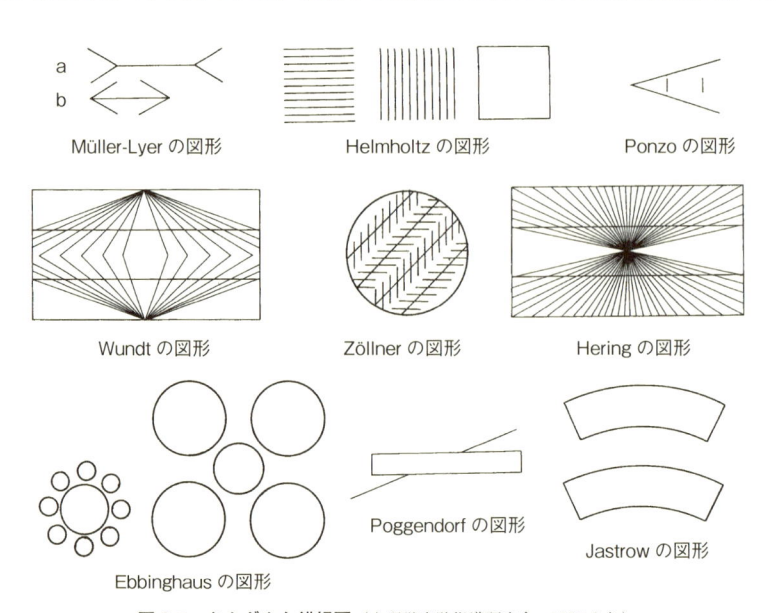

図 2-7　さまざまな錯視図（心理学実験指導研究会，1985 より）

を示した。これらの錯視現象は，傾きや分割などいくつかの要因によって起こるが，まだすべてが説明されているわけではない。また，月の錯視は東の空から昇るときの月の大きさと天空にある月の大きさが異なって見えることで知られる（苧阪, 1985）。

(1) 形の知覚

　私たちに知覚される世界は，1つのまとまりをもっている。一般的にそのまとまりは感覚ごとに形をなす。視覚的に形が経験されるためには，視野（眼球を動かさずに同時に見える範囲）が以下にみるような「図と地」に分化する必要がある。このことはたとえば人の声のまとまり，カレーライスのにおいなど，他の感覚からの情報においても同様である。このような形の知覚の特徴についてみていこう。

　1) 図と地　視野全体が均一な光で満たされることを**全体野**というが，このとき形は知覚されない。形を捉えるためには，与えられた刺激領域が2つに分かれる必要がある。分かれた領域のうち形を持って浮き出て見える領域を図，その背景となって見えるもう1つの領域を地という。図2-8aはルビン（Rubin, E.）の図形といわれる，黒い領域と白い領域に分かれた図形である。黒い領域が白い領域を背景にして浮き上がって見える場合には「向き合った2人の人の顔」が，白い領域が黒い領域を背景に浮き上がって見える場合には「壺のようなもの」が見てとれる。この2つの見え方は交互に生じることから，「図

図2-8　ルビンの図地反転図形(a)と多義図形(b)
　　　　bは構造反転図形ともいわれる。

地反転図形」とよばれている。大山ら（1994）によれば，ルビンはこのような図と地の見え方の主観的特徴について，①図となった領域は形を持つが，地は形を持たない，②2つの領域を分ける境界線は，図となった領域の輪郭線となり，図の領域の末端として図に所属し，地はそこで終わらず，図の下にまで広がっている印象を与える，③図は物の性格を持ち，地は材料の性格を持つ，などと記述した。そのほか，図の領域の表面の印象や見る者からの距離感なども観察されている。また，図になりやすい特徴も，①より狭い，面積の小さい領域，②閉じられたあるいは囲まれた領域，③観察者にとって見慣れた特徴的な形を持つ領域，として指摘している。その後の多くの検討によって，領域の明るさも図の成立に影響を与えることがわかっている（増田ら，1994）。

　図と地の境目には輪郭が成立しているが，この成立には刺激を受け取った神経細胞の入出力が，それぞれの近くの神経細胞に対しては抑制的に加えられるという側抑制の働きがかかわっている。

　なお，図2-8bは構造が変わることで2通りの見え方ができる多義図形であり，構造反転図形ともいわれている。

　2）主観的輪郭と知覚閉合　先に述べたように，図と地の境目には境界が生まれる。境界は輪郭となって現れる。しかし輪郭がないにもかかわらず輪郭があるように見える現象がある。これを主観的輪郭という。図2-9では実際の輪郭の体験に極めて近い体験がなされ，図と地で生じた領域による主観的な面や明るさや三次元的な知覚体験をする。このような主観的輪郭が生じる背景には，不完全で安定しない性質を持つ誘導図形が，より完全で安定した形として完結しようとする傾向を持つことがあるといわれる。この傾向を非感性的完結化（amodal completion）という。しかし，図2-9右端図のように，誘導図形が

図2-9　主観的輪郭の例

a　　　　　　　　　　　　　　b

図2-10　不完全画像の例

完全傾向を持たなくても主観的な輪郭が生じることもある。
　これとよく似た現象として，図2-10のような不完全画像がある。この図形では，「あるものとして見る」という意味的な形のまとまりが形として閉じることで形成されることが特徴であり，主観的輪郭のように実際の輪郭を見ることはない。これを知覚閉合（perceptual closure）という（図2-10の答は章末参照）。

3) 形の単位　　リンゴやノートや本棚など，さまざまな物は形をつくっている。なぜ，リンゴやノートや本棚とわかるのだろうか？　形がある物として知覚されるためには，形の単位があるだろうか？　これには，対応する物の全体的な形が知識として記憶されていると考える鋳型照合モデルと個々の特徴群

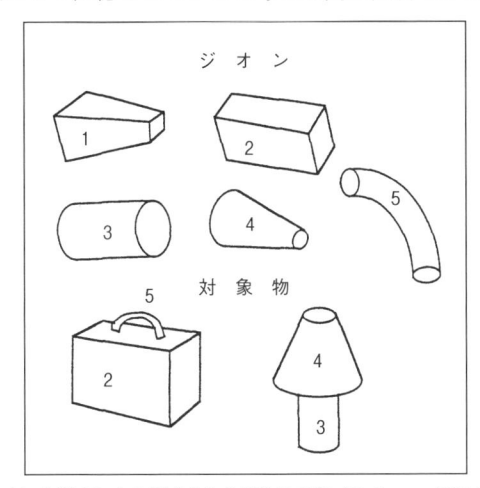

図2-11　ジオンとジオンから構成される対象物の例（Biederman,1987を参考に作成）

近接　a　◎◎　◎◎　◎◎　◎

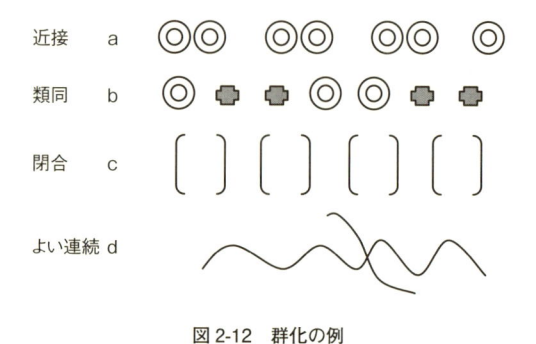

類同　b　◎◎ ✚ ✚ ◎ ◎ ✚ ✚

閉合　c　[ ] [ ] [ ] [ ]

よい連続 d

図2-12　群化の例

があり，そのリストによって意味ある物として形が知覚されるという**特徴分析モデル**が知られている。鋳型照合モデルでは，物は同一であっても実際はさまざまな大きさや傾きなどで知覚される。これらの刺激がすべて同一の物として知覚されるには鋳型の数が膨大になる問題があり，それを避けるために前処理が行われると考えられている。一方，特徴分析モデルでは，それぞれの物の特徴リストをあげることは非常に困難であるが，アルファベット文字の知覚を可能にする特徴分析モデルは，特定の処理を担うデーモンが階層的に構成された**パンディモニアムモデル**として知られている。また，ジオンモデルはすべての物がジオンという単位の構成で表現できることを提案した考え方である（Biederman, 1987）（図2-11参照）。その他，脳の神経系を模した処理ユニットのネットワークによって捉えようとする神経回路網モデルやコネクショニスト・モデルなどがあるが，物の形の処理についてはまだ十分にわかっていない。

4）群　　化　視野全体として，図が互いにもっとも秩序のある簡潔なまとまりを形成しようとすることを**群化**という。まとまりを決める法則を**群化の法則**，要因を**ゲシュタルト要因**とよんでいる。これらの要因には，時間的空間的に近いものがまとまる**近接**，性質の類似したものがまとまる**類同**，互いに閉じたものどうしがまとまる**閉合**，なめらかに連続するものがまとまりやすい**よい連続**，動きをともにするものがまとまりやすい**共通運命**，全体として統一のとれた形がまとまりやすい**よい形**などがある。図2-12は代表的な要因について表したものである。

(2) 空間知覚

　私たちは感覚器官をとおして刺激を受けたとき，視覚では視空間として，聴覚では聴空間として広がりや距離（奥行き），そして方向（位置）を捉える。これを空間知覚という。この空間知覚では，広がりとしての左右上下や奥行きが物理的空間とは異なって知覚されることも多い。これを**空間の異方性**という。以下では，このような空間知覚の特徴と空間知覚を成立させている要因について視空間を中心にみていく。

　1）奥行きの知覚　　視覚では，距離のある遠近感を奥行き知覚という。奥行き知覚の成立にはいくつかの手がかりがかかわっている。1つは生理的手がかりといわれるものである。

　①水晶体の調節：網膜上に対象の像を結像する際，水晶体の厚みは距離に伴って変化する。調節は毛様筋によって行われるが，この筋の収縮が奥行きの手がかりとなる。有効範囲は狭い。

　②両眼の輻輳：接近対象を見るとき，眼球はそれに伴って内側を向く。そのときの眼筋の緊張が手がかりとなる。有効範囲は狭いが水晶体よりは広い。

　③両眼視差：両眼の網膜上の差異をいう。これは奥行き視には極めて有効な手がかりである。左右の網膜上に投射された刺激映像の位置がずれる**網膜非対応（視差）**が生じるが，この非対応を解決する融合過程で奥行き知覚が成立する。三次元アートはこの非対応を利用した作品であり，また，一見して形のない図形が融合されることによって形のある物が観察されることもある（図2-13a, b 参照）。

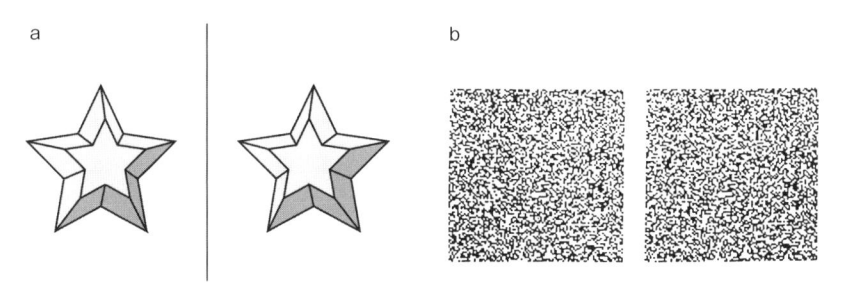

a　　　　　　　　　　　　　　b

図 2-13a, b　立体視の例（b は Julesz, 1971 より）
紙面より遠方または前方で左右の刺激を1つに融合するように見ると，立体的な図が見える（b は正方形が見える）。

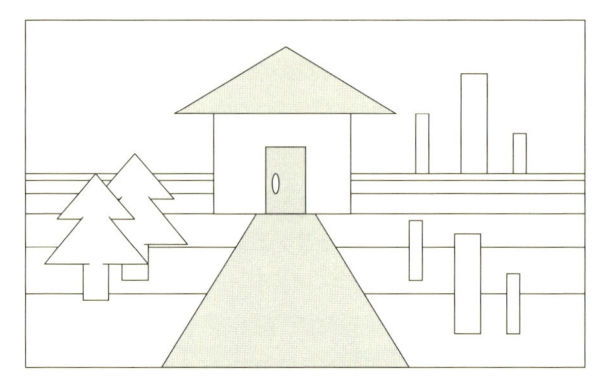

figure 2-14 奥行き知覚の経験的手がかり

　以上のような生理的な手がかりに対して，網膜上の像の配置などの経験的な手がかりも存在する。代表的な手がかりとして，④大きい方が近くに見える相対的大きさ，⑤重なって隠れた方が遠くに見える重なり，⑥遠近法，⑦肌理の勾配（規則的な特徴の密度や勾配の変化），⑧陰影，⑨運動視差（対象や観察者が動くとき，視野内で対象間の見かけ上生じる速度の差）などがある。図2-14には，④から⑦の手がかりを表してある。空間知覚は視覚だけでなく，音源から左右の耳に届く音の時間差，強度差，位相差を手がかりとした聴空間知覚もある。また3次元の形を知覚する触空間もある。
　2) 遠近感と知覚の恒常性　　遠くから友人が近づいてきたとき，友人の大きさはあまり変化したようには思わない。このように同一の対象からの刺激が変化しても，その対象の属性がほぼ一定に知覚されることを知覚の恒常性という。恒常性には，大きさ，明るさ，色，形などのほか，速度や音の大きさの恒常性もある。

(3) 運動の知覚

　1) 実際運動　　目の前を飛んでいる虫や，動いている車など，私たちはさまざまな動く物を見ている。このように実際の物が動いていることを実際運動という。
　物が物理的に動いている場合にも，知覚される動きは物理的動きと一致しないことが知られている。たとえば，垂直に動くほうが水平方向の動きよりも速

く感じたり，左から右へ水平方向に動く場合と右から左へ水平方向に動く速さが異なって感じられたりする。方向性によって動きが異なって感じられることを，空間の異方性と同様，動きの異方性とよんでいる。また，運動にもまとまりがあり，これは同じ方向に動いている物や人（たとえばラッシュ時の改札口を抜ける多くの人々）は，反対方向に動く物や人と対比して，何かしらの同じ目的を持ったまとまった集団として知覚される傾向にある。これは知覚のまとまりでも述べた共通運命の要因とよばれる。

2) 仮現運動　物が動いていないのに動いているように見えてしまう現象を仮現運動とよんでいる。仮現運動にはいくつか種類があり，滝の流れを見ていて周りに目を転じると，風景が逆に動いて見える**運動残像**，暗闇で光点が動いていないにもかかわらず動いて見える**自動運動**，実際の動きとは逆の運動が知覚される**誘導運動**などが知られている。誘導運動には，たとえば並んだ列車の一方が動くことで動いていない自分の列車の動きを感じる，月と流れる雲を見ていると月が動くように見えるなどがある。このような仮現運動の中でも特に仮現運動というときには，物理的運動がないにもかかわらず知覚される運動をいう。ネオンサインのように，空間的に一定の距離にある2つの刺激がある時間交互に点滅すると，一方から他方へ刺激が動いたように知覚される。この仮現運動が生じるための条件もいくつか見出されている。あまりに短い呈示でもあまりに長い呈示でも仮現運動は生じにくいとされる。

3. 注　　意

　感覚・知覚のように，外界から入ってきた刺激をとり入れ，さらには理解し，評価するためには，刺激が受動的に感覚器官に与えられ自動的な処理が行われるよりも，より意識的な注意が必要である。このときの注意は刺激への集中的な方向づけと選択が行われている。これを**選択的注意**という。注意にはまたその方向づけと選択が持続する側面がある。たとえば多くの製品の中から不良品を見つけ出す流れ作業では，注意の持続が欠かせない。これを注意の**ヴィジランス**という。ある対象に選択的に注意を向ける，その注意を持続するには，それを可能にする注意資源の配分が必要である。ここでは，選択的注意と注意資

源の配分についてみていこう。

(1) 選択的注意

1) カクテルパーティ現象　お祭りやイベント会場などで大勢の人々の話し声や音楽があちこちで聞こえ雑然としているときでも，私たちは今会話している友人の言葉や会話の内容を聞き取っている。耳にはさまざまな会話やその他の音が届いている中から，必要な情報に選択的に注意を向け，その他の情報を無視していることになる。このような現象を，カクテルパーティ会場の様子に模して，**カクテルパーティ現象**という。

カクテルパーティ現象からは，注意の選択性と選択されなかった情報が実際はどのように聞き取られているのか（聞き取られていないのか）という注意モデルの議論をみることができる。

2) 注意のモデル　カクテルパーティ現象では，ざわめきの中においても特定の人との会話への選択的注意が可能であった。このとき，他の人々の話し声や他のざわめきは聞こえていないのであろうか。注意をしていないことがらの聞き取りや理解が可能なのかどうか，このことを調べるために工夫されたのが**両耳分離聴実験**である。両耳分離聴実験では，実験参加者は両耳のヘッドフォンから左右耳に独立して送られてくる個々のメッセージを受けとる。そのうちの指示された一方の耳からのメッセージに注意を傾けて，聞こえてくるメッセージを追唱する。その後，追唱しなかった耳のメッセージの内容などについて質問されるというのが一般的である。

多くの両耳分離聴実験を通して，注意を傾けていない耳からの情報がどの程度までわかるのかという点について，3つのモデルが提唱された。1つはブロードベント（Broadbent, 1958）によるもので，一度に1つのものにしか注意を向けられない，両耳は2つの別々のチャンネルで，その前に記憶しておくバッファ（緩衝装置）を持つというフィルターモデルを提唱した。このモデルでは，最初の知覚段階で容量に限界があり，注意を向けていない耳の情報は意味を伴わない大まかな物理的特徴だけがフィルターを通過すると考えられた。2つめはトリーズマン（Treisman, 1964）によるもので，フィルターはあるときはおおまかな物理的特徴による情報をとおすが，あるときには意味のような抽象的

な特性に基づいて情報をとおすこともあるという，能動的な選択能力を持つ減衰モデルを提唱した。3つめはドイチュとドイチュ（Deutsch & Deutsch, 1963）による最終選択モデルで，入力はすべて登録され短期間保持されるが，知覚的分析を受けるのは1つであり，反応の生成の直前にフィルターがあるという考え方を示した。

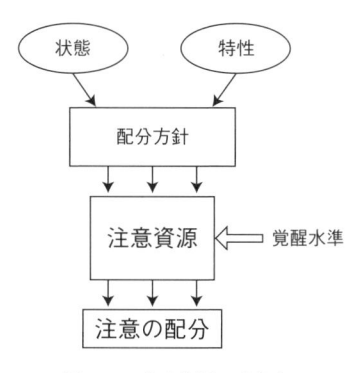

図 2-15　注意資源の考え方
（Kahneman, 1973 を参考に作成）

このようなモデルに対し，その後カーネマン（Kahneman, 1973）が容量に限りのある注意資源を持つという容量モデルを提唱した。これは，基本的には注意の強度をその時々の状態や特性に応じて複数の対象に配分するという考え方で，これによって固定的なフィルターを仮定する必要がなくなった（図 2-15 参照）。

(2) 視覚的探索

人混みの中で友人などを見つけることがあるように，目標となる対象をその他の異なった複数の対象の中から見つける視覚的課題を視覚的探索という（図2-16a, b）。目標となる対象以外の物は妨害刺激とよばれる。このとき，赤色の妨害刺激から黄色の目標を見つけるような単一の特徴の場合には，妨害刺激が多くても少なくても，その数に影響されずに目標が飛び出てくるよう（ポップアウト現象）に見つけ出すことができる。これを特徴探索（feature search）という。それに対し，たとえば複数の特徴が組み合わさった目標を見つける場合には刺激全体を探索することになり，妨害刺激の数が多くなると見つけ出すまでに時間がかかることが多い。このような探索を結合探索（conjunction search）という。結合探索では刺激を逐次的に走査することで目標を探し出していると考えられている（熊田・横澤, 1994）。

トリーズマン（Treisman & Gelade, 1980）は，視覚情報の個々の異なる特徴（色，運動方向，空間周波数など）は個別に自動的に符号化されるが，複数の特徴が組み合わさった情報ではそれらを統合する過程が必要であるとして，特徴

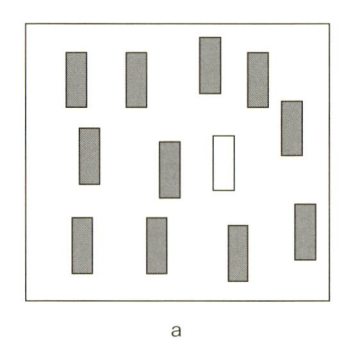

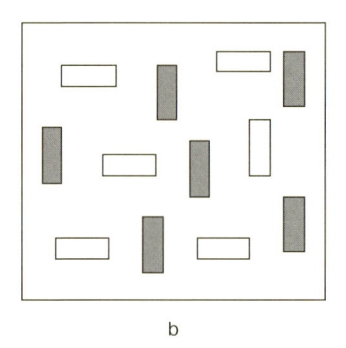

図2-16a, b　視覚的探索（a は特徴探索，b は結合探索の例）

統合理論を提唱した。特徴探索は自動的に特徴が符号化される過程であり，そのためポップアウトが生じる。結合探索では，このような特徴を統合する一連の過程を必要とするため，目標刺激はポップアウトせず，逐次的に処理され，妨害刺激が多くなるにつれて探索に時間がかかると考えられた。注意とはこの統合過程を意味している。

しかしその後，特徴探索と結合探索とに二分されない探索現象が多く見つかっている。そのため，特徴探索モデルに先行知識によって誘導されるトップダウンの処理を組み入れた**誘導探索モデル**（Wolfe et al., 1989, Wolfe, 1994）の提唱を初めとして，注意に影響を与えるさまざまな要因が現在も検討されている（熊田，2003）。また，注意には，コラム 2 に紹介するような注意バイアスの問題や，注意しているにもかかわらず変化を見落とす現象，さらには，注意の範囲の問題など，数多くの興味深い現象や問題が存在している。

参考図書

乾　敏郎（編）（1995）認知心理学 1　知覚と運動　東京大学出版会
松田隆夫（2000）知覚心理学の基礎　培風館
三浦佳世（2007）知覚と感性の心理学　岩波書店
大山　正・今井省吾・和気典二（編）（1994）新編・感覚知覚ハンドブック　誠信書房
重野　純（2003）音の世界の心理学　ナカニシヤ出版

【図 2-10 答　a：馬に乗った騎士　b：ペンギン】

コラム 2　注意バイアスと臨床応用

　近年，不安や恐怖といった個人の感情状態と，注意をはじめとする人の認知機能とが，互いに影響を及ぼし合っていることが明らかになってきた（Williams et al., 1997）。特に注意については，その人が不安や恐怖を感じる脅威情報に対して，選択的，そして半ば自動的に注意が向けられる，注意バイアス（attentional bias）とよばれる現象が見られることが報告されている（Wells & Matthews, 1994）。たとえば，対人不安（人と会話をする，人前でスピーチをするといったことに対する不安）の高い人は，対人不安の低い人に比べて，人のネガティブな表情（怒りや嫌悪の表情）により強く注意が引かれることが示されている（Mogg & Bradley, 2002）。
　この注意バイアスは，恐怖症，パニック障害，社交不安障害などに代表される不安障害を発症したり，またはその症状を維持したりする要因の1つであるとも考えられている。先述の対人不安の例であれば，対人不安の高い人は他者のネガティブな表情により気づきやすくなるために，日常生活の中で対人不安が高まる機会が増える。対人不安が高まると，注意バイアスも強くなるため，さらに周囲の表情に敏感になるという悪循環が生まれる。そして，もちろん注意バイアス以外の要因も複合的に影響を与えてのことではあるが，ついには通常の社会生活が送れなくなるくらいに，つまり社交不安障害と診断される程に不安が強まってしまうと仮定されている（Clark & Wells, 1995; Rapee & Heimberg, 1997）。
　注意バイアスという概念は単なる想像上の概念ではなく，実験的な手法によって客観的に測定することが可能な現象である。注意バイアスを測定する代表的な方法にドット・プローブ課題（dot probe task）がある。ドット・プローブ課題とは，2つの刺激を短時間だけ（0.5秒間呈示する場合が多い）並べて呈示した後，2つの刺激を呈示した位置のどちらか一方だけ，プローブ刺激（実験参加者の反応を見るための刺激）として小さなドット（・）を呈示し，ドットを見つけたらできるだけ早くボタンを押すなどの反応を求める課題である（MacLeod et al., 1986）。このとき，図のように，呈示する2つの刺激の一方には中性的な表情の顔を，もう一方にはネガティブな表情の顔を呈示すると，ネガティブな表情に対して注意バイアスを有する人では，ネガティブな表情が呈示された位置に強く注意が向けられると予測される。したがって，ネガティブな表情が呈示された位置にドットが出てきた場合の反

固視点
（視点を「+」に固定する）

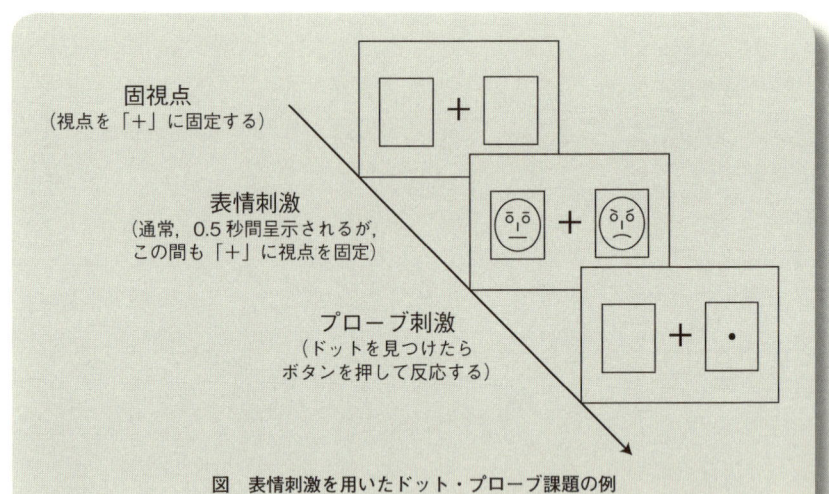

表情刺激
（通常，0.5秒間呈示されるが，この間も「+」に視点を固定）

プローブ刺激
（ドットを見つけたらボタンを押して反応する）

図　表情刺激を用いたドット・プローブ課題の例

応は早く，逆の位置にドットが出てきた場合の反応は遅れることになる。この反応時間の違いによって，注意バイアスの有無や強弱を推測することができる。

　これまで人の不安の程度は，主に質問紙による心理検査によって査定されてきた。しかし，それらの方法には，自分がどう感じているかという主観的な感情状態しか測定できない，また意図的に回答をゆがめることができるといった問題がある。もしドット・プローブ課題に代表される注意バイアスの測定方法の信頼性・妥当性が確認され，注意バイアスが真に不安と関連する現象であることが証明されれば，これらの課題を不安の客観的な査定に応用することも可能であろう。また最近の研究では，ドット・プローブ課題の中で注意を向ける方向を訓練し，注意バイアスを操作することで不安の軽減を図ることも試みられている（MacLeod et al., 2007）。まだ本格的な応用には証拠を蓄積する必要があるが，将来的には注意バイアスの測定方法を不安の治療へと応用することも可能であるかもしれない。

　　　　　　　　　　　　　　　　　　　　　　　　　　　松本　圭

第3章 記　憶

松川順子

1. 記憶の世界

　毎日の生活の中で出会うできごとは，いくつかは記憶されいつか思い出され，またあるできごとは忘れ去られてしまう。授業で学んだことなど，しっかり覚えておこうと思い意識的に記憶に留めることがらもある。人との約束や予定・計画など，将来のことがらについては記憶に留めるだけでなく，場合によってはメモなどに記録する。私たちの日常は大体このように過ぎていっているのではないだろうか。記憶をめぐるさまざまな問題をここではとりあげる。

(1) 記憶のしくみ

　1) 記憶過程　　記憶として後に思い出されるためには，記憶として覚えて留める過程が必要である。覚えることを**記銘**（memorization）または符号化といい，記憶に留めることを**保持**（retention）または貯蔵という。思い出されるのはこのように記銘・保持された情報であり，思い出すことを**想起**（retrieval）または検索という。記銘したはずのできごとが想起されない場合，記憶された情報がなんらかの形で失われたと考えられる。これを**忘却**（forgetting）という。しかし，失われたと思われた記憶が，実はそのときに想起されなかっただけであり，失われていたわけではなかったということも多い。また，確かに記憶しているはずだが，想起に必要な今，思い出せないという現象を経験することもある。この現象は喉まで出かかる現象（Tip of the Tongue：TOT現象）として知られている。

　2) 感覚記憶　　さまざまなできごとが記憶されるためには，環境からの刺激を符号化し記銘する必要がある。そのとき，環境からの感覚刺激は非常に短い時間そのままの状態で保持される。これを**感覚記憶**（sensory memory）という。感覚記憶については，スパーリング（Sperling, 1960）が，**全体報告法**と部

分報告法を用いて実験的に明らかにした。実験参加者は，たとえば1行に4文字のアルファベットが書かれた3行からなる文字群（12文字）を非常に短い時間（0.05秒）見せられた後，見た文字を思い出して答えた。これが全体報告法である。結果は平均4.5文字程度の回答であった。部分報告法とは，たとえば，1行目は高い音，2行目は中程度の音，3行目は低い音などのように，あらかじめ行ごとに合図を決めておき，瞬間呈示の直前，直後，1秒後などにその合図を呈示して1行のみを回答してもらう方法である。このようにすると，指定の合図が呈示される時間によっては，正回答が刺激文字数（12文字）に近くなることがわかった。すでに文字の呈示はないにもかかわらず，部分報告法では数百ミリ秒あたかも呈示されているかのように感じ，そこから文字情報として取り出し符号化していると考えられた。なお，この経験はカメラのフラッシュを受けた後に明るい像が現れたり，赤色を見続けたあと，白い紙の上に緑色の像が現れるような，残像（after image）現象（カバー折り返し部分参照）とは区別されている。

3) 記憶の二段階貯蔵モデル　新しく遭遇しているできごとには，今一時的に覚えておく必要のあるものと，後々まで覚えておこうとする情報とが混在している。一時的記憶は短時間の記憶であることから短期記憶ともよばれる。一方，ある程度長時間にわたっての記憶を長期記憶といい，そのうちできごとに関する記憶をエピソード記憶という。できごとなどのエピソード記憶が後に

表3-1　記憶の分類

一時的記憶	短期記憶	短期間の一時的記憶 例）お店の電話番号
	作動記憶 （ワーキングメモリ）	処理や作業を伴う一時的記憶 例）14＋38＝？の繰り上がり数
長期的記憶	エピソード記憶	場所や時間を伴う個人的記憶 例）今朝家で起きたことは？
	意味記憶	知識全般 例）机とは？
	手続き記憶	運動技能 例）自転車の乗り方
	展望的記憶	将来に関する記憶 例）予定・約束

思い出されるためには，感覚記憶から読み出され符号化された情報がいったん短期記憶に入り，そこから一部が長期記憶に入るという考え方がある。これを記憶の二段階貯蔵モデル（または記憶の二重貯蔵モデル）という。

4）記憶の分類　一時的記憶には短期記憶のほか，作動記憶とよばれる記憶があると考えられている。また，長期記憶にもできごとに関するエピソード記憶の他に，意味記憶，展望的記憶，手続き記憶などとよばれる性質の異なる記憶があると考えられている。表3-1に一時的な記憶と長期的な記憶の分類とその特徴を簡単に示した。

(2) 一時的記憶

1）短期記憶　短期記憶の特徴は，数十秒という短時間の記憶であり，その短い時間に記憶されることがらはそれほど多くないということである。単数字などを系列的に呈示していくつまで記憶することができるか調べると（これを記憶範囲ともいう），5個〜9個である（7±2，またはマジックナンバー7ともいう）という報告がある。しかし，この保持個数は絶対的なものではなく，心理的単位（チャンク）によって決まる。たとえば数字列を1つのまとまった郵便番号，電話番号として記憶すると，全体の数字の記憶は増えることが知られている。一時的な短期的な記憶では，保持のために保持項目を繰り返し再入力する維持リハーサル（maintenance rehearsal）をする必要があり，リハーサルをしない場合には数十秒後に記憶は消失すると考えられる。ピーターソンとピーターソン（Peterson & Peterson, 1959）は，実験参加者に対してアルファベット子音3文字を1秒呈示し，その直後に示した数字（506など）から3を引いていく引き算を行ってもらった。その結果，18秒後には最初に呈示したアルファベット子音3文字を思い出すことが困難であることがわかった（図3-1）。このような短期記憶の一部は長期記憶に送られて長期記憶として定着する。長期記憶に情報を送り込むときに取られる作業を精緻化リハーサル（elaborative rehearsal）とよんでいる。

2）系列位置曲線　複数の単語を順に呈示して，その後自由に思い出してもらうと，図3-2のような結果を得ることが知られている。これを系列位置曲線という。この曲線では，系列の最初と最後部分の成績がよくなるU字型

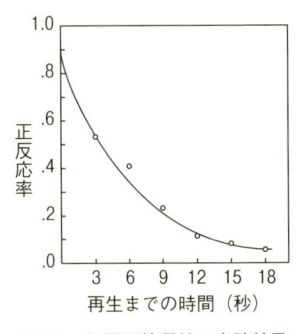

図 3-1 短期記憶保持の実験結果
(Peterson & Peterson, 1959 より作成)
横軸はアルファベット文字を思い出す時間（秒）。

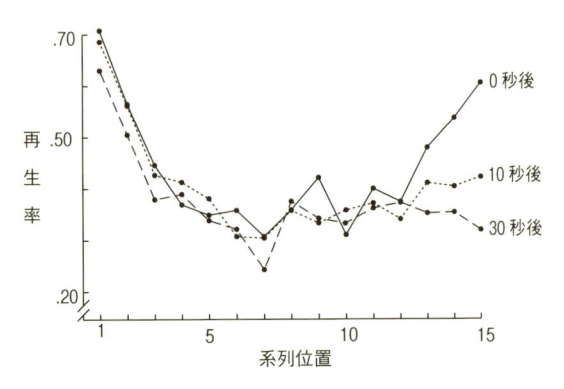

図 3-2 系列位置曲線 (Glanzer & Cunitz, 1966)
直後（0秒後），10秒後，30秒後の系列位置曲線。

曲線になることが多く，最初の部分の成績がよいことを初頭効果（primary effect），最終部分の成績がよいことを新近効果（recency effect）という。項目の呈示から記憶テストまでの間に，計算問題など別の作業をすると新近効果は消失することから，新近効果は短期記憶の成績を示したものと考えられている。ただし系列位置効果は長期的な記憶でも生じることから，新近効果が必ずしも短期記憶による効果ともいえないのではないかという議論もある。

3）作動記憶　作動記憶（作業記憶ともワーキングメモリともいう）は，バドリー（Baddeley, A. D.）が提唱した記憶モデルに基づいた概念であり，一般的には短期記憶を展開したものと考えられている。提唱以来モデルは変遷しているが，基本は，言語的情報の処理のための音韻ループ（phonological loop）と，視覚的・空間的情報の処理のための視空間スケッチパッド（visuo-spatial sketchpad），およびこれら2つの下位システムを制御する中央実行系（central executive）から構成されている。近年は長期記憶との関係やバッファ（緩衝装置）の概念をとり入れたモデルを発表している。図3-3に2000年のモデルを示した（Baddeley, 2000）。作動記憶は，一時的な短期的な保持に留まらず，計算や文章読みや聞き取りなど何か認知的な作業をするようなときに使われる記憶であり，作業を中心的に司る中央実行系と2つの言語・視覚的情報の一時的保持記憶との連携を想定している考え方である。

音韻ループはさらにリハーサル機構と音韻貯蔵の下位システムを持ち，それ

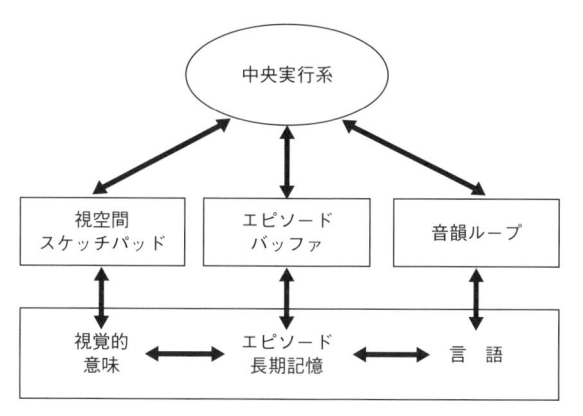

図3-3 バドリーの作動記憶モデル (Baddeley, 2000 より作成)

ぞれ入ってきた言語情報を繰り返してはリフレッシュする働きと言語に関する音韻情報の貯蔵を担っている。一方視空間スケッチパッドは視覚的な非言語情報の保持と書き換え機構からなっている。いわば心の中の黒板といったところだろうか。視空間スケッチパッドは視覚的記憶や視覚的イメージと関連しているが、音韻ループほど研究が進んでいない。第4章（p.82）で述べる心的回転やイメージ走査、イメージ操作の実験の他、イメージを形成するよう指示を与えるブルックス図形課題を用いた二重課題による研究が代表的なものである。

4）語長効果と音韻類似性効果　短期記憶では、7±2という保持量が知られているが、作動記憶においても単語の記憶範囲を調べることができる。そのとき**語長効果**が見出される。語長効果とは、記憶する単語の長さによって記憶される語数が変わることをいう。これは長い語では作動記憶のリハーサル機構での処理に時間がかかるため記憶として定着しにくいからと考えられている。一方、音韻的に類似した単語群を記憶するのはそうでない単語群の記憶よりも悪くなることが知られている。これを**音韻類似性効果**というが、これもリハーサル時によく似た音素を持つ語が相互に干渉して記憶定着を妨げるためであると考えられている（苧阪, 2002）。また音韻ループを研究するときに用いられる方法が**構音抑制**とよばれるものである。これは、さまざまな言語刺激を記憶するときに記憶する刺激とは無関係の「あいうえお、あいうえお、……」などの言葉を繰り返し言わせて、記憶する刺激のリハーサルを妨害する実験手法であ

る。コラム3で紹介している視覚的記憶において言語的な符号化を妨げる方法としても用いられる。

(3) 長期的記憶

長期的な記憶にもさまざまな種類があると考えられる。私たちが一般的に記憶というとき，何かあるときある場所で体験したできごとについての記憶や人との約束などこれからすべきことがらの記憶を指していることが多い。これらはそれぞれ，エピソード記憶や展望的記憶という。そのほか，身体が覚えているという表現をするように，自転車の乗り方など感覚運動を伴う記憶や，ある何かについて知っているという記憶もある。これらは，それぞれ手続き記憶や意味記憶とよばれている（表3-1参照）。

1) エピソード記憶（できごとの記憶） エピソード記憶（episodical memory）はそのできごとを経験した個人に直接かかわる記憶であり，多くはいつ，どこで，何をしたという時間と場所と対象を伴った経験とその記憶である。できごとには，たとえばある時ある場所で単語を見たという実験室における記憶実験の経験も含まれる。エビングハウス（Ebbinghause, 1885：宇津木訳, 1978）は，意味のない単語（非単語）セットを用意して，それらの1セットを記憶するのにかかる時間を計測した。その後一定の時間をおいて改めてそのセットを記憶し直し，記憶するのにかかる時間が節約できるかどうかで，長期的な記憶保持を調べた。その結果，19分後には58.2％，1時間後には44.2％の節約率となり，記憶が急速に失われること，その後は安定し1ヶ月後にも約21.1％

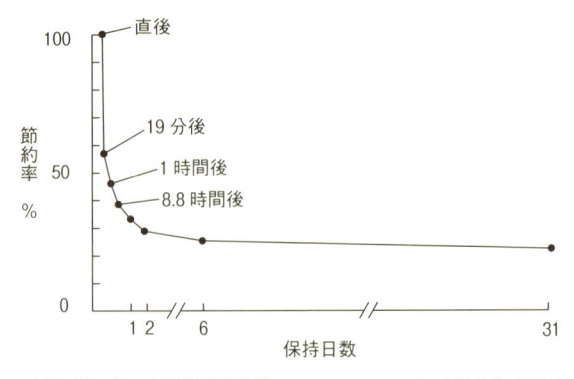

図3-4 エビングハウスの記憶実験結果 (Ebbinghause, 1885：宇津木訳, 1978より作成)

が保持されていることなどを示した（図3-4）。

2) **自伝的記憶**　エピソード記憶と関連して，自分の名前であるとか出身地なども含め，人が生涯を振り返って再現するエピソードのことを**自伝的記憶**という。強く「自己」にかかわる点でエピソード記憶と区別されている。自分がどういう人間であるかを示す記憶であるともいわれる。50歳以上の人々にこれまでの記憶の中で一番重要と思われるできごとや鮮明に記憶されているできごとを想起してもらうと，一般的に青年期〜成人期のできごとが再生されやすいという**隆起現象**（バンプ現象）が生じることが知られている。自伝的記憶には自分の名前や出身地などできごと以外の自己にかかわる記憶も含まれているといわれる（Rubin et al., 1998）。

3) **意味記憶（知識の記憶）**　目の前にある対象物がくだものであり，リンゴであると理解できるのは，くだものやリンゴを知っているからであり，知っている情報は記憶された情報であるということから，こうした長期記憶をエピソード記憶とは区別して意味記憶という。この意味記憶は知識と言い換えることができる。知識はいつかどこかで獲得されたはずのものである。ナイサー（Neisser, 1982：富田訳, 1988）によれば，リントン（Linton, M.）は自分の一日の経験を項目に分けて5年間記録した。その後，項目カードからできごとを思い出す過程でエピソード記憶が次第に意味記憶へと変化していくことを示した（第4節参照）。

4) **展望的記憶（将来についての記憶）**　できごとの記憶の想起は多くの場合，過去をさかのぼるという表現で表される。一方，私たちが記憶していることがらは，これから（将来）生じるはずのできごとについての約束や予定や計画に関する記憶もある。1時間後に友達に電話する，バスを降りたら買い物を思い出すなどのことがこれにあたる。また，来週の火曜日の午後1時に友人と待ち合わせをしていて，その時間と場所に忘れずに行くということもこれにあたる。こうした将来やこれからに関する記憶を**展望的記憶**（prospective memory）という。展望的記憶の想起には，時間や時刻をベースにしたものと事象をベースにしたものがあり，また，何か予定があったということを思い出す**存在想起**と，予定の内容を思い出す**内容想起**とがある（梅田, 2002）。また，メモなどの外的記憶補助の役割なども知られている。想起の日時が特定

される，現在から未来への記憶であるという特徴はあるものの，展望的記憶も（1）「記憶のしくみ」の項で述べた記憶過程を含んでいると考えられる。展望的記憶に対し，エピソード記憶のように過去にさかのぼる記憶を回想的記憶（retrospective memory）ということがある。

　5）**手続き記憶**　　長期的な記憶には，子どもの頃に獲得した泳ぎ方や自転車に乗るなどの身体運動に関する記憶もある。これは多くの場合，一連の身体運動的な手続きを記憶していることから，手続き記憶ということがある。しかし手続き記憶には身体運動ばかりではなく，辞書を引くとか司会をするなどの認知的な行為も含めることがある（太田，1992）。

　6）**顕在記憶と潜在記憶**　　長期記憶を意識的な想起を伴う顕在記憶と意識的な想起を伴わない潜在記憶に分類することがある。エピソード記憶は顕在記憶であり，意味記憶や手続き記憶は潜在記憶である。その他，目の前のリンゴをリンゴであるとわかるときに働いている記憶を知覚表象システムといい，これも潜在記憶に含められる（太田，1995）。第2章で説明した形の単位（ジオン）はこの知覚表象システムとかかわっている。

2. 記銘方略

　後に思い出される記憶は思い出されないできごとと比較して，何か異なって記銘されたのだろうか。あるいは，できごと自体に何か記銘を促す特徴があったのであろうか。また，できごとはどのくらい正確に記憶されているのであろうか。同じできごとに遭遇していても，ある人は色を記憶し，ある人は内容を記憶しているなどの違いはどこからくるのであろうか。ここでは最初の記憶過程である記銘にかかわる記銘の仕方よりも積極的な記銘方略についてとりあげる。記銘方略とは長期記憶に保持するための記憶手続きであり，二段階貯蔵モデルに基づけば，短期記憶にいったん保持された情報のうち必要なものについて長期記憶へ情報を送り出す（転送）手続きであるともいえる。

(1) 記銘を促進する要因

　遭遇するできごとは単純なものもあれば複雑な事象もある。それらのできご

とを理解するために関連した情報はまとめられる。知覚では群化とよんだ。記憶においても後で思い出しやすくするためにまとめていることがわかっている。

1) 体制化　関連ある情報をまとめることを体制化という。体制化によって記憶する情報を体系づけることを記憶の体制化という。体制化によって，記銘時だけでなく，想起時にも効率的に思い出すことが可能になる。たとえば，「はる，ねこ，ほし，ふゆ，いぬ，つき」といった単語が並んでいるとき，季節，天体に関係ある語どうしをまとめて覚えていくことをいう。また，自らまとめることを主観的体制化とよんでいる。何度も繰り返し再生してもらうと，次第に関連ある語がまとまって再生されることも知られている。

2) 精緻化　精緻化（elaboration）とは，「はる」という語に対して，季節の情報を付加するなど，記銘時に特に意味的情報を付加して記憶することをいう。短期記憶にある情報のうち，長期記憶として記憶されるためにはこのような精緻化リハーサルが行われる。そのままでは覚えにくい多くの単語や数字などを効率的に記憶するための方法として，記憶術が知られているが，これも精緻化の1つである。記憶術には，記憶すべきことがらをあらかじめ決めている情景のさまざまな場所に置いていく場所法や，ことがらどうしを結びつけてイメージをつくるイメージ化法や物語を作って覚えていく物語法などが知られている（図3-5）。

3) 生成効果　生成効果（generation effect）とは，覚えるべき項目を単に見て覚えるよりも，自ら生成したほうが，後の記憶成績がよいことをいう。たとえば，「はる，ねこ，ほし，……」という語系列があるとき，「なつ－は○，いぬ－ね○，夜空－ほ○」のように対にして，○の中に適切な文字を埋めて関連する単語を自らつくっていく（はる，ねこ，ほし）ほうが，「はる，ねこ，ほ

語のリスト		物語の例
1. えんそく	7. しょくどう	
2. かいがん	8. ピエロ	
3. たいよう	9. コスモス	えんそく で かいがん に 出かけた
4. きもち	10. みずうみ	
5. くるま	11. ジャングル	
6. テレビ	12. ぶどう	

図3-5　物語法による記憶実験例
12語で物語を作ってみよう。

し」という文字を読んでいくよりも，後の再生成績がよい。

　4）**文脈依存性**　記銘時と想起時の文脈が記憶成績に影響を及ぼすことを記憶の**文脈依存効果**という。ゴドンとバドリー（Godden & Baddeley, 1975）は，スキューバ・ダイビングのクラブの学生たちに，水中または陸上で36単語のリストを覚えてもらい，それぞれ水中または陸上で再生をしてもらった。その結果，記銘時と再生時の場所が一致している条件の方が一致していない条件よりも再生成績がよかった（図3-6）。これは，記銘時にどのような符号化をするかが記憶保持内容を決定するという**符号化特定性原理**（Tulving, 1983：太田訳, 1985）によって説明できる。どの場所で記憶したか，場所の情報も記銘時に符号化されるため，想起時に符号化情報を手がかりとして利用できるときに，利用できないときよりも記憶成績がよくなる。文脈効果は場所などに限らず，記銘時の手がかりとして用いられるさまざまな状態においてもみられることから，**状態依存効果**（state dependency effect）や記銘時と検索時に同じ気分状態のときに成績がよい**気分状態依存効果**などが知られている。

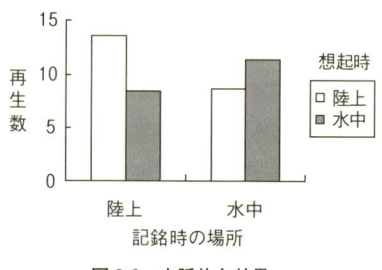

図3-6　文脈依存効果
(Godden & Baddeley, 1975)

　5）**分散効果**　繰り返し記憶する場合は，間隔をおいて分散して記憶する方が，集中するより成績がよいことが多い。このことを**分散効果**という。なぜ分散効果がみられるかについては，①繰り返されると，だんだん注意が払われなくなるが，間隔をおくことによって，再び記憶項目への注意が向けやすくなる，②また，繰り返しの間隔が長くなると，その時々の記銘時の文脈が異なってくるため，多様な文脈手がかりが付加されやすくなり，その結果，想起時に取り出しやすくなる，などの理由が考えられている。

(2) 処理水準

　私たちは，書かれた内容を理解しながらテキストを読もうとする。読んだ内容は後で思い出すことができる。しかし，何度も読むのに理解が進まず，また，後で思い出すこともできないこともある。また，テキストの文字の大きさや図

表が描かれた場所が記憶されていることもある。このように私たちが遭遇するできごとは一般的に異なった符号化が行われている。クレイクとロックハート（Craik & Lockhart, 1972）はこのことを**処理水準**（levels of processing）の考え方によって示した。

　クレイクとロックハートは，短期記憶・長期記憶の二段階で記憶が貯蔵・保持されるという二段階貯蔵モデルに対し，記憶は記憶するときの処理のされ方（処理水準）によってそれに応じた貯蔵・保持が行われると考えた。処理には，感覚的，物理的な分析を行う「浅い」水準から，抽象的，意味的，連想的な分析処理を行う「深い」水準まであるとし，その水準が深くなるにつれて精緻化も進むと考えられている。たとえば，単語を呈示し，その単語の形（漢字か仮名か），音韻（「お」という文字が含まれるか），意味（文にあてはまる単語か）などの異なる判断を求めて，その後，単語の記憶成績を調べると，意味的な処理をした単語の記憶成績がもっともよい。

　処理水準の考え方や実験結果は，記憶の保持成績が刺激に対して行われた処理の水準によって決まるということを示したもので，二段階貯蔵モデルの考え方とは相反するものといえる。処理が浅い・深いというときの深さがどのように決められるのか，処理の深さによって処理時間が異なるなどのいくつかの問題点や，記銘時の処理のみがとりあげられ，記銘時と想起時の処理の一致性などの問題がとり扱われていないなどの問題が指摘されるが，処理方法への着目は現在も評価されている。

3. 想起と忘却

(1) 記憶の測定方法

　1）**再生と再認**　　長期記憶や短期記憶においては，一定の時間後に想起を求めることで記憶保持を測定している。この想起による記憶測定法の代表的なものは，**再生**（recall）と**再認**（recognition）である。再生法は，先に経験したできごとを思い出して記述したり口頭で再現する方法であり，これにはまた自由再生や手がかり再生などいくつかの方法がある。再認は，先に経験したできごとやそうでないできごとを混在させて再呈示し，経験したできごとかどう

かを答えさせる方法であり，これにも経験した（yes, はい）か経験していない（no, いいえ）を答える諾否法や2つ以上の選択肢の中から経験したもの（旧項目）を選んで回答する強制選択法などいくつかの方法がある。また，第1節の長期的記憶で紹介したエビングハウスの実験で用いられた記憶の測定法（p.48）は再学習法とよばれている。再学習法では，最初に記憶するのにかかった時間から保持時間をはさんで再度記憶するのにかかった時間を引き，その時間が最初にかかった時間に対してどれくらい節約したことになるのか比率（節約率）を計算することで保持量を求める。再学習法では，先の経験を意識的に思い出す必要がないため，潜在記憶を測定する方法とみられている。

2) 再生の二過程説　　一般的に再認のほうが再生よりも成績がよい。再認では回答の手がかりが呈示されるため，記憶痕跡が弱くても回答可能であり，有利に働くと考えられる。また，想起過程を考えると，再認では手がかりが呈示されるため，それが記憶したものかどうかを確認するだけでよいが，再生では想起する記憶情報を自ら探し出す必要がある。このように再生の二過程説では，再生は記憶情報の探索と確認の二段階（または二過程）から成っており，再認はそのうちの確認のみでよいと考える（Anderson & Bower, 1972）（図3-7）。しかし，ある同級生の名前をいつでも思い出せるのに，その同級生と思いがけない場所で出会ったときにその人に気がつかない（再認できない）という経験をすることがある。これは再認失敗の再生可能の事例である。条件によっては，再認の方が再生よりも成績が悪くなることが実験でも報告されており，この場合には二過程説では説明できない。タルヴィングの符号化特定性原理を用いれば，再認のほうが再生よりも悪くなるのは，記銘時の文脈手がかりが想起時に

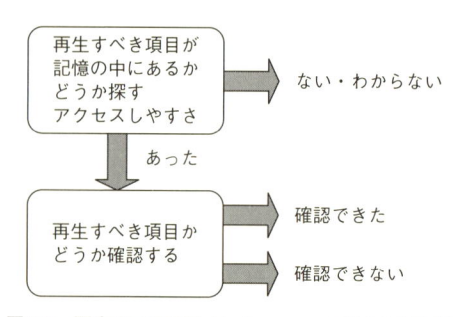

図3-7　再生の二過程説（Anderson et al., 1972 より作成）

利用できないからであると考えることで説明が可能であるとされている。

(2) 忘　　却

　思い出せないことを忘却という。また，短期記憶から長期記憶に情報が送り込まれるときに脳震盪などを起こすと，記憶は失われる。一方，長期記憶としては保持されているにもかかわらず想起できなくて，見かけ上忘却されたようにみられることも報告されている。ここではこうした忘却のメカニズムについてみておく。

　1) 記憶痕跡の減衰　　記憶が失われるのは，記憶として保持されている痕跡（記憶痕跡）が，時間とともに薄れていったためではないかと考えられる。エビングハウスが行った再学習法による実験では，31日後という長期にわたって2割程度の記憶痕跡がみられることを示していた（図3-4, p.48）。

　2) 干　　渉　　私たちは次々にできごとを体験している。あるできごとの記憶はその前後のできごとや活動によって影響を受ける。このことを干渉という。干渉には順向干渉と逆向干渉がある。順向干渉とはそれまでに経験したできごとの記憶が新しい経験の記憶に影響を与えることで，先の経験の記憶が邪魔をしてなかなか新しいことがらを記憶できない事態が考えられる。逆向干渉とは新しい経験がそれ以前に経験しているできごとなどに影響して記憶の想起を妨げることをいう。古くは，ジェンキンスとダレンバック（Jenkins & Dallenbach, 1924）が，実験参加者2名に対し，昼間と夜間にそれぞれ無意味綴りを記憶してもらい，その後，複数の保持時間を置いて再生を調べている。その結果，覚えた後眠りについて特に活動しなかった夜間記憶（睡眠条件）の8時間後の成績が，覚えた後も通常の日常的な活動をしていた昼間記憶（覚醒条件）の成績よりもよいことを見出した。実験手続きにさまざまな問題はあるが，この結果は昼間での活動が逆向干渉を引き起こ

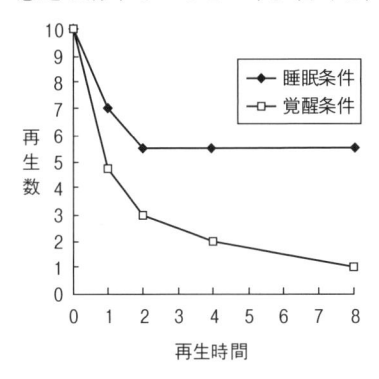

図3-8　ジェンキンスとダレンバックによる干渉実験結果
（Jenkins & Dallenbach, 1924より作成）

し忘却を引き起こしたためと考えられている（図3-8）。

　記憶は痕跡として定着するまでには時間が必要であり，近年では数年にわたって定着するのではないかともいわれている。この定着の間に他のできごとを経験することで干渉が起き，記憶が失われると考えられる。

　3）想起の失敗　　忘れたはずのできごとをあるときふと思い出すことがある。このことから思い出せないのは想起（検索）を失敗したからであり，必ずしも記憶痕跡が減衰するとか干渉によって消されたわけではないという考え方がある。自由再生では再生できない記憶項目が，検索を助ける手がかりを与えられることで再生できることなどは，この想起失敗説を支持している。記憶痕跡が減衰したり干渉によって消滅した場合には，想起情報として利用できる可能性が極端に減ることを示しているが，想起の失敗では保持貯蔵されている情報へのアクセスができないことによると考えられている。記銘時の符号化手がかりを想起時に呈示すると再生がよくなることが知られており，これは先述した符号化特定性原理から説明されている。

　近年，検索誘導性忘却パラダイムとよばれる記憶検索に関する研究がある。このパラダイムによる実験では，くだものや楽器などカテゴリーごとにまとまる複数の項目を記憶した後，同じカテゴリー内（たとえば楽器）の項目の一部を実験途中で再生させる。その後，記憶した項目全部を再生させる。その結果，実験途中でカテゴリー内（楽器）の項目のうち再生を求めなかった項目の再生成績は，実験途中で再生を求めなかったカテゴリー（くだもの）の項目よりも悪くなるということが報告されている（Anderson et al., 1994）。この検索誘導性忘却は，自動的な無意識的な過程で生じていると考えられている。

　4）幼児期健忘　　子どもの頃の記憶は何歳までさかのぼれるだろうか。一般に3歳頃までの記憶の想起は著しく減少することが知られており，これを幼児期健忘（childhood amnesia）という。幼児期の記憶が悪いことについては，できごとが記憶されるためにはできごとが生じる事態への一般的な知識が先に形成される必要があり，幼児期はそうした知識の形成時期にあたるため，エピソード記憶が定着しにくいという考え方がある。また，親子が共通のできごとについて語るような，親と子の相互作用をとおして子どもの記憶は発達するので，こうした相互作用が十分にできない時期には記憶されにくいという考え方

もある。その他，2歳頃までは自己概念が形成される時期であり，記憶は自己とかかわることから，この時期の記憶が定着しにくいという考え方もあり，まだ詳しくわかっていない。

5) **記憶の変容と偽りの記憶**　順向干渉や逆向干渉でみたように，次々と経験されるできごとは互いに影響し合う。そのため干渉によって記憶が変容してしまうこともある。あいまいな線画（—○-○—など）に「めがね」や「アレイ」などの言語的ラベルをつける（命名する）ことでラベルに沿った記憶変容が起きることや，目撃証言研究における事故後の言語情報による誘導実験などがこうした干渉の問題にかかわっている（Loftus, 1979：西本訳，1987）。バートレット（Bartlett, 1932：宇津木・辻訳，1983）は，イギリス人が自分たちの文化と異なる地域で語り継がれているインディアンの物語を聞いた場合に，自分の知識に沿って記憶を変容させることを示し，新しい情報を記憶していくときに，すでに持っている知識や経験が記憶内容に影響を与えることを明らかにした。またバートレットは，こうしたすでに持っている知識は構造化されていると考え，これを**スキーマ**とよんだ。記憶の変容にはスキーマに組み込まれるように記憶が変容する常態化のほか，単純化や強調化といった特徴も指摘されている。

ロフタス（Loftus, 1979）は，交通事故のスライドを見た後，質問によって目撃した事実を確認する際，スライドに含まれていない情報を質問の中に入れたり，質問内容の表現を変えることで，スライドの記憶が変容することを示した。目撃者の記憶と変容については，目撃後の言語情報が目撃した状況の記憶に影響を与えることが明らかにされている。近年，目撃事態において，目撃者が中心的情報と周辺的情報に向ける注意とそのときの感情状態（覚醒度）が記憶に影響を与えるという報告もみられている（渡部，2001）。また，実際経験していないできごとやことがらが記憶として想起される偽りの記憶現象も実験的に報告されている（高橋，2002）。

6) **視覚的記憶**　目撃証言にみられる記憶のように，私たちの経験するできごとの多くは視覚的なものである。記憶した情景などは後に言語によって再生されるが，ある事件を目撃した，あるいは経験した情景は，情景に配置された対象物の位置やその対象物の形や色を記憶しているかどうかを再現によって確認することができる。このような記憶は**視覚的記憶**または**画像記憶**といわれ

る。画像記憶は有意味な対象物を描いた視覚刺激の記憶を指していることが多い。視覚的記憶や画像記憶も表3-1にある一時的な短期記憶と長期的なエピソード記憶から検討できる。第1節第2項でみた作動記憶の視空間スケッチパッドは視覚的作動記憶（または視覚的短期記憶）とも言い換えられる。

画像記憶の一例として，よく使い慣れている硬貨の模様の再現が正確に可能かどうかを尋ねることがある。また，よく通い慣れた道沿いにあった建物が壊されたときに，その建物が再現できるか尋ねることもある。どちらもよく見慣れていたはずであるが，正確に思い出せないことを経験する。このように画像記憶は必ずしも細部が正確に保持されていないことがわかっている。また，細部の記憶に関し，画像に細部が追加されるより細部が削除されることに気づきにくいことをペジェクら（Pezdek et al., 1988）は示した。このことを画像記憶における非対称的混同効果という。画像記憶では情景全体が何を表しているかという主題が記憶されるため，主題に含まれる細部の削除には気づきにくく，この効果が生じるのではないかと考えられている。

7）**意図的忘却**　人には忘れたいと思うできごとがある。このとき意図的に忘れることは可能だろうか？　古くはフロイトが，人は嫌なできごとを抑圧することによって思い出さないようにすると考えた。抑圧の概念自体は無意識的なものであるが，近年，意図的忘却を想起の制御にかかわる問題として考えるようになり，指示忘却や意図的忘却などとよばれるさまざまな実験的手法による研究がされてきている。Think/No Thinkパラダイムとよばれる実験では，実験参加者は記憶手続きの途中の段階で，ある項目は思い出し，ある項目は思い出さないようにする手続きを何回か踏む。その後，テスト段階で最初に覚えた項目全体を想起してもらうと，途中の段階で思いださないようにした回数が増えるにつれて，その項目の再生成績が悪くなることが見出されている（Anderson & Green, 2001）。

4. 意味記憶

(1) 意味記憶としての知識

「象とアリはどちらが大きい？」と聞かれたらどのように答えるだろうか？

誰もが象が大きいと言うだろう。その答えはどこから出てくるのだろうか？私たちは，これまでの経験をとおして知識やその意味内容を記憶として保持している。これは**意味記憶**とよばれる (p.49)。意味記憶として蓄えられた知識を**心的表象**(mental representation)または単に**表象**という（第4章も参照）。新しく入ってくる情報を理解し把握するときにも，蓄えられた知識が利用されている。知識から仮説をたてて新しく入ってくる情報を理解しようとすることを**トップダウン処理**ともいう。トップダウン処理は，すでに述べたスキーマが活用される過程の1つを示している。

1) **スキーマ** さまざまな知識はそれを獲得した時や場所という個々の経験として蓄えられているというより，よく似た意味内容と判断された経験がまとまったり，多くの経験をとおして標準的な知識として用意されているようである。バートレットが過去経験や外部環境についての構造化された知識をスキーマと表現したように，このような知識のまとまりや，構造化された知識そのものを**スキーマ**（図式）という。標準となる代表として用意された答えは，スキーマのデフォルト値として与えられていることが多い。スキーマは，新しく入ってくる情報を受け取りやすくしたり，理解するときの手助けをする。また，すでに持っている知識なので，新しく入ってくる情報を補うこともある。先にみた精緻化や精緻化リハーサルは，新しく入ってきたことがらをスキーマと関連づけることであり，スキーマの働きを示している。

2) **スクリプト** 時系列で動くようなできごとに関する知識表象は，特に**スクリプト**（台本）といって区別することもある。シャンク (Schank, 1982) は，日常的によく取るさまざまな行動が，決まり切った行動を中心に構造化されていると考え，こうした日常的な一連の行動系列に関する知識をスクリプトとよんだ。たとえば「授業を受ける」というスクリプトでは，学生が授業の開始から終了までの間に取るさまざまな行動，すなわち，「教室に入る」「講義を聞く」「ノートを取る」「席を立つ」などの代表的行動を，時間的流れを持った行動群としてあげることができる。

3) **アクションスキーマ** スキーマには，単に対象やものごとの知識だけでなく行為に関するものもある。これを**アクションスキーマ**という。アクションスリップといわれる現象は，アクションスキーマを示す1つの例である。た

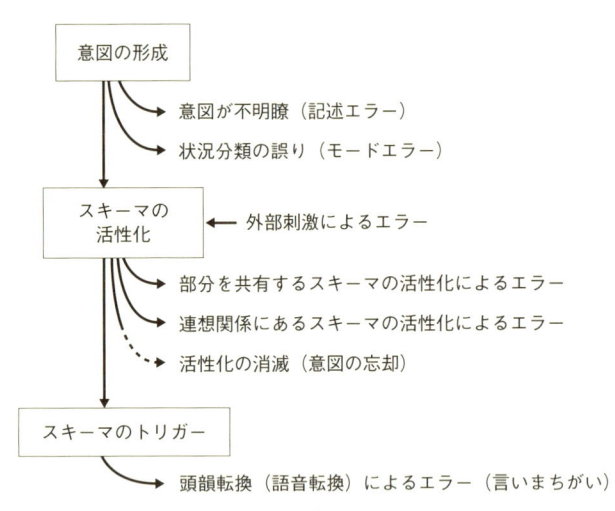

図 3-9　アクションスキーマとアクションスリップの種類（Norman, 1981; 仁平, 1990 により作成）

とえば，「お」というひらがなを非常に速く書き続ける（急速反復書字）と，その途中で「あ」などのように，「お」とは異なる文字を書いてしまうことがある。これは，「お」と「あ」などでは，その文字表象が部分的に共有されており，書くという行為を始めると途中で「お」の文字表象の一部から他の文字表象へとスリップするからであると考えられている（仁平, 1990）。何かをしようと思って動いたのに途中で別の行為をしていたとか，お菓子を袋から出して，袋ではなくお菓子をくずかごに捨ててしまったなどといった行為も，このアクションスリップの1つである。ノーマン（Norman, 1981）は，こうした行為には次々と行為を引き起こすような一連の行為群からなるスキーマがあり，たとえばコーヒーを飲もうという上位の行為スキーマが活性化すると，コーヒーを飲むための一連の下位行為が引き起こされるという，アクションスキーマ（Action-trigger-schema system ATS）を提唱した。その中で，上位の意図が不明確だったり（何か飲みたい），部分を共有するスキーマ（スプーンを使う）などによって，さまざまな分類のアクションスリップが生じることを示した（図3-9）。

(2) 知識の構造

1) 集合論モデル　知識は概念や語の意味として表象されている。この意

味のまとまりについて，意味特徴ないしは意味属性の集合であるとする**集合論モデル**がある。集合論モデルでは，たとえば蝶と蛾は似ているかどうかといった判断や，すいかはくだものか野菜かといった判断をするとき，**定義的素性**（defining feature）と特徴的素性の比較によって行うと考える。定義的素性とはある概念が概念として成り立つために必要な素性であり，「すずめ」という概念には生き物であることや羽があることがそれにあたる。それに対して，木にとまるとか大きさはやや小さめといった素性は，すずめの素性ではあるが定義としては必要のないものであり，これを特徴的素性とする。2つの概念の比較はまず2つの素性によって類似性が高いか低いかの比較を行い，類似性が中程度の場合に改めて定義的素性による比較を行うと考えられている。

2）**ネットワークモデル**　集合論モデルに対し，ネットワークモデルは各概念や各属性がそれぞれ1つのユニットとして存在し，各ユニット間がラベルづけされた関係によって相互に結びついてネットワークを形成していると考える。1つの概念は，このネットワーク構造全体の中で，他の概念や属性との相互関係に基づいて規定されている。各概念が1つのノードで表され，それぞれの概念ノードはカテゴリーの意味的関連性に基づいて体制化されて，リンクで結合して意味ネットワークを形成している。**活性化拡散モデル**（Collins &

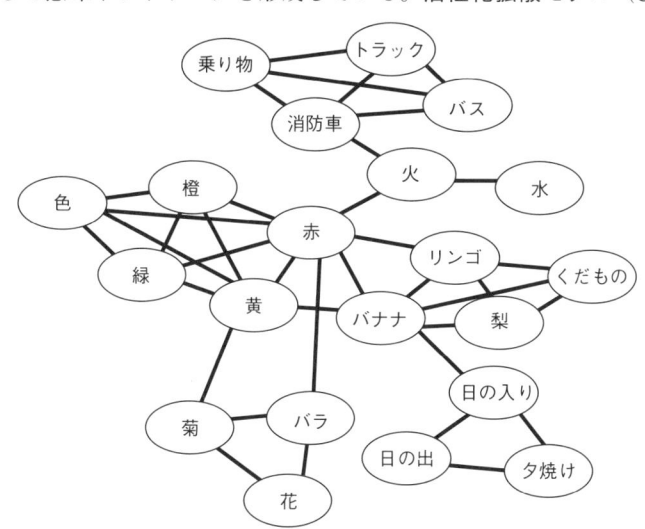

図3-10　活性化拡散モデルに基づいた意味ネットワーク

Loftus, 1975）では，概念の間の意味的関連が強いほど密接なものになっている結びつきによって概念間のネットワークを構成すると考える。活性化拡散とは，ある概念が処理されたときには，その概念自身が活性化されるだけではなく，その概念と結びついた意味的に関連のある概念に対しても活性化が広がっていくという考え方をいう（図3-10)。

3）プライミング効果　これらのモデルについては，「カナリヤは鳥ですか？」などの文を呈示してその真偽判断時間を求める実験や，先にプライムとして呈示した「ノート」という単語にターゲットとして呈示された「エンピツ」という単語の語彙決定をする時間を求める**語彙判定課題**などでその妥当性が検証されてきた。プライム呈示によりターゲットへの判断が影響を受けることをプライミング効果といい，プライム－ターゲット呈示による実験手法をプライミング実験という。プライミング効果には促進をみせる正の効果と，反応が遅くなる負のプライミング効果（ネガティブプライミング効果）がある。一般的にプライムとしての「ノート」が呈示され，連想関係にある「エンピツ」がターゲットとして呈示される場合，エンピツの語彙判断はプライムが呈示されないときの場合よりも速くなる。また，プライムとターゲットが「ノート」と「エンピツ」，または「リンゴ」と「バナナ」のように，連想性や関連性を示す関係にある場合を**間接プライミング**というのに対し，「リンゴ」をプライムとして先に呈示し，後に再び呈示するときの効果をみることは，同一のプライムとターゲットによる繰り返し呈示による効果であり，**直接プライミング**または**反復プライミング**とよばれている。日常生活の場では，このようなプライミング事象は数多くみられている。

参考図書
井上　毅・佐藤浩一（編著）(2002) 日常認知の心理学　北大路書房
太田信夫（編）(2006) 記憶の心理学と現代社会　有斐閣
太田信夫・多鹿秀継（編）(2000) 記憶研究の最前線　北大路書房
高野陽太郎（編）(1995) 認知心理学2　記憶　東京大学出版会
渡部保夫（監修）(2001) 目撃証言の研究：法と心理学の架け橋をもとめて　北大路書房

コラム3　視覚的短期記憶と加齢

　記憶研究では，多くの場合言語刺激が用いられる。このことは，加齢が記憶に及ぼす影響を調べた研究にもあてはまる。近年，加齢と認知機能の関連に関する認知加齢研究への関心が高まっているが，その中の視覚刺激を用いた視覚的短期記憶の加齢影響に関しては，研究がまだ浅い。

　視覚刺激を扱うときには，刺激への言語的符号化の問題が付随する。視覚情報は視覚的に符号化される。しかし，それに加えて言語的な符号化が可能な場合，言語的符号化の影響が記憶成績に反映される可能性が高い。これまでの研究でも，加齢影響がみられるとする研究（Vecchi & Cornoldi, 1999; Arenberg, 1978; Seo et al., 2007）と，加齢影響がみられないとする研究（Park et al., 1986; Park et al., 1988; Till et al., 1982）が混在しており，用いられた視覚刺激と言語的符号化の関係を明らかにする必要がある。

　國見・松川（印刷中）は，言語的符号化が難しい非言語刺激セット（マトリクス図形）を作成し，それを用いて視覚的短期記憶の経年変化を横断的方法によって調べた。具体的には 20-70 代までを 10 代ごとの年代群に区切り，各年代の実験参加者たちに実験に参加してもらった。課題には連続呈示されるマトリクス図形刺激を記憶し，最終刺激または最終からいくつかさかのぼる刺激を想起するという視覚的 N-back 課題を用い，0-back と 1-back 課題を行った。最終刺激を想起する 0-back 課題は，短期記憶課題に相当する。また，最終刺激から 1 つさかのぼって想起する 1-back 課題は，想起するべ

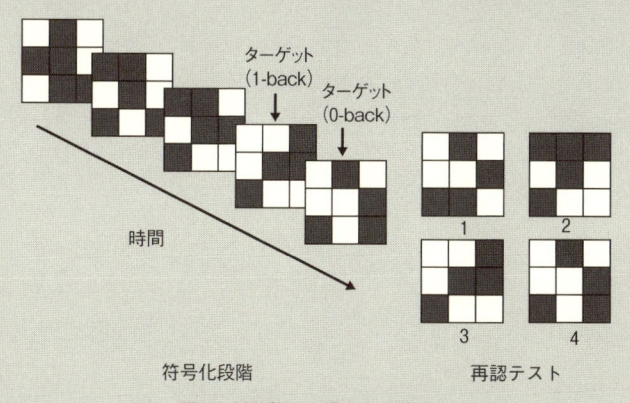

図1　刺激数5の場合の手続き例

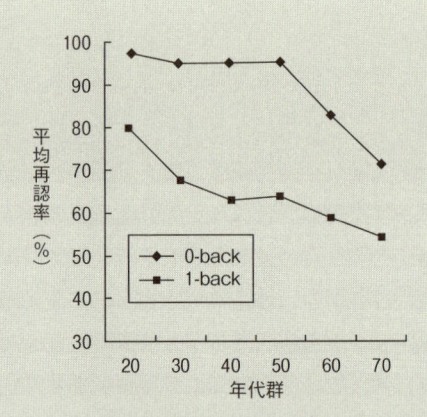

図2 課題ごとの平均再認率の推移

き図形を入れ替える処理と図形の短期保持が必要な課題である。用いられた実験手続きは図1のとおりであった。

　その結果は図2に示すとおりである。保持のみを必要とする0-back課題では，60代からの急激な成績低下が生じた。また，保持と処理を要する1-back課題では30代からの比較的直線的な成績低下が生じることがわかった。この結果は，0-back課題における短期記憶成績と処理を伴う1-back課題では異なる加齢変化が生じることを示している。

　加齢研究では，高齢者の成績を若年者と比較していることが多い。この2群比較では，成績の変化が，加齢に伴う直線的な変化なのか，または，ある年代を超えると生じる急激な変化なのかが明らかにならない（Salthouse, 2000）。國見・松川（印刷中）の実験結果は，横断的ではあるが，処理を伴う場合と伴わない場合では，短期記憶成績が異なって加齢変化することを明らかにしたものといえる。

　　　　　　　　　　　　　　　　　　　　　　　　　松川順子・國見充展

第4章 思　考

松川順子

　思考とは心的な情報の操作をいう。通常，心的な操作や活動はある目的の下に行われることが多い。授業での発表の準備をしようとしているときのように，現実的な問題があってそれを解決しようとする，目的が明確な思考がその典型である。これを現実的思考という。しかし，「ぼんやり何かを考えていた」ということがあるように，必ずしも目的が明確でなく特に解決をめざしていない，想像や空想による思考もある。これは内閉的思考といわれることがある。また創造的活動も思考の1つと考えられる。明確に目的や手続きが見えないまま，心の中でさまざまな情報をぼんやりころがしていて，次第に目的が明確になり，新しい発見や創造的な活動につながっていく。創造的思考の過程では，準備したものをあたためる時期（孵化期）があり，その後突然の新しい創造や発見がなされることが多いといわれる。与えられた情報をもとに結論を導き出すときや，新たに答えを見つけ出すときにも心的な操作が伴う。これらは演繹推論・帰納推論とよばれる。何かを選択し結論づける意思決定にも思考がかかわっている。この章では，こうした思考の働きについて紹介し，その後，思考を可能にしている心的表象とその意味内容としての概念についてとりあげる。

1. 問題解決

(1) 問題とその解決

　CO_2削減問題や少子高齢社会問題など，世界レベル，国レベルの重大な問題から，午後6時までに約束の場所に行くにはどうしたらよいかといった日常的な問題まで，私たちの生活にはさまざまな問題が存在している。大学入試を突破するためにはどうすればよいかという問題は受験生にとっては大きな解決すべき問題といえよう。問題を解決するためには，起きている問題の背景や状況や解決のために取ることのできる手段や条件を調べ，これまでに似たような問

題を経験していないか調べ，解決のための手続きを探ることになる。問題の状況が複雑で刻々と情勢が変わるような場合には，解決は非常に難しいだろう。

　解決したい問題があれば，解決のために動き出すだろう。最初はいろいろと試してみることで解決が得られるかどうかを確認するかもしれない。これを試行錯誤（trial and error）という。試行錯誤を繰り返すうち，問題状況が整理され，解決までの手続きが急に見えてくることがある。このことを洞察（insight）という。ゲシュタルト心理学者のケーラーは，チンパンジーが天井からつり下げられたバナナを取る実験を行い，問題解決時における場（状況）の再体制化や再構造化を洞察とよんだ。この実験では，しばらく試行錯誤していたチンパンジーが，その場全体を見渡して，その部屋に置いてあるいくつかの箱を運び出し，つり下げられたバナナの下にそれらを積み上げて台にすることでバナナを取ったことが報告されている。

(2) 問題解決過程

　ここでは典型的な例として現実的な問題解決を考えてみよう。問題解決とは，直接達成できない目標があり，解決のための手続き（心的操作）を取って解決を図ることとして捉えることができる。日常的な問題解決場面は多岐にわたっているが，心理学では，①問題解決のための手続き，②問題解決途上で生じる心理学的特徴を主に扱っている。

　1) 問題とその解決過程　問題解決のためには，現在おかれている状況と解決されたときの状況（基本的問題空間）を明らかにし，解決までの道筋を順序立てるとよいとされる。基本的な問題空間がよく構造化されていて明確である問題を良定義問題という。このような問題では，解決するために必要な情報がすべて明らかになっているとされる。コンピュータ工学における人工知能研究では情報処理的考え方による解決過程として，以下のように問題解決過程を説明する。①問題がある。直接達成できない目標がある。これは初期状態である。②解決のための手続きを取る。このある状態を別の状態に移行させる行為，つまり手続きをオペレーター（または操作子）という。このとき，多くの問題解決状況では，問題を解決するための手続きが自由であるというより，さまざまな制限や制約がある。これを制約条件という。ここで次の目標状態に至るま

★図 4-1 〜 4-9 の問題を解いてみよう。また解決過程を口頭で述べて記録を取ってみよう。

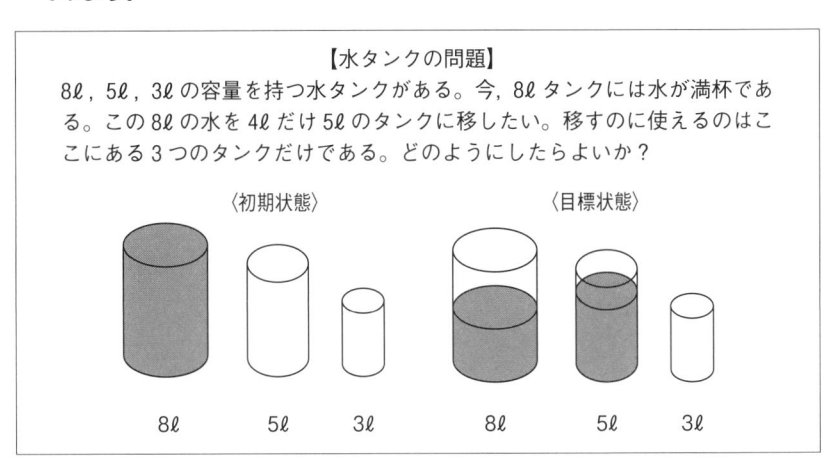

【水タンクの問題】
8ℓ，5ℓ，3ℓ の容量を持つ水タンクがある。今，8ℓ タンクには水が満杯である。この 8ℓ の水を 4ℓ だけ 5ℓ のタンクに移したい。移すのに使えるのはここにある 3 つのタンクだけである。どのようにしたらよいか？

〈初期状態〉　　　　　　〈目標状態〉

8ℓ　5ℓ　3ℓ　　　　　8ℓ　5ℓ　3ℓ

図 4-1　水タンク問題

【ハノイの塔問題】
①で示すように，1 の棒に入れてある大中小の 3 つの円盤を，②で示すように，3 の棒に移しなさい。ただし，次の制約がある。
＊一度に動かせるのは 1 つの円盤である。
＊一番上にある円盤しか動かせない。
＊小さな円盤の上に大きな円盤を置いてはいけない。

① 初期状態

② 目標状態

どのような手続きをとるか？

図 4-2　ハノイの塔問題

で，目標をめざして心的な操作や活動が取られることになる。③論理的解決に至り**目標状態**となる。このとき，一定の手続きを適用すれば自動的に正しい解決が得られるその手続きをアルゴリズムという。計算問題などはその典型であろう。図4-1に示した水タンク問題や図4-2に示したハノイの塔といわれる問題もアルゴリズムによって解決できるものである。どのように解決に至るとよいか，実際に解いてみよう。このとき，解答に至る過程を声に出して記録に取ることで，どのような手続きを取りながら解決していったのか，また，どこでつまずいたのかなど，問題解決過程を直接観察することができる。

　初期状態と目標状態に大きな隔たりがある場合には，中間にいくつかの下位目標を設定することがある。たとえば「受験を突破して大学生になる」ことが1つの問題解決状態であるとすると，受験を突破するための成績目標に対して，その成績に近づけるための下位の目標を立て，次第に成績を上げていくということが考えられる。

　良定義問題が解決のために必要な情報をすべて表すことのできるのに対して，**悪定義問題**とは，こうした必要な情報がはっきりしなかったり，欠けていたりするものを指す。日常的に抱える問題の多くは，その初期状態も明確に表現できなかったりする。

　2）経験の効果　　日常の問題解決では，これまで経験した解決事態を思い出し，その方法を適用することで解決することも多い。かつてよい成績を取ることができた学習法を思い出し，新しい学習場面に適用するというのもこれにあたる。**ヒューリスティックス**とは，このように問題解決事態で解決すべき目標と現在の関係の類似度を高める操作で，これまでに経験した中から成功したり役に立ったような類似の解決方法を適用することである。うまく適用できれば解決のための時間や労力を減らすことができる。

　私たちの日常生活におけるさまざまな問題解決の多くは，このヒューリスティックスによっている。友人関係でもめたときに，以前に解決した方法を取ってみる。試験でよい成績を取るために，以前行った学習方法を適用してみる。海外旅行に行きたいときに以前に立てた旅行計画を思い出し，どのようにお金を貯めるとよいか考えてみる。このように問題解決の事態とヒューリスティックスの適用には，いくつも例が見出せよう。目標となる最終状態があらかじめ

明確な場合には，そこから逆に解決過程を戻ってみると解決方法が見えることがある。これを**後ろ向きの解決法**とよんでいる。また，現在の状態と目標との差を縮めることができるように手段と目標の関係を検討したり，複雑な問題状況を単純な形に書き換えて構造を見えるように図表を書いたり項目をリストアップすることで解決しようと工夫する方法もある。

2. 推　　論

推論（reasoning または inference）とは，ある事実をもとにして，他のことを推し量ることをいう。論理学では，あらかじめ与えられた何らかの前提から新しい結論を論理的に導き出す働きとして，演繹推論・帰納推論・類推などがある。このような推論を可能にするのは，できごとやものごとなどについて，意味内容を知識として保存していることによる。この意味内容を**概念**という（第3章 p.61 も参照）。概念と概念の関係は判断や命題とよばれ，これらの判断を用いて，前提から推し量ることが推論とよばれる。ここでは代表的な推論として，演繹推論，帰納推論，確率推論，類推についてとりあげる。

(1) 演繹推論

演繹推論とは，いくつかの前提からその論理の規則のみにしたがって結論を導き出すことをいう。このとき，すべての前提が真であれば，結論は真でなければならないとされており，推論された結論の情報や内容は，前提の中に暗黙のうちに含まれていると考えられている。演繹推論の代表的なものとして，定言的三段論法，仮言的三段論法がある。心理学では，このような形式的なまた論理的な推論の中に含まれる心理的な推論のあり方とそのメカニズムを問題として扱う。

　1) 定言的三段論法　　2つの前提から1つの結論を導く推論である。前提は「もし〜ならば」というような条件をもたず，次の4パターンがある。

　　　　　すべてのXはYである………全称肯定
　　　　　あるXはYである……………特称肯定
　　　　　すべてのXはYではない……全称否定

【4枚カード問題】
表にはアルファベット，裏には数字が書かれているカードがある。「もしカードの表がRならば，裏は2である」という規則があるとき，以下の4枚のカードがその規則を守っているかどうかを確かめたい。確かめるには少なくともどのカードを裏返してみる必要があるか。必要以上に調べてはいけない。

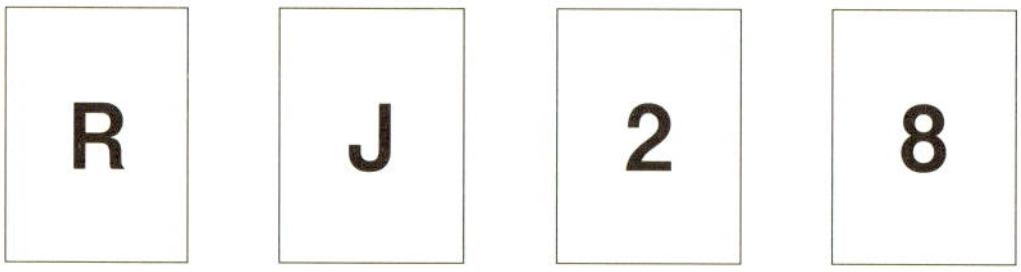

R　J　2　8

図4-3　オリジナルの4枚カード問題

　　　　　　あるXはYではない………特称否定
代表的な定言的三段論法として知られているのは，次の例であろう。
　例）大前提：（すべての）人は必ず死ぬ
　　　小前提：（ある）Aは人である。
　　　結　論：Aは必ず死ぬ。
次の例についても考えてみよう。
　例）大前提：（ある）学生はアスリートである。
　　　小前提：（すべての）アスリートは努力家である。
　　　結　論：ある学生は努力家である。

2）**仮言的三段論法**　「もし〜ならば」など，条件文ルールの真偽について検証する推論は，仮言的三段論法という。
　もしpならばqである（*if p then q*：pを前件，qを後件という）。
　このとき，pが真であれば，qは真である。この推論は肯定式といわれる。これは，もしqでないならばpでない（*if not q then not p*）と同じである。これを対偶という。ウェイソン課題とよばれる4枚カード問題（図4-3）があるが，この問題では，正しくpと*not q*を選択する人は少なく，多くの人がpとqを選択することが知られている。このことから，人の演繹推論は形式的論理にしたがっていないことが指摘されている。
　しかし，この4枚カード問題を図4-4のような日常生活によく見られる問題に置き換えると，多くの人が正解することもわかっている。このように推理の

第4章 思　考

日本では「アルコールを飲むならば，20歳以上でなければならない」という法律がある。あるパーティに参加している4人の飲んでいるものか年齢がわかっているが，この4人がこの法律を守っているかどうかを確かめるためには，誰を調べる必要があるか。必要以上に調べてはいけない。

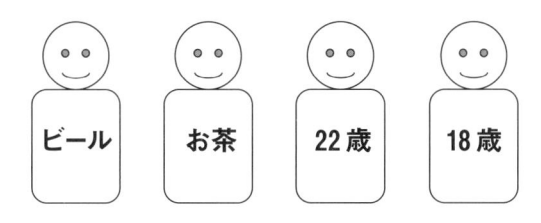

ビール　　お茶　　22歳　　18歳

図 4-4　4枚カード問題を変えた飲酒問題

問題内容によって正解の割合が異なることを**主題化効果**という。具体的な内容やそうした問題を経験したことがある場合に正答が増えることから，人は日常経験をとおしてある程度抽象的な知識構造である問題解決上のスキーマを形成していて，それを適用しながら推論しているのではないかと考えられている。これを**実用的推論スキーマ**という（Cheng & Holyoak, 1985）。チェンとホリヨークによれば，実用的推論スキーマには「許可」「義務」「因果」とよばれる下位スキーマがあるとされる。たとえば「許可」スキーマには，以下の規則がある。①もし行為がされるなら条件が満たされていないといけない。②もし行為がされないなら条件が満たされている必要はない。③もし必要条件が満たされているならば，行為がなされるかもしれない。④もし必要条件が満たされていないならば，行為がなされてはいけない。人はこの規則に沿って推論する。そのため図4-4の飲酒問題はこの許可スキーマの適用によって容易に解決される。しかし単純な4枚カード問題ではこのスキーマの適用がされず，したがって正解を得ることが少ないと考えられている。

日常的には *if p then q* は，同時に *if q then p* を示していることが多いと判断される。このときの対偶は *not p then not q* になる。この結果，日常的な場面では，

　　　もしよいレポートを書けば，秀（S）の成績をとることができる
　　　if p then q（対偶　*not q then not p*）

成績が秀（S）なのはよいレポートを書いたからだ
  if q then p（対偶　*not p then not q*）
よいレポートを書かなければ，秀（S）の成績をとることができない
  if not p then not q

のように，形式的な演繹推論を行っていないと思われる推論が数多く存在している。

(2) 帰納推論

　私たちは経験をとおしてさまざまな知識を獲得する。このことによって，知識はさらに増えていく。こうした獲得された知識や知識の形成，知識の拡大は**概念形成**ともいわれる（図4-5参照）。概念形成はさまざまな経験から一般的な規則や概念を導き出すものであり，これは帰納推論の1つである。また，たとえば，食中毒や蜂に刺されるという体験を一度経験すると，その後食べ物や虫に注意深くなり，暴風雨のときに傘をさして傘を壊してしまったことがあると，その後のひどい雨風のときには傘を使わないということを自分のルールにしてしまうかもしれない。このルールは推論によって導き出されたものである。このような推論は人間の行動の習得や学習の基礎となっているといえる。しかし，経験したことがすべての結論を導き出すとはかぎらず，推論が過度の一般化を生む問題も指摘されている。

下にある8つの形のいくつかは「メギ」といいます。メギはどれでしょう？

図4-5　人工的な概念形成課題の例

ここには形状・大きさ・色の異なる8つの形がある。「メギ」とは実験者があらかじめ決めた人工概念である。たとえば，「メギ」とは大きな黒い形をいうとしよう。左から1つずつ「メギ」と推測していくか，属性のどれかに着目して「メギ」を推測していくかいずれかを体験する過程で正答を得，「メギ」という人工概念を獲得する。

(3) 確率推論

　私たちはある事象に対して，それは起こりそうとかあまり起こらないのではないかなどとよく言葉にする。確率推論とはAの可能性もあるし，Bの可能性もあるといった確率事態に対するこのような主観的な判断をいう。これは第3節の意思決定でふれる，不確かな事態における主観的確率の問題とかかわっている。

　確率推論では，ある個別の事象よりもそれを含む連言事象の可能性の方が高いと判断される**連言錯誤**という現象が知られている。連言事象とは，2つの事象が必ず含まれることで，2つの事象の含まれる可能性は個別の事象が生じる確率よりも低いのが一般的である。また，たとえばある製品を見たとき，ある会社の製品全体の印象や評価とよく似ていた場合，その製品はその会社の製品なのだろうと推論してしまうような**代表性ヒューリスティックス**（または代表

【タクシー事故問題】
ある街には青葉タクシーと緑葉タクシーがあります。全タクシーのうち青葉タクシーが80%を占めています。ある晩，タクシーがひき逃げ事故を起こしました。事故を目撃した人が「緑葉タクシーだった」と証言しました。この証言を確かめるためテストをしたところ，タクシーを正確に区別できる確率は80%でした。目撃者の言うとおり，ひき逃げ事故を起こしたのが緑葉タクシーである確率はどれくらいでしょうか？

図4-6　確率推論問題の例

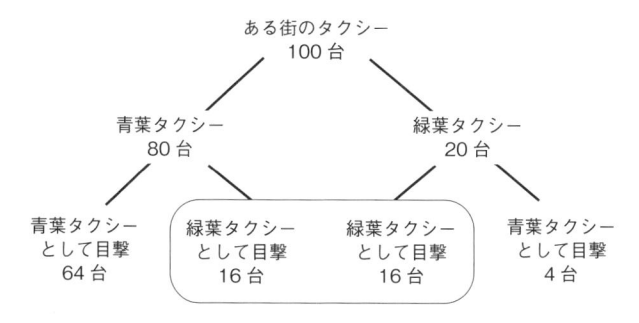

```
              ある街のタクシー
                  100台
           ／              ＼
     青葉タクシー          緑葉タクシー
       80台                 20台
      ／    ＼            ／    ＼
 青葉タクシー 緑葉タクシー 緑葉タクシー 青葉タクシー
 として目撃  として目撃  として目撃  として目撃
   64台       16台        16台        4台
```

図4-7　確率推論課題を頻度におきかえた場合

性バイアスという）などが知られている。また，ある経験がよく思い出されたり，たまたま目立つためによく記憶されていることがあると，それらが実際どの程度生じるかという可能性を無視して高く見積もる傾向があり，これらを利用可能性ヒューリスティックスという。

　図4-6にあるような問題では，もともと存在する可能性や潜在的な確率をあまり考慮しないで判断する，または推論してしまう傾向があることが指摘されている。これはベース・レートの無視といわれる。図4-6の問題を解いてみよう。この問題では，先に示されている確率（これを事前確率という）が無視され，その後に示される確率だけから誤って推論してしまう傾向がある。また，このような課題では，確率による表現ではなく，図4-7に表すように頻度で事態を示されると理解しやすく正しく推論することができることが知られている。

(4) 類　　推

　類推はアナロジーともいわれる。これは類似点に基づいて他のことを推し量ることを指しており，似た事象を見つけてそうだろうと推論することである。たとえば，AさんとBさんはまったく異なる個人であるが，Bさんの行動の中にAさんとよく似た特性を見つけて，Aさんのような人だろうと推論するのも類推の一種にあたるだろう。類推のもととなる事象をベース領域（base domain），類推が適用される事象をターゲット領域（target domain）とよぶ。類推には，何と何が似ているか適切なベース領域を見つけ出す過程と，ベース領域とターゲット領域とを対応づける過程が含まれる。この対応づけは写像とよばれる。類似性については2つの領域間の表面的な類似性（surface similarity）や構造的な類似性（structural similarity）などが検討されている（Gentner, 1983）。構造的な類似性とは，問題状況がまったく異なっているように見えても，その問題構造が類似していることを見つけ出すことで類推が可能になるというものである。たとえば，図4-8に示す「腫瘍問題」を解いてみよう。これを解くことはかなり難しいことが知られている。しかし，この問題と構造の類似した問題をあらかじめ読んで理解させておくと，解決が容易になることが報告されている。ホリオークとサガード（Holyoak & Thagard, 1995：鈴木・河原訳，1998）は，このような表面的な類似性や構造の類似性に加えて，類

【腫瘍問題】
胃に悪性の腫瘍ができた患者がいます。その腫瘍は，正常な細胞に取り囲まれた身体の奥深くにあり，また，患者が衰弱しているため，手術によって取り除けません。また投薬による効果も期待できません。ある種の放射線を十分な強度でその腫瘍に照射すれば，腫瘍を破壊することができます。しかし，不幸なことに，その強度では放射線が腫瘍に到達するまでに通過する正常な細胞までが破壊されてしまいます。といって弱いと腫瘍を破壊することができません。以上のような状況で，主治医はどのような治療を行えばよいか苦慮しています。どのような方法をとれば正常な細胞を破壊することなく，腫瘍のみを破壊することができるでしょうか？

図4-8　腫瘍問題（Dunker, 1935：小見山訳, 1952）

推しようとするベース領域とターゲット領域の問題解決の目標が類似していることも必要であると指摘している（山崎, 2001）。

　このような類推は，比喩という形で現れることも多い。テニス選手のプレイを指して，「絹のように滑らかなプレイ」と表現するのは，類似しているものを絹として明らかに表しているので，**直喩**という。「～のよう」「～みたい」などのように，比喩を指し示す表現を用いた場合を直喩，用いない場合を隠喩（メタファー，metaphor）という。比喩を用いると，用いられた事象に対して新しい見方を与え，また，その事象を理解しやすくなる。「絹のよう」といわれることで，テニス選手のプレイの特徴が鮮やかに強調され，これまでと異なった視点でそのプレイを見ることができるようになり，今まで漠然と見ていたプレイの滑らかさがより理解される。また，そのように表現されることで，テニスのプレイそのものが明確に特徴づけられて新しい理解が形成される。

3. 意思決定

　意思決定とは，複数の選択肢から1つを選択する過程をいう。これは，いくつかの選択可能な行為のうちどれか1つを選ぶ場面での思考過程を表している。複数の大学の中から進学する大学を選択する，不動産屋を訪ねていろいろな条件をもったアパートの中から契約するアパートを見つける，さまざまなファッションの中から1つを選ぶなど，日常生活は大なり小なり意思決定によって成

り立っている。意思決定には「意思決定はどのように行われるべきか」という規範に関する考え方（規範的理論）と，「意思決定はどのように行われるか」という実際の意思決定の特徴を探求し理論化しようとする考え方（記述的理論）があるとされる。心理学は基本的に記述的理論にかかわっており，ここでは，意思決定が行われる過程の特徴をとりあげる。

(1) 意思決定の状況

1) 確かな状況での意思決定　確かな状況での意志決定とは，選択肢のいずれかを選択すると，それに関連する結果が確実に起こる状況下での意思決定をいう。たとえば，大学生活でアパートを決めるときがこれにあたる。この意思決定にはいくつかの方法のあることが指摘されている。合理的意思決定としては，選択肢の属性（特徴）の長所・短所を比較して，自分にとってもっともよい選択をすることだろう。その1つが多属性効用分析とよばれるもので，効用と属性の重みによって判断する（表4-1参照）。効用とは，選択肢を決定した結果に対する主観的価値（満足度）や望ましさのことをいう。属性の重みとは意思決定する際にどの属性を重視するかという重視の程度を表している。日常的な意思決定場面では，それぞれの属性が独立していないことも多く，たとえばアパートの家賃の高さによって，広さや雰囲気などの属性への評価基準が変わってしまうことがある。また，考えるべき属性が多くなると合理的な意思決定からヒューリスティックスの適用へと移行することがある。

2) 実際の意思決定のパターン　私たちが日常的に行う意思決定には，以下のような方略を取ることが知られている。①連言方略は，絶対的な複数の属性値があり，それにあてはまらない選択肢を除外していく方略である。アパー

表 4-1　アパートの選択例
各アパートには属性があり，その属性の重みが決まっている。

属性の重み	属性	アパート1	アパート2	アパート3
20	広さ	60	80	100
50	近さ	100	60	40
30	日当たり	50	70	50
	計	7700	6700	5500

トを選択する例でいえば，大学から近いということと部屋が一定以上の広さを持っていることが必要と考えた場合，その両方にあてはまらないアパートは選択肢から外れることになる。②選言方略は，複数の許容できる属性値があり，そのどちらも満たさない選択肢を除外する方略である。アパートが大学から近いか，またはある程度の広さのある部屋かを考え，そのどちらも条件に合わない場合には選択肢から外すというのがそれにあたる。③辞書編纂的方略は，もっとも重要な属性値があり，それによって望ましい対象を選択する方略である。もし複数の選択肢があれば，次に重要な属性値について望ましい対象を選択する。アパートが大学から近いことが一番重要と考えた場合には，その条件で選択することになる。④特徴の正負数比較方略は，選択肢が持つ属性について，一定の基準から「良い」「悪い」を数えあげてその正負数を考慮して選択する方略である。アパートを選ぶ，大学を選ぶ，友人と会食するお店を選ぶなど，意思決定の場面はさまざまである。何を意思決定するのかによって採用する方略は変わってくると考えられる。

3）不確かな状況での意思決定　意思決定をするまでに結果に影響を与える事象があり，その事象の生起する確率が不確定な場合，それを不確かな状況（不確実性下）での意思決定という。不確実な状況での意思決定では，事象の生起確率と結果の効用（選択肢を決定した結果に対する満足度や望ましさ）を考慮して意思決定が行われると考えられる。しかし実際には多くの場合，いわゆる合理的な判断から逸脱して意思決定を行うことが知られている。このような意思決定は，人が事象の起こりやすさ（不確かさ）をどのように判断し，結果をどのように期待するかによって行われていると考えられている（森ら，1995）。この考え方を**プロスペクト理論**という。プロスペクト理論では，損失も利益もゼロである点（これを参照点という）からの変動として捉える（図 4-9 問 3 参照）。不確かな状況では，その不確かさ（リスク）の程度をどのように見積もるのかが結果に影響するといえる。

　事象の起こりやすさについての主観的な判断を**主観的確率**（subjective probability）という。たとえば，図 4-9 の問 1 のように，確率的な事象でどちらを選ぶか判断を求めると，多くの人は 100％の確率で 3 千円をもらえるほうを選ぶ。100％という確実性が高く評価される傾向を示しており，このことを

```
　　　　　　　　　　A・Bどっちを選ぶ？
　　　問1. A. 確実に 3,000 円もらえる
　　　　　 B. 80％の確率で 4,000 円もらえる
　　　問2. A. 25％の確率で 3,000 円もらえる
　　　　　 B. 20％の確率で 4,000 円もらえる
　　　問3. A. 確率 50％の賭けに勝てば 3,000 円もらえ，負ければ
　　　　　　 3,000 円払う
　　　　　 B. 賭けをしない
```

図 4-9 確率が示されたときの選択問題（森ら，1995 を参考に作成）

確実性効果とよんでいる。その他，図 4-9 の問 2 のように確率の低い事象では，確率間に差がないと認知される傾向がある。このように主観的確率は客観的な確率に対して直線的な関係ではないことが知られている。不確実な状況では，日常的にあまり生じない低確率の事象を高く，高確率の事象を低く見積もる傾向もあるという。またしばらく起こらなかったことは近い将来に起こると考える傾向や，好ましい事象の確率を高く見積もる傾向が知られている（竹村，1996）。これらはリスク認知とよばれている。前節の「確率推論」の項でもみたように，こうした主観的確率が実際の意思決定には影響を与えている。

　4) その他　　緊急時の意思決定は緊急性という点で制約のある状況での意思決定といえる。この場合，事態が重大であり，時間的に制約されている，あせりや動揺などの影響を受けて認知的資源が制約を受けるなどの点が特徴的である。このとき，特に今起きている事態の重大性について明確に把握できるかどうかが適切な意思決定のポイントであるとされている（森ら，1995）。

4. 概念と表象

(1) 概念とカテゴリー

　概念とは，ある物や事象の概括的な意味内容をいう。私たちが出会うさまざまな事象は符号化され心的表象を形成している。その意味内容が概念である。経験されたさまざまな物や事象はそのままというより，共通する性質などが抽象化されてまとめられている。たとえば，目の前にあるリンゴは他のリンゴで

はない唯一のリンゴであるが，私たちはその他のいろいろなリンゴを知っており，それらをまとめてリンゴの性質を捉えている。Aさんという人についても同様である。目の前にいるAさんは昨日会ったAさんとは服装や表情などが異なっているけれども，私たちはAさんについて何らかの表象を形成しAさんと判断している。共通の性質を見つけてまとめることはカテゴリー化とよばれ，まとめられたものをカテゴリーという。小さな子どもがイヌという動物を概念として学習していく過程にはこうしたカテゴリー化（カテゴリー形成）が行われている（第9章参照）。これは帰納推論でふれた概念形成でもある。概念は，まとめるというカテゴリー化に加え，概念を代表する語を持ち，それは伝達機能に使用される。これを代表機能という。また，概念は私たちが世界を把握する認識の枠組みとして働いている。

　概念は，論理学的には一般的に共通の性質・属性を持つ事物・事象の集まり（外延）と共有する性質・属性（内包）からなるとされる。たとえば，三角形とは，二次元の幾何学図形で3つの直線の辺を持つ。辺は端の部分で互いに結合している。合わせると180度になるような角を持つ。これらが内包であり，この条件を満たしたいろいろなタイプの三角形（これを成員という。p.80参照）が存在する。それらをまとめて三角形という。古典的には，主に人工的カテゴリーを用いて，こうしたカテゴリーの成員の必要十分条件によって定義される性質を持つ概念がどのように形成されていくか，またその形成過程における特徴を捉えることを中心に研究されてきた（Bruner, 1967：岸本ら訳, 1969）。しかしさまざまな概念の定義的特徴を特定することは難しく成員としての位置づけがあいまいなものや，また特定の概念（カテゴリー）のすべての成員が等しい地位を持たないなどの批判が起き，以下に述べる日常概念研究に変わっていった。

(2) 日常概念

　1）**日常概念**　　三角形のような概念とは異なり，たとえばイスとは，家具の一種，座るために用いる，平らで水平な面を持つ，4本の脚を持つ，垂直な背もたれを持つ，などの性質をあげることができるが，必ずしもこうした性質を満たさない椅子もある。すべてのイスに関係し，イスのみに関係するような

性質（必要十分条件）はないかもしれない。このように私たちが日常的に用いている概念は論理的な概念とは異なった特徴を持っていることが知られている（Rosch et al., 1976）。たとえばリンゴはくだものであり，食べるものであり，目の前のリンゴはリンゴの中の「つがる」という種類である。このように個々の対象物はいくつかの水準で説明することができる。これを**カテゴリー階層**という。ロッシュ（Rosch, E.）は，物には日常的によく使われるカテゴリー階層があることを指摘し，それを**基礎水準（または基本水準）**または**基礎カテゴリー**とよんだ。カテゴリー階層は基礎水準を基準にして，上位・下位水準を持っているとされる。

　基礎水準は属性情報を相対的に多く持っているが，上位の階層はあまり持たず，下位の階層になってもそれほど属性が増えないという特徴をもつ。またカテゴリーの具体的なイメージを生成できるもっとも抽象度の高い階層でもある。上位水準であるくだものは「くだもの」という具体的な物は浮かべにくいが，基礎水準のリンゴは思い浮かべることが可能である。日常的にはその基礎水準のカテゴリー名称を用いてその物の名称としていることが多い。

　2) カテゴリーと成員　　カテゴリーに属する対象を成員という。カテゴリーと成員は，**家族的類似性**によって結びついている。**家族的類似性**は，カテゴリーの属性を部分的に共有することで示される。成員は，**典型性**の程度によって順序づけられている。典型性はカテゴリーを代表する程度であり，典型性の高い成員は他の成員と共有する属性が多く，他の成員との家族的類似性が高い。カテゴリーの成員を代表する理想的な表象を**プロトタイプ**という。典型性の高いものはプロトタイプとの類似性が高いとされる。このような概念の考え方に対し，たとえば，場面が変わればそこでの典型的な対象物が変わるように，各事象は文脈の中で存在しているともいえる。こうした側面を家族的類似性では説明しきれないという問題が指摘されている（改田, 1992）。

　3) 理論ベース理論　　メディンら（Medin et al., 1987）は，さまざまなアドホックな（特別なその場限りでの）カテゴリーの例をとり，家族的類似性自体が，私たちの生活経験の中で形成された知識をベースにして成り立っていると考え，理論ベースの考えを提唱した。たとえば明日の準備をするために，大学に持っていく物をリストにあげるような場合，ノートやテキストの他に課外活

動で使うお手玉やダーツ，お昼の弁当などは，それぞれ文房具，遊び道具，食べ物などと分類され，同じカテゴリーの物とは考えられないことがある。「大学に持っていく物」というカテゴリーとして説明されるときに初めて家族的な類似性が見出せるともいえる。このように，特に生活場面でカテゴリー化されている物については，家族的類似性を説明できる背景としての理論が必要である。カテゴリー化とは人が自分の説明理論に合う属性相関を積極的に選択して認識する働きであるともいえる（改田, 1992）。

(3) イメージ表象

1) イメージ表象　知識などの心的表象の表現形式には，すべての表象は命題の形で保持されているという考え方があるが，一方でイメージ表象として外界のさまざまな物の物理的な特徴と類似した形で表されているという考えがある。これはアナログ表象ともよばれる。1970年代には，こうしたイメージも命題であるという主張が展開され，イメージ論争が起きた。その後，コスリン（Kosslyn, 1994）は，イメージ表象を空間的な情報を保存した表象として扱い，長期視覚記憶から生成された視空間的情報が視覚的バッファ上に表現されると考えた。表現された視空間情報は私たちにとっては映像のようなイメージとして体験されることになる。このイメージはスクリーン上を走査するように比較・照合が可能であり，また，操作が可能である。これは3章でみた視空間スケッチパッドともかかわっていると考えられる。

2) イメージの特徴　シェパードとメッツラー（Shepard & Metzler, 1971）は，向きが異なる同じ図形の対か鏡映関係にある図形の対かどちらかを呈示し，実験参加者に異同判断を行わせると，反応時間は，図形対の角度差が大きくなるにつれて一次関数的に増加することを示した。これは一方の図形を心的イメージとして回転させ，照合を行っていると解釈され，**心的回転**（mental rotation）の実験といわれる（図4-10, 11）。また，ペイヴィオ（Paivio, 1986）は二重符号化理論（dual coding theory）を提唱し，語の記憶が言語とイメージの二重の符号化で行われていることを，抽象名詞と具象名詞との比較などによって明らかにした。イメージは心的スクリーン上で操作することが可能であり，また，新たにイメージを形成することも可能である。

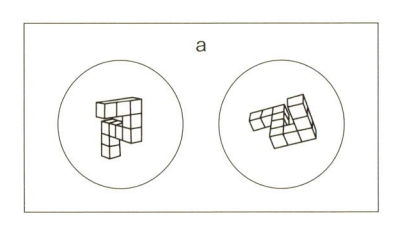

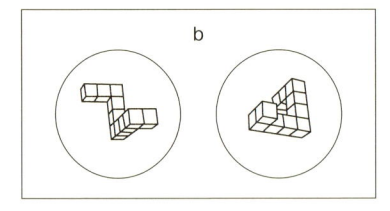

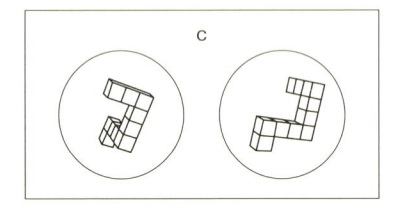

図 4-10　心的回転の例（Shepard & Metzler, 1971 より）

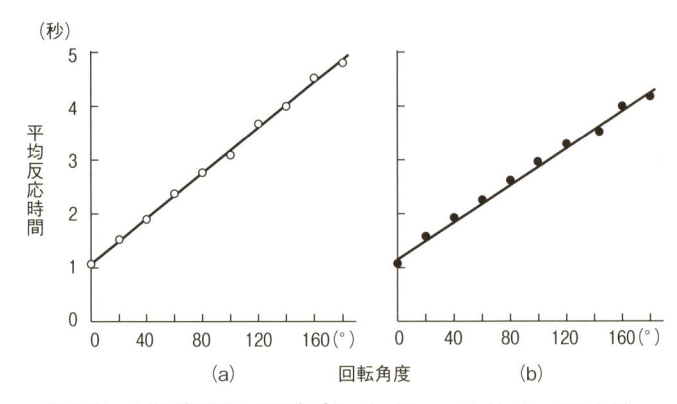

図 4-11　心的回転課題への反応パターン（Shepard & Metzler, 1971 より）

3）**認知地図**　　視覚的なイメージは位置など空間的な情報を含んでいる。認知地図はこのような空間に関する知識と知識表象である。私たちが日本の各県の位置関係や自分の場所からの距離を判断しようとするとき，実際の地図とは異なった判断をしていることがある。またこうした認知地図には，俯瞰図的に空間を把握する**サーベイマップ**とよばれる表象と，道筋をたどっていくような**ルートマップ**とよばれる表象があるとされる。それぞれの表象によって，距離や方向の判断が異なってくることが知られている。サーベイマップでは，空間の全体的関係が判断しやすいため，A地点からB地点への距離の評定は正確であるが，方向に関しては俯瞰的な垂直視線をある方向への水平視線に変える必要があり，難しく感じられる。地図や案内図で東西南北の方向に関し，自分の位置や方向との関係で読み取りにくくなることを**整列効果**という。ルートマップでは，実際にたどる経路を表象として形成しているため，道のりの評定の方が直線距離の評定よりも正確になる。認知地図には曲がり角は直角に感じ取られるなど，歪みと異方性があるといわれる。このような認知地図は空間を移動するときにも活用されている。

参考図書

Holyoak, K. J., & Thagard, P. (1995) *Mental leaps: Analogy in creative thought.* MIT Press.（鈴木宏昭・河原哲雄（訳）(1998) アナロジーの力―認知科学の新しい探求　新曜社）

市川伸一（編）(1996) 認知心理学 4　思考　東京大学出版会

森　敏昭（編著）(2001) おもしろ思考のラボラトリー　北大路書房

森　敏昭・井上　毅・松井孝雄 (1995) グラフィック認知心理学　サイエンス社

コラム 4　思考の抑制

　私たちは何か作業をしているとき，作業とは関係のないことを考えないようにしてもつい考えてしまうことがある。明日の試験の勉強中に，勉強とは関係のないテレビドラマのことを思い浮かべてしまい，慌てて考えないようにすると，かえって気になって考えてしまうことがある。このような自らの思考を意識から追い出そうとすることを思考抑制（thought suppression）という。どうしたら思考抑制が可能になるだろうか。これは，自ら考えることを制御（回避的メンタルコントロール）することであり，たとえば別のことを積極的に考えることによって（これを代替方略という）追い出すことが可能になるという報告もある（木村，2003, 2004b）。

　抑制しようとするとかえってそのことを考えてしまう現象を思考抑制の逆説的効果（paradoxical effect）という。この逆説的効果を説明する理論として，皮肉過程理論（ironical process theory）（Wegner, 1994）が知られている。皮肉過程理論では思考を制御する過程として 2 つの下位過程を想定している。1 つは抑制を実行しようとする過程であり，2 つめは抑制したことが意識に生じていないかを監視する過程であり，現在の状態と望ましい状態の差異を検出する過程である。ところがこの監視過程で抑制しようとすることがらの活性化が起き，結果的に抑制が解除されてしまうと考えられている。

　未完了の課題の記憶成績がよいことをツアイガルニク効果というが，木村（2004a），陳・佐藤（2006）は，未完了課題においても抑制の逆説的効果が生じることを示した。陳と佐藤は，思考問題でよく用いられる腫瘍問題（p.75, 図 4-8 参照）を用い，問題解決の抑制による逆説的侵入効果を調べている。腫瘍問題というのは新しい腫瘍を取り除く手術法を見つけ出すという解決が困難な課題であり，アナロジー問題としても知られている。問題解決に至らない状況では未完了感が生じるが，その場合に，より思考抑制の逆説的効果がみられた。

　藤岡（2007）は，これを展開させ，これからすべきことがあるという（展望的記憶，第 3 章 p.49 参照）展望的記憶課題を未完了課題と置き換えて，同様の実験を行った。実験はパソコン画面での計算作業と音信号による予定課題の遂行という内容だった。計算作業中に，音信号とともに予定課題を知らせる色が呈示され，実験参加者はあらかじめ決めてあった特定の行為（ある色のときはある行為を行う）を行った。この実験に入る前段階で抑制の群分けが行われ，抑制群では予定課題を考えないよう教示された。課題の遂行の

後，主観的思考の侵入の程度と制御困難度を7件法で答えてもらった。思考抑制群では抑制の逆説的効果によって課題遂行がよくなることが予想されたが，結果は逆になった。このような予想とは逆の結果は陳と佐藤（2006）でもみられている。非抑制条件の実験参加者は展望的記憶課題を積極的に思い出して課題遂行をするようにしているため，この方略と逆説的効果が相殺された結果とみることができる。

　このような思考が侵入してくる程度の測定は，質問紙（5件法や7件法など）で行われている。これは，そのときの侵入状況をそのまま観察するのでなく，後で内省的に尋ねる方法であるため，侵入状況が適切に取り出せているかどうか方法的な問題点が指摘されている。思考抑制の現象は日常的な経験としてもよく観察されることから，このメカニズムを探るよりよい研究方法の開発が求められる領域といえよう。

　関連して，ウェグナー（Wegner et al., 1998）は，「動かさないように」と指示を出されると逆に動かしてしまうといった行動レベルでの逆説的効果を検討している。思考レベルとは異なり行動レベルでの抑制効果についても捉えることができないか，逆説的効果の測定のあり方を考える際のヒントとして，着目される。また今後は，脳イメージングを利用した研究も期待されよう。

　近年，忘れたいことを忘れることができるかという意図的忘却に関し，Think/No Thinkパラダイムを用いた研究がみられている（p.58参照）。このパラダイムでは，第1段階として複数の項目を記憶してもらう。第2段階でそのうちの一部の項目については思い出さないように指示し，一部の項目についてのみ思い出させる。この段階が数回繰り返される。この段階が意図的忘却の手続きにあたる。その結果，最終的な想起の再生テストでは，意図的忘却が起きていることが報告されてきた。第2段階での思い出さないようにする有効な方略として，思考抑制における代替方略が用いられている。考えないようにすることと思い出さないようにすることが異なるメカニズムであるのかないのか，これも今後の検討課題である。しかし少なくとも他のことを考えることで思い出したくないことを想起しにくくしたり，考えたくないことをとりあえず思考の外に置くことは可能なようである。　　松川順子

第5章　学　習

谷内　通

　私たちは雑多な事象の中から有意味な情報を引き出し，適切に反応することで環境に適応しようとしている。環境内の刺激に対して決まった反応を行うやり方としては，蛾が光に対して向かう例のような**走性**，光によって生じる瞳孔の調整等の**反射**，および特定の刺激（**解発刺激**または**サイン刺激**）に対してやや複雑であるが固定的な反応パタンを生じさせる**本能的行動**があり，いずれも生得的なものである。本能的行動については，トゲウオの攻撃行動の例があげられる。ティンバーゲン（Tinbergen, N.）は，トゲウオの雄が自分たちの姿に似ているかどうかにかかわらず「下半分が赤い物体」を攻撃することを発見した。繁殖期の雄は腹部が赤くなることから，下半分が赤い物体を攻撃すれば結果として縄張りから他の雄を追い出すことになるのである。また，雛鳥が親鳥に対して口を開け，親鳥が順番に餌を与える光景は，親子の愛情を感じさせるものであるが，いずれも視覚刺激に基づく本能的行動によって制御されている。

　本能的行動は，特定の刺激に対して反応を確実に行うという点では優れたやり方である。しかし，多様に変化する環境においては，経験に基づいて行動を柔軟に変えなければならない場合がある。食物が豊富な場所へ採餌に行く傾向を強めることは適応的であるが，その場所の食物が枯渇した後に同じ行動を続けるのは不適応的である。優しそうな教師の授業を選んでも内容がつまらなかったならば，次からはその教師の授業は避けるべきかもしれない。

　このように，経験をとおして行動を柔軟に変化させることで環境に適応しようとする心の働きを**学習**とよぶ。言い換えると，学習とは，経験による行動やその背景にある認知の安定的な変化であると定義される。お酒を飲んで饒舌になるといった薬理作用や発達・加齢による変化は学習には含まれない。

　では，経験と行動の変化の関係はどのようにして調べたらよいのだろうか。

1. 学習研究の基礎

(1) 基本的な学習の型
　基本的な学習の型は，行動の変化をもたらす経験の内容によって分類することができる。第1に刺激の反復経験による行動の変化である馴化・鋭敏化，第2に複数の刺激間の関係づけ経験による古典的条件づけ，第3に個体が自発する反応と結果事象の関係づけ経験によるオペラント条件づけ，第4に他者の観察や情報の入手による社会的学習である。

(2) 学習と動物研究
　学習心理学では，いかなる経験がどのような行動の変化をもたらすのかを明らかにすることをめざしている。たとえば，成人を対象とした実験において，ある行動に対して一定額の金銭報酬を与えたとしても，その報酬の意味はその人の経済状態，心理学実験へ参加した意図，実験者との人間関係，金銭に対する親からの教育その他の多くの要因による影響を受けてしまう。このため，学習心理学では，過去の経験や実験環境の統制を厳密に行うことのできる動物実験が伝統的に重視されてきた。人間の心が思考や社会行動等において他の動物よりも複雑な仕組みを持っていることは間違いないが，基礎的な学習のメカニズムについては，人間の心もまた進化の過程で成立したものであることを反映して，他の動物と多くを共有している。もちろん，動物研究の成果がそのまま人間に適用できるとは限らないので，得られた知見の種間一般性を確認することも学習心理学の重要な仕事となる。

2. 馴化・鋭敏化

　道を歩いているときに突然何かが破裂する音が聞こえれば誰でもびっくりする。この反応を驚愕反応という。もっと弱い刺激では「なんだろう？」と音源を探す定位反応が生じる。これらの反応は生得的なものである。しかし，同じ音が何度も反復されれば，これらの反応は次第に弱くなっていく。このように，同じ刺激を反復して経験することにより反応強度の低下が生じる学習現象を馴

化という。馴化は反復経験した標的刺激そのものに対してもっとも強く生じるが，類似した刺激にも波及する。この馴化の波及を**刺激般化**とよび，その大きさは標的刺激との類似性によって決定される。しかし一方で，標的刺激と大きく異なる刺激への驚愕反応には影響しない。このことを馴化の**刺激特定性**という。また，ある刺激に対する馴化が進行した段階で，別のモダリティの刺激を呈示すると，一時的に驚愕反応が回復する現象を**脱馴化**とよぶ。図 5-1 は，ラットに音刺激を与えたときの驚愕反応の馴化を示している。驚愕反応の大きさは 14 試行目には最初の半分程度にまで減少している。ここで半数のラットにフラッシュ光を与えたところ，続く 15 回目の音呈示に対して驚愕反応が一時的に回復しており，脱馴化が認められている。フラッシュ光によって音刺激を知覚する聴覚器官の機能や驚愕反応をもたらす筋肉疲労が回復するとは考えにくいことから，馴化は反応の抑制に関する学習現象であるといえる。

　図 5-1 をよくみると，第 2－3 回目の音呈示では，第 1 試行よりも驚愕反応が強く生じている。このように同一刺激の反復に対して反応強度が増加する現象を**鋭敏化**とよぶ。一般には，刺激の強度が弱いときには馴化だけが生じるのに対し，刺激強度が強い場合には，初期に鋭敏化が生じた後に馴化が進行するという反応パタンが観察される。また，馴化とは異なる鋭敏化の特徴として，刺激の非特定性がある。すなわち，ある刺激によって鋭敏化が生じると，これとは大きく異なる刺激に対する反応性も高まるのである。図 5-1 と同様の事態において，標的の純音刺激を反復呈示する際に，60dB または 80dB のホワイト

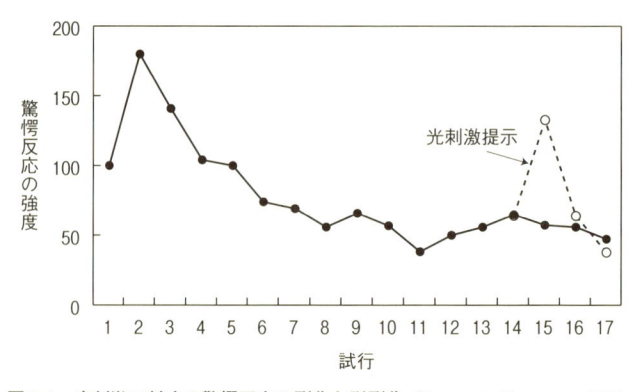

図 5-1　音刺激に対する驚愕反応の馴化と脱馴化　(Groves & Thompson, 1970)

ノイズを背景音として呈示すると，弱背景条件では標的刺激に対して速やかに馴化が生じるのに対し，強背景条件では標的刺激を 100 回反復しても鋭敏化が持続する（Davis, 1974）。これは，強背景音によって生じた鋭敏化が標的刺激への反応性を高めた刺激非特定性の例である。

　近年，馴化現象は研究手法としても広く用いられている。たとえば，ある研究では，乳児における社会的関係性の認識について調べるために，モニタ画面上で赤い円盤が青い円盤を追いかけ回す様子を見せた。試行を繰り返すと馴化が生じ，乳児が画面を注視する時間が短くなる。ここで，青い円盤が赤い円盤を追いかけ回すように役割が交代すると，画面に対する乳児の注視時間が急激に増大し，脱馴化が生じた。このような脱馴化反応は 9 ヶ月齢以降において顕著であったことから，社会的な関係性を認識する能力はこの頃から発現することが示唆された（Rochat et al., 2004）。これに類する手法は馴化－脱馴化法とよばれ，ことばによる教示や複雑な反応の測定が困難な乳児や野生動物における認知機能の評価に広く用いられている。

3. 古典的条件づけ

　食物や皮膚の痛みは学習によらなくても，特定の反応を喚起する力を生得的に持っている。しかし，私たちを取り巻く刺激の多くは，生まれつき何らかの意味を持っていたわけではない。初めて出会った人は好きでも嫌いでもないが，ともに楽しい時間を共有した経験や嫌がらせ等の不快な経験を通じて，その人を見ただけでうれしい気持ちになったり，不安を感じたりするようになる。

　このように，もともとは反応を喚起する力がなかった中性的な刺激が，生物学的に意味を持つ刺激と関係づけられることによって反応を喚起するようになる学習を古典的条件づけ（パブロフ型条件づけ，レスポンデント条件づけ）とよぶ。

(1) 古典的条件づけの基本的な型

　古典的条件づけのもっとも有名な例は，「パブロフのイヌ」であろう（図 5-2）。イヌに対してメトロノームを聞かせた後に餌を与えるという経験を繰り返し与

えると，メトロノームだけで唾液を分泌するようになる。この例における餌のように生得的に反応を喚起する力を持つ刺激を**無条件刺激**（Unconditioned Stimulus：US），唾液分泌のようにUSによって喚起される生得的反応を**無条件反応**（Unconditioned Response：UR）とよぶ。これに対し，メトロノームのようにUSとの関係づけを通じて反応を喚起するように変化する刺激を**条件刺激**（Conditioned Stimulus：CS），CSによって喚起された反応を**条件反応**（Conditioned Response：CR）とよぶ。すなわち，古典的条件づけとはCSがUSと関係づけられることによって，新たにCRを喚起するようになる学習であるといえる。

古典的条件づけの中でも，特に心理学において重要であると思われるのは，恐怖の条件づけである。図5-3はワトソン（Watson, J. B.）が行った恐怖条件づけの古典的な実験である。最初，生後11ヶ月のアルバートは，白ネズミを怖がらず，関心を示した。アルバートがネズミを見て近づいたときに背後で金属棒を叩いて驚かせると，恐怖反応を示した。この手続きを数回繰り返すと，アルバートは白ネズミを見ただけで恐れて逃れようとするようになった。この結果は，白ネズミをCS，金属音をUSとして古典的条件づけが成立したことにより，CRとして恐怖反応が獲得されたことを示す。さらに，白ネズミに対する恐怖反応は，ウサギや脱脂綿等の「白くてふわふわした」対象にも波及することが示された。

ワトソンが示したような恐怖の条件づけは，現在では**条件性抑制**等の実験場面で広く検討されている。条件性抑制実験では，ラット等を対象として摂食や摂水等のための反応が安定して持続的に生じている場面において，音や光をCS，電気ショックをUSとした条件づけを行う。これらのCSに対して恐怖が

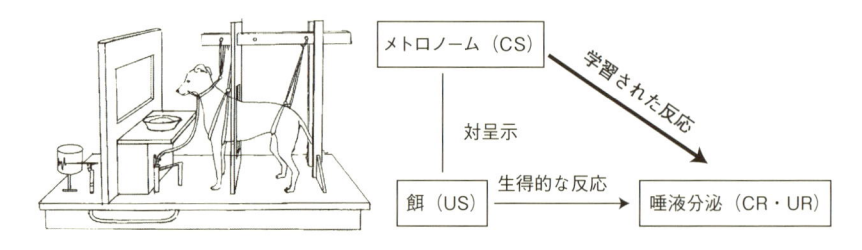

図5-2　パブロフによるイヌの条件づけ実験および古典的条件づけの図式

(1) 条件づけ前はネズミを怖がらない

(2) ネズミに触ったときに背後で金属棒を叩くと恐怖を示す

(3) ネズミを恐れて逃げるようになる

(4) 恐怖反応はネズミ以外の対象にも波及する

図5-3 ワトソンによる乳児の恐怖条件づけ実験

獲得されると，持続していた反応がCSの呈示によって抑制されるようになる。この抑制の大きさによってCSに対する恐怖反応の強さを測定する方法である。

　恐怖の獲得以外にも，古典的条件づけは非常に幅広い学習にかかわっている。**瞬目条件づけ**では，音をCSとして呈示した後に眼球への空気の吹きつけをUSとして与える経験を繰り返すと，音CSに対して瞬きCRが生じるようになる。**自動反応形成**は，たとえば，ハトに対して，壁のライト（CS）の点灯後に餌（US）を呈示する手続きを繰り返すと，ライトに対するつつき反応がCRとして獲得される現象である。**味覚嫌悪条件づけ**は，特定の味や香り（CS）に続いて内臓の不快感（US）を経験すると，これらの味や香りに対する忌避が獲得される現象であり，発見者の名前にちなんでガルシア効果とよばれることもある。典型的な実験場面では，甘いサッカリン水の摂取後に腹痛を生じさせる薬物を注射すると，ラットはもともと好んでいたサッカリン水を摂取しなくなる様子が観察される。

(2) 古典的条件づけの基本的現象

図5-4は古典的条件づけにおける基本的な現象を示している。CSとUSを対呈示すると，CRが生じるようになる。この現象を**獲得**または**習得**とよぶ。CRが獲得された後に，USとの対呈示をやめてCSのみの単独呈示を繰り返すと，次第にCRが弱まっていく。この現象を**消去**とよぶ。消去手続きによってCRが認められなくなった後に，一定の時間間隔の経過を待って再びCSを呈示すると，消失したはずのCRがある程度回復する。この現象が**自発的回復**である。

アルバートの恐怖条件づけの例で，ネズミへの恐怖反応がウサギにも波及したように，CRはCSそのものだけでなく，ある程度類似した刺激に対しても生じるようになる。この現象を**刺激般化**という。刺激般化は，CSと類似した刺

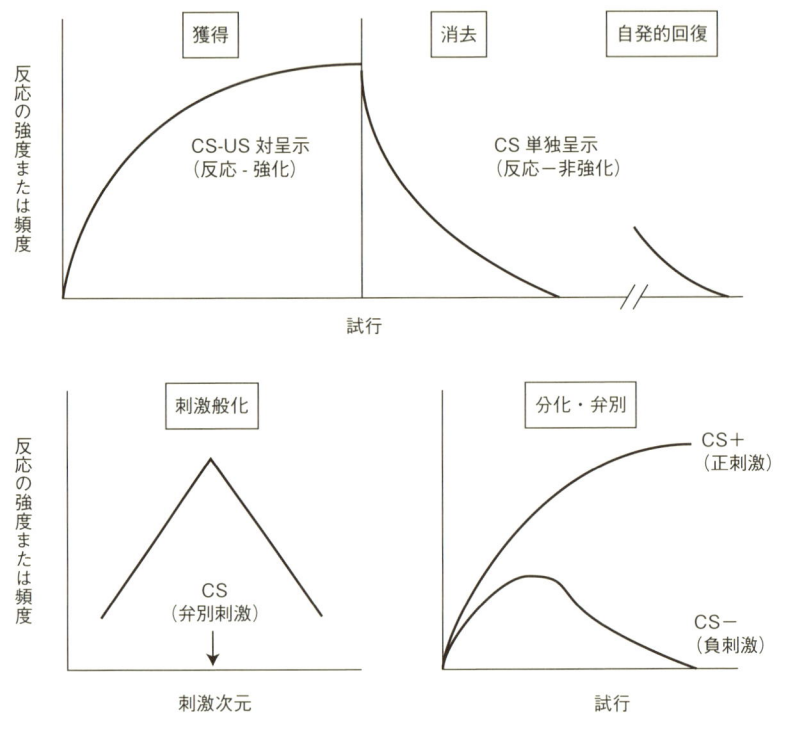

図5-4　古典的条件づけの基本的現象
括弧内はオペラント条件づけの場合の用語を示す。

激には大きく、類似しない刺激には小さく生じるという**般化勾配**を示す。刺激般化は実験的には光の波長（色相）や音の周波数（音高）を用いて検討されることが多いが、人間における条件づけでは、単語の意味的類似性によっても刺激般化の大きさが規定されることが知られている。

2つの類似した刺激があるとき、刺激般化により条件づけられたCSだけでなく、これと類似した刺激にもCRが波及する。しかし、一方のCSにはUSが伴うが（CS+）、他方には伴わない（CS−）という経験を繰り返すと、次第にCS+にのみCRが生じるようになる。この現象は**分化**とよばれる。

条件づけに先だってCSを単独で何度も呈示すると、その後の条件づけによるCRの獲得が遅れる。この現象を**潜在制止**あるいは**CS先行呈示効果**という。

(3) CSとUSの関係性

1）時間的関係性　古典的条件づけの手続きには、CSとUSを対呈示する時間的なスケジュールによっていくつかのタイプがある（図5-5）。先に開始されたCSの呈示中にUSを開始する手続きを**延滞条件づけ**、CSの呈示が終了してからUSを開始する手続きを**痕跡条件づけ**、CSとUSの呈示を同時に開始する手続きを**同時条件づけ**とよぶ。逆に、USを呈示してからCSを開始する手続きは**逆行条件づけ**とよばれる。一般にCRの獲得は、CSを先に呈示する延滞条件づけや痕跡条件づけでは容易なのに対し、同時条件づけではやや難しくなり、逆行条件づけでは困難になる。これらの現象は、古典的条件づけが、CSとUSの時間的近接による機械的な連合過程ではなく、生物学的に重要なUSを予測するための手がかりとしてCSが働いていることを示すものである。

痕跡条件づけが可能なCS−US間隔の大きさは条件づけの種類によって大きく異なる。たとえば、条件性抑制事態における恐怖条件づけでは、CS終結後の数秒以内にUSが与えられる必要がある。これに対し、味覚嫌悪条件づけでは、味覚刺激と内臓不快感の間に6時間くらいの遅延があっても十分に条件づけが獲得されることが知られている。

なお、明確なCSを与えなくても、一定の時間ごとにUSを呈示する**時間条件づけ**によってもCRが獲得される。この場合、前のUSの呈示からの経過時間がCSとして機能している。

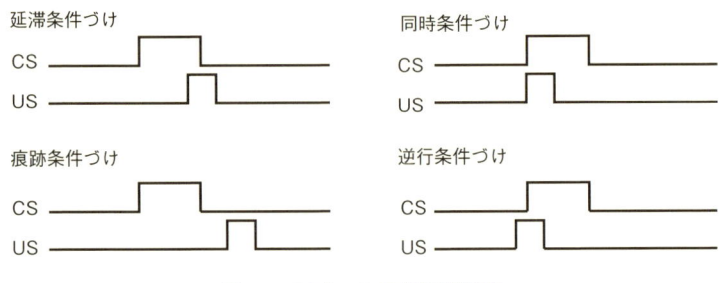

```
          延滞条件づけ                         同時条件づけ
   CS  ─────┐  ┌──                  CS  ─────┐  ┌──
            └──┘                              └──┘
   US  ──────┐┌─                    US  ──────┐┌─
             └┘                                └┘

          痕跡条件づけ                         逆行条件づけ
   CS  ───┐ ┌────                   CS  ──────┐ ┌──
          └─┘                                  └─┘
   US  ──────┐┌─                    US  ────┐┌───
             └┘                              └┘
```

図 5-5　CS と US の時間的関係性

2) 選択的連合性　条件づけは CS と US のどのような組み合わせにも等しく生じるのではない。たとえば，ラットを用いた実験において味覚刺激が CS である場合には，内臓不快感を US とした場合には条件づけは成立するが，電気ショックを US とすると条件づけは生じない。逆に，音や光を CS とした場合には，電気ショックを US とした条件づけは生じるが，内臓不快感を US とした条件づけは成立しない（Domjan & Wilson, 1972）。このように，条件づけにおいて有効な CS と US の組み合わせが存在することを**選択的連合性**とよぶ。選択的連合性は，動物の生態の中で起こる可能性の高い刺激の組み合わせに対して学習の方向性が生得的に決まっていること（学習の準備性）を反映していると考えられる。

(4) 複雑な型の古典的条件づけ

1) 複数 CS 間の連合　古典的条件づけでは，CS が US と直接的に対になる単純な型だけでなく，複数の CS が関係し合う複雑な型の条件づけも可能であることが知られている。

図 5-6 にこのような条件づけの例を示した。最初の例では，第 1 段階として，音刺激を CS_1，食物を US とした条件づけによって，音刺激に対する CR を確立する。第 2 段階において，図形刺激を CS_2 として，CS_1 と対呈示を行うと，CS_2 に対しても唾液分泌が生じるようになる。この手続きは**二次条件づけ**とよばれる。動物の種や刺激によっては第 3，第 4 の条件づけも可能であり，これらを総合して**高次条件づけ**とよぶ。

第 2 の例は，US との条件づけ前に CS 間の対呈示を行う点で二次条件づけ

2次条件づけ

第1段階
(CS₁) → (CR)
    |
   (US)

⇒

第2段階
(CS₂) → (CR)
    |
   (CS₁)

感性予備条件づけ

第1段階
(CS₁)
   |
  (CS₂)

⇒

第2段階
(CS₁) → (CR)
    |
   (US)

⇒

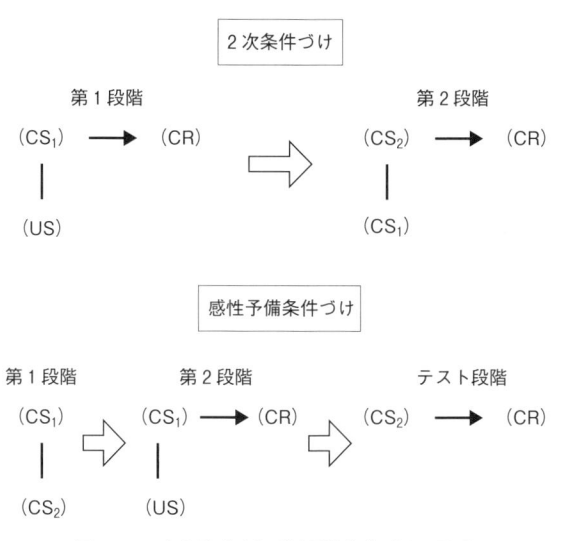

テスト段階
(CS₂) → (CR)

図 5-6　2次条件づけと感性予備条件づけの図式

とは異なる。たとえば，第1段階でコーヒー味をCS_1，アーモンド香をCS_2として，アーモンド香のコーヒー（$CS_1 + CS_2$）をラットに与える。第2段階では，無臭のコーヒー味（CS_1）を摂取させた後に内臓不快感を与える味覚嫌悪条件づけを行うと，直接は内臓不快感とは対にされていない無味のアーモンド香（CS_2）に対する嫌悪が獲得される。この現象は感性予備条件づけとよばれる。

2）複数 CS 間の競合　複数の CS を同時に US と対にする手続きを複合条件づけとよぶ。複合条件づけによってCS_1とCS_2を同時に呈示して US と対にすると（$CS_1 + CS_2 - US$），各 CS が単独で US と対にされた場合よりも弱い CR しか獲得できない。この複数の CS がお互いに覆い隠すように作用する現象を隠蔽(いんぺい)とよぶ。ある応用研究では，抗ガン剤投与の副作用としての味覚嫌悪条件づけについて，隠蔽現象を利用した改善策を見出している。抗ガン剤は副作用として吐き気をもたらすため，投与前に食べた食物に対する嫌悪が獲得されてしまう。そこで，食事の後で風変わりな味の飴を舐めさせてから抗ガン剤を投与したところ（食事＋飴－抗ガン剤），食事への味覚嫌悪条件づけが隠蔽されることが確認された（Broberg & Bernstein, 1987）。

また，第1段階でCS_1を US と条件づけると（$CS_1 - US$），第2段階でCS_1

と CS_2 の複合条件づけを行っても（CS_1 + CS_2 - US），後から加えられた CS_2 に対する条件づけが成立しないことが知られている。この現象を阻止（ブロッキング）とよぶ。

(5) 古典的条件づけで何が学習されるのか

初期の研究では，古典的条件づけでは，CSはUSに代わって直接的に反応を喚起するようになるという刺激－反応学習（S－R学習）が行われると考えられてきた。しかしながら，近年の研究では，CSはUSとの連合を通じて反応を喚起するという刺激－刺激学習（S－S学習）が一般的であることが示されてきている。このような学習の内容を調べるための方法として「US価値変化」による実験がある。レスコーラ（Rescorla, 1973）は，第1段階において，2群のラットに光刺激をCS，大音響をUSとした恐怖条件づけを行った後に，第2段階では一方の群に対してのみ大音響USの馴化を行い，このUSの恐怖に関する価値を低下させた。第3段階のテストにおいて光CSを単独で呈示すると，USの馴化を行った群において光に対する恐怖反応が弱いことが示された。もし条件づけの段階で光CSが直接的に恐怖反応を喚起するようになったのであれば（CS→CR），学習後のUSの価値の低下はCRの大きさに影響しないはずである。したがって，この実験結果は，条件づけによってCSとUSの間に連合が形成され，CSの呈示はUSに関する記憶表象の活性化を介してCRを喚起する（CS→US→CR）ことを示すものであると理解できる。

(6) 補償反応の条件づけ

古典的条件づけによって獲得されるCRは，URと類似した形態をとるのが普通である。これに対し，薬物をUSとして用いた条件づけでは，薬理作用とは逆の型のCRが獲得されることがある。たとえば，コーヒーに含まれるカフェインはURとして唾液分泌を喚起するが，コーヒーの香りや見た目はCSとして作用し，CRとして唾液分泌の抑制を引き起こしている。また，鎮痛作用を持つモルヒネの注射を繰り返すと，注射に先行するさまざまな刺激がCSとして機能し，CRとして痛みに対する鋭敏化が生じるようになる。これらの薬理作用とは逆の型のCRは補償反応とよばれており，薬物の作用に対して身体

内部の状態を一定に保とうとする適応機能を果たしていると考えられる。補償的な CR は，薬の摂取を繰り返すと次第に効き目が薄れるという**薬物耐性**の原因の 1 つであると考えられている。

(7) 古典的条件づけの規定因

痕跡条件づけについて述べたように，CS－US 間隔が長くなると条件づけが困難になることから，古典的条件づけは CS と US が時間的に接近して（近接の要因），何度も対にされる（頻度の要因）ことによって成立すると考えられてきた。しかしながら，近年の知見は，古典的条件づけの成立には CS と US の**随伴性**が重要であることを示してきている。CS と US の随伴性は，「CS 呈示時の US 呈示確率」と「CS 非呈示時の US 呈示確率」によって規定される。たとえば，CS 呈示に続いて 50％の確率で US が呈示されるという点において同じであっても，①CS 非呈示時には US が 20％の確率でしか生起しない場合，②CS 非呈示時に US が 80％の確率で生起する場合，あるいは③CS 非呈示時にも US が 50％の確率で生起する場合では，CS と US の随伴性は異なる。①の例では CS が呈示されることで US 生起の確率が高まる，言い換えると CS は US の到来を信号する。このような CS と US の関係を**正の随伴性**とよび，CS が CR を喚起する型の条件づけが行われる。これまでの説明で用いてきたような通常の条件づけは正の随伴性の例であり，この CR 喚起型の条件づけは特に**興奮条件づけ**ともよばれる。これに対し，②の例では CS の呈示により US の生起確率が低下することから，CS は US の「非」到来を信号する手がかりとなる。この条件は**負の随伴性**とよばれ，CS が CR を抑制する**制止条件づけ**が行われる。③の例では，CS について知ることは US の到来を予測する上でまったく有益ではない。この条件は真にランダムな統制条件とよばれ，条件づけは成立しないことが知られている。

条件づけの成立のためには CS と US の随伴性が重要であるという事実は，古典的条件づけが，雑多な事象の中から意味のある関連性を探し出すための学習過程であることを示していると考えられる。

4. オペラント条件づけ

　古典的条件づけによって獲得される CR には，たとえば特定の味覚を避けることで中毒を予防するといった適応的な側面もあるが，環境から好ましい事象を引き出したり，好ましくない事象を避けたりする積極的な機能には乏しい。私たちは，友人に電話をかけて会話を楽しんだり，授業に出席して出席点を獲得したりするが，これらの行動は，楽しい会話や出席点という結果を得るために能動的に自発された行動である。このように，環境から何らかの結果を引き出すために行われる反応の学習は**オペラント条件づけ**（道具的条件づけ）とよばれる。

　古典的条件づけには CS と US の対呈示が必要であったが，オペラント条件づけでは，これらの関係が，個体が自発する反応と，その個体にとって意味のある事象である強化子に変わる。すなわち，オペラント条件づけは，反応の自発によって強化子の生起という環境変化を生じさせることの学習であるといえる。また，反応に対して強化子を与えることを**強化**という。

　強化子の生起は反応のみによって決まるわけではない。たとえば，授業への出席という反応によって出席点という強化子を得るためには，教師が出席を確認するタイミングを見極めることが必要である。このように，ある反応が強化されるかどうかを示す刺激のことを**弁別刺激**という。すなわち，オペラント条件づけは，弁別刺激−反応−強化子の 3 者の関係性（三項随伴性）の学習であるといえる。

(1) 歴史的経緯

　後年のオペラント条件づけにつながる歴史的な研究としては，ソーンダイク（Thorndike, E. L.）のネコの問題箱実験がある。彼は，図 5-7（a）に示したような，特定の反応を行うことによって外に出て餌を食べることのできる問題箱に空腹のネコを入れると，初期にはさまざまな反応を行うが，次第に有効でない反応が低減し，有効な反応のみが生起しやすくなるという**試行錯誤学習**によって，脱出までの時間が次第に減少することを見出した。また，満足な結果をもたらした反応は刺激（問題箱の環境）と連合することで同じ場面で生じやす

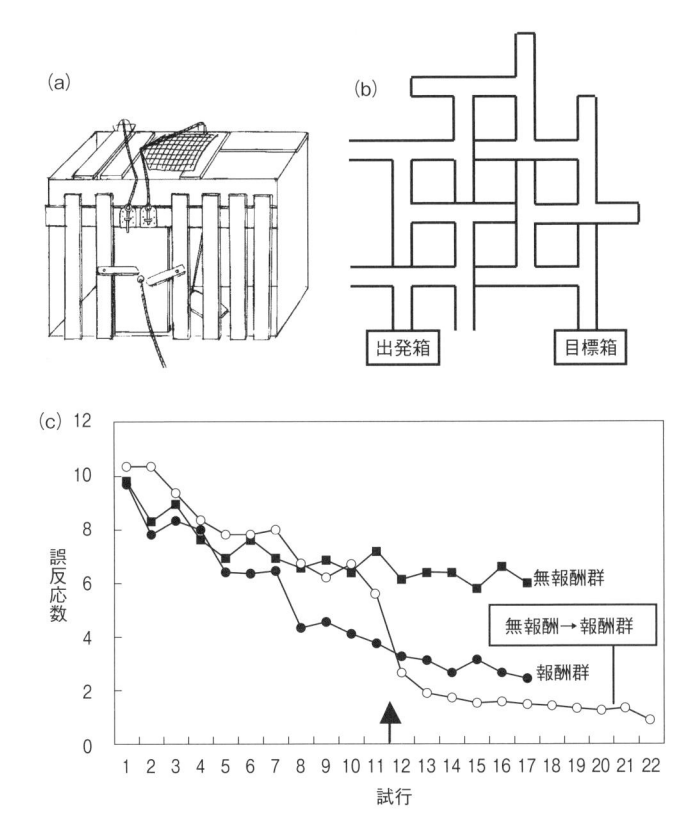

図 5-7 (a) ソーンダイクの問題箱の例
(b, c) トールマンが潜在学習の検討に用いた迷路 (b) と目標箱に到達するまでの誤反応数の変化 (c)

くなるのに対し，不快な結果をもたらした反応は刺激との連合が弱まることで生じにくくなるという効果の法則を提唱した。結果事象が刺激と反応の連合を強めるという考えは，強化子による欲求状態の低減が刺激と反応の連合を強めるというハル（Hull, C. L.）の学習理論に受け継がれた。

　これに対し，トールマン（Tolman, E. C.）は，図 5-7（b）に示すような複雑な迷路を用いたラットの学習において，無報酬で迷路を探索した経験の後に途中（11 試行目）から目標箱で餌を与えられるようになった群の遂行が，最初から一貫して餌が与えられていた群に匹敵するという潜在学習とよばれる現象を

発見した。この結果は，強化は学習に必要なのではなく，獲得された学習内容が実際の「遂行」として現れるのに必要であることを示すと考えられた。また，トールマンは学習を刺激と反応の連合ではなく，ある場面で有効な手段と目標の関係性からなる認知構造（認知地図）の確立であるとする認知的学習理論を提唱した。

(2) 基本的実験事態

現在，オペラント条件づけ研究でもっともよく用いられる実験装置の1つは，オペラント箱（スキナー箱）である（図5-8左）。この装置は，レバー押し等の実験者が定めた反応を行うと強化子として餌粒が呈示される仕組みになっている。また，弁別刺激として，ライトの点灯や音刺激の呈示を行うことができる。床には弱い電気ショックを流すことが可能であり，罰や恐怖条件づけの研究に用いられることもある。また，先に示した図5-7（b）のような迷路もまた，各選択点を弁別刺激とした反応によって目標地点での報酬がもたらされるため，オペラント条件づけの装置だといえる。

嫌悪刺激による学習には，シャトル箱（図5-8右）とよばれる装置が用いられることも多い。この装置は中央にある低いハードルによって左右2つの部屋に区切られている。ブザー音等の刺激が呈示されてから一定時間後に床から電気ショックが与えられるが，隣の部屋に逃げ込めば電気ショックは停止する。このような経験を何度か繰り返すと，ラットは電気ショックを受けるとすぐに隣の部屋に逃げ込むようになる。このように，与えられた嫌悪刺激を速やかに停止するための反応を獲得する型の学習を**逃避学習**という。さらに経験を重ねると，ラットは電気ショックの信号であるブザー音等を弁別刺激として，電気ショックを受ける前に隣の部屋に逃げ込むことを学習する。このように，嫌悪刺激の呈示を事前に避ける型の学習を**回避学習**という。

(3) オペラント条件づけの基本的な型

オペラント条件づけのもっとも基本的な型は，強化子の種類とそれらの呈示様式によって4つに分類される。まず，反応頻度を増加させる手続きには，正の強化と負の強化の2つがある。オペラント反応の自発に対して好ましい刺激

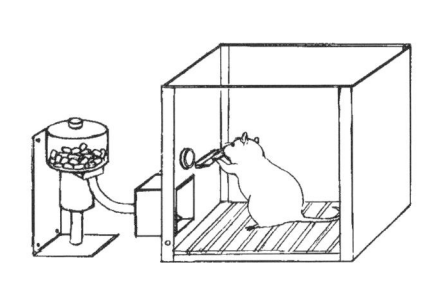

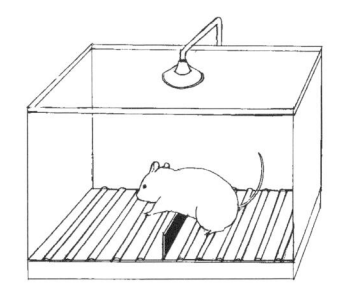

図 5-8 ラット用のオペラント箱（左）とシャトル箱（右）

（正の強化子）が呈示される手続きは正の強化とよばれ，反応頻度の増加をもたらす。反応に対する餌粒の呈示によってラットのレバー押しが増加するという例が該当する。一方，反応の自発によって嫌悪刺激（負の強化子）が除去される手続きは負の強化とよばれ，やはり反応頻度の増加をもたらす手続きとなる。前述の逃避学習や回避学習は負の強化による学習例である。

反応頻度を減少させる手続きには，負の罰（省略）と正の罰の2つがある。反応の自発に対して与えられるはずであった好ましい刺激（正の強化子）を除去する手続きを負の罰，あるいは省略とよぶ。同級生をからかうという反応に対して次の休み時間に運動場で遊ぶことを禁止する例があげられる。一方，反応の自発に対して嫌悪刺激（負の強化子）を呈示する手続きは正の罰とよばれる。正の罰は一般的に「罰」とよばれている手続きであり，授業中の私語に叱責を与えることで抑制しようとする例が該当する。

(4) 強化子の種類と定義

食物や電気ショックなど，生得的に正の強化子や負の強化子としての働きを持つ刺激を**一次性強化子**あるいは**無条件性強化子**とよぶ。これに対し，もともとは強化子ではなかった刺激が一次性強化子との古典的条件づけを通じて強化子としての機能を獲得した強化子を**条件性強化子**とよぶ。たとえば，「カチッ」という音と餌粒の対呈示という古典的条件づけの手続きの後では，この音刺激だけでラットにレバー押し反応を学習させることが可能である。さらに，複数の一次性強化子と結びついた条件性強化子を**般性強化子**，「貯蓄」可能で後で一次性強化子と交換可能な条件性強化子を**トークン強化子**とよぶ。食物等の一次

性強化子は摂取のための反応の中断が必要であるし，映画や遊園地へ連れて行くといった強化子を反応の遂行中に即時的に与えることは不可能であるが，トークン強化子を使用することによって，反応の中断を最小限に抑えながら即時の強化が可能になる。

　ある事象が強化子になりうるか予測するうえでは，自然な状態での自発頻度の高い行動が頻度の低い行動を強化可能であることが知られている。たとえば，ラットに対して「レバー」と「餌」と「水」を呈示して，レバー押しと摂食や摂水に従事する時間を測定した結果が，摂食＞摂水＞レバー押しであったとする。この場合には，「レバー押しによって摂食が許される」，あるいは「摂水によって摂食が許される」という手続きによって，摂食はレバー押し反応や摂水反応を強化可能である。また，摂水はレバー押し反応のみ強化可能であり，摂食反応を強化することはできない。摂水という同じ行動は，レバー押し反応に対しては正の強化子として働くが，摂食反応に対しては正の強化子にはならないのである。このように，特定の行動が強化子として働くかどうかは他の行動との相対的な関係性によって予測可能であることを**プレマックの原理**という。

(5) オペラント条件づけの基本的現象

　オペラント条件づけの獲得と消去に関する基本的現象は，図5-4に示した古典的条件づけの例とほぼ共通している。正の強化手続き，あるいは負の強化手続きにより反応の生起頻度が増加する現象を**獲得**，または**習得**とよぶ。オペラント反応が獲得された後に，正の強化子の呈示あるいは負の強化子の除去を中止すると，反応頻度は次第に低下する。この現象を**消去**とよび，反応の消去のされにくさを**消去抵抗**という。また，消去手続きによって反応が認められなくなった後に，一定の時間が経過してから再び反応可能な環境へ戻すと反応の**自発的回復**が生じる。

　オペラント条件づけにおいても，特定の刺激の下で学習された反応は，これと類似する別の刺激の下でも自発されるという**刺激般化**が観察される。また，刺激般化の大きさは，学習時の刺激との類似性によって規定され，**般化勾配**が示される。

　また，2つの弁別刺激の一方（正刺激）への反応は強化し，他方（負刺激）へ

の反応は強化しないという手続きにより，正刺激に対する反応が増加し，負刺激への反応は低下する。この現象を**弁別**とよぶ。弁別学習の基本的な手法には，正刺激と負刺激を同時に呈示して選択反応を求めるという**同時弁別学習**と，一度には正刺激と負刺激の一方のみが呈示される**継時弁別学習**がある。また，**条件性弁別学習**は，第1の弁別刺激に応じて第2の弁別刺激に求められる反応が変わる複雑な弁別学習である。

(6) 反応形成

オペラント条件づけは獲得済みの反応の生起頻度に影響するだけでなく，新しい反応を形成する過程でもある。宿題を全くやってこない子どもの例のように，自然な状態における反応の自発頻度（オペラント水準）がゼロである場合には，いくら正の強化手続きを設定しても，強化を行う機会がないため，オペラント条件づけは進行しない。このような場合には，**反応形成**とよばれる方法を用いて積極的に反応の形成を行うことが必要である。

逐次接近法とよばれる反応形成法では，まず最終的な目標である標的反応とは少し異なるがある程度は自発される反応を強化し，頻度を高めることから始める。第1の反応の頻度が増加したら，強化の基準を変更し，さらに標的に近い反応のみを強化する。この手続きを繰り返すことで，最終的には標的反応を強化するのである。

逐次接近法による反応形成は幅広い実践的場面にも応用されている強力な手法であるが，これを確実に達成するためには，強化基準の移行を小さなステップで行うこと，および反応に対して即時に強化を与えることが重要である。

(7) 強化スケジュール

反応に対する強化の与え方のことを**強化スケジュール**という。ここまでは，反応ごとに必ず強化を与える例を用いて説明してきたが，この強化の与え方は**連続強化スケジュール**（Continuous Reinforcement；CRF）とよばれる。反応に対して強化を与えない**消去**（Extinction；EXT）もまた強化スケジュールの1つである。

しかしながら，現実場面の行動を考えると，ある反応を行うことが必ず特定

の結果に結びつくとは限らない。友人を遊びに誘っても断られることもあるし，就職活動に対して内定をもらえるのは受験した会社の一部である。このように反応の一部にのみ強化を与えるやり方を**部分強化スケジュール**という。一般的には，連続強化よりも部分強化によって維持された反応の方が消去抵抗は高くなるが，この現象を**部分強化消去効果**という。

　部分強化には，強化の条件を反応に対する比率におくか先の強化からの経過時間に基づくか，これらの比率や時間が固定しているか変動するかによって4つの基本的な強化スケジュールがある。第一は，一定回数の反応ごとに強化を与える**固定比率スケジュール**（Fixed Ratio；FR）である。たとえば，10回反応するごとに強化が与えられるスケジュールはFR10と表記される。図5-9はオペラント反応の記録に用いられる**累積反応曲線**とよばれるグラフの例である。横軸は時間の経過であり，縦軸は累積反応数，曲線についている短い斜線は強化子の呈示を示している。したがって，累積反応曲線は，無反応の場合には水平となり，反応頻度が高い場合には急勾配となる。FRスケジュールでは，強化が与えられた後に**強化後休止**とよばれる一時的な反応の休止が生じ，その後に急激な反応が生じるというパタンが示される。**変動比率スケジュール**（Variable Ratio；VR）では強化に要求される反応数が毎回変動する。たとえばVR10スケジュールでは，平均して10回ごとの反応が強化されるが，強化までの反応数は毎回変動する。何回目の反応が強化されるのかは予測不可能であるが，反応数に応じて強化数が確実に増加するスケジュールであるので，もっ

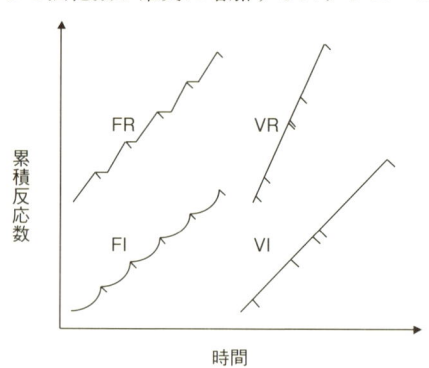

図5-9　基本的な強化スケジュールにおける累積反応曲線

とも高頻度の反応が得られ，強化後休止も生じない。

固定間隔スケジュール（Fixed Interval；FI）と変動間隔スケジュール（Variable Interval；VI）では先の強化からの経過時間を強化の条件としており，この時間が経過した後の最初の反応だけが強化されるスケジュールである。たとえばFI30秒スケジュールでは，先の強化から30秒が経過した後の最初の反応が強化される。FIスケジュールでは，強化の後に反応の休止があり，次の強化機会が近づくにつれて反応頻度が高くなるスキャラップとよばれる反応パタンが生じる。これに対し，たとえばVI30秒スケジュールでは，先の強化から次の強化機会までの間隔は平均して30秒であるが，毎回変動するので，強化機会を予測することができない。このため，VIスケジュールでは一定の反応率で安定した反応パタンが示される。

(8) 回避学習と学習性無力感

前述のように，シャトル箱を用いた実験では，ブザー音等を弁別刺激とした隣室への移動反応によって電気ショックを避ける回避学習が獲得される。代表的な回避学習の理論であるマウラー（Mowrer, O. H.）の二過程説では，回避学習を古典的条件づけとオペラント条件づけの相互作用によって説明する。すなわち，回避学習の初期において，動物はブザー音に続く電気ショックの呈示を受けることから，ブザー音をCS，電気ショックをUSとする古典的条件づけの結果として，ブザー音は恐怖反応を喚起するようになる。恐怖反応を喚起するブザー音は隣室への移動反応によって停止するので，負の強化手続きにより，移動反応が強化されると説明される。マウラーの二過程説は精緻で検証可能であったため，多くの基礎研究と人間行動に関連する応用研究を生み出したが，問題も指摘された。その1つは，いったん回避学習が成立すると100%の成功率で反応が維持されることである。回避反応の成立後には，ブザー音に電気ショックが伴う機会が全くないのであるから，恐怖反応の消去とその結果としての回避反応の失敗が定期的に生じるはずである。

これに対し，セリグマン（Seligman, M. E. P.）は回避学習に関する認知的理論を提唱した。回避学習を通じて動物は，①反応すれば電気ショックを受けない，②反応しなければ電気ショックを受ける，という予期を形成する。自らの

反応と結果の関係がこれらの予期に合致している限りにおいて，動物はその反応を続けるのだと考えられた。すなわち，いったん確立した回避反応が失敗なく持続することは，反応とその結果が①の予期に合致しているためであると説明される。

　セリグマンはまた，いかなる反応によっても嫌悪事象が逃避不可能な経験を重ねた動物は，その後の解決可能な事態においても逃避・回避反応を学習困難になるという**学習性無力感**とよばれる現象を発見した。これまでみてきた古典的条件づけやオペラント条件づけは，CSとUSあるいは反応と結果の「関連性」の学習にかかわるものであったが，学習性無力感は自らの行動と有意味な結果の間の「無関係性」もまた学習されうることを示す現象であるといえる。学習性無力感は他種の動物や人間の問題解決場面でも広く確認され，うつ病の動物モデルの開発といった基礎研究からその予防に関する応用研究まで幅広く展開している（詳細は第11章を参照）。

(9) 生得的傾向とオペラント条件づけの相互作用

　オペラント条件づけにおける生得的傾向の影響については，動物に芸を仕込む過程でブレランド夫妻（Breland, K. & Breland, M.）が発見した「誤行動」の有名な報告がある。その中のアライグマの例では，コインを貯金箱に入れる反応に対して餌を与える正の強化手続きにより貯金反応を形成可能であったが，次第にコインをこすり合わせ続ける行動が発達し，貯金反応が生じなくなってしまうことが示された。この現象は，アライグマが食物に対して生得的に持っている「こすり合わせる」という反応がコインに対して現れたために，オペラント条件づけによる貯金反応に干渉した結果であると考えられる。

　回避学習に関しては，ボウルズ（Bolles, R. C.）の種に**特有の防御反応**の例があげられる。たとえばラットが危険に対して生得的に持っている防御反応は，逃走，凍結，闘争である。回避学習場面において，シャトル箱課題のように危険信号に対して生得的防御反応と合致する隣室への「逃走」反応を求めると速やかに学習が成立するが，生得的防御反応と矛盾するレバー押し反応による回避は学習が困難になることが知られている。

　これらの現象は古典的条件づけにおける選択的連合性の例とあわせて学習の

生物学的制約とよばれる。学習の原理が及ぶ範囲が限定的であることを示す否定的な意味で紹介されることもあるが，心の働きが進化の産物であることを考えると，環境への適応の結果として進化の過程で獲得された生得的行動傾向と，変化する環境に柔軟に適応するために備わった学習能力の相互作用の例として理解すべき問題である。

5. 社会的学習

これまでみてきた学習の型はいずれも「個体自らの経験」を通して行われるものであった。しかし，私たちは社会の中で生きる存在として他者から学ぶという学習能力を持っており，そのような学習は社会的学習とよばれる。最後に，社会的学習の中でも他者の観察による学習の例をみてみよう。

(1) 観察による古典的条件づけ

他者が特定の対象に対して恐怖を示す様子を観察することによっても，その対象に対する恐怖が獲得されることが示されている。クモ恐怖を持つ女児を対象とした調査研究（Merckelbach et al., 1996）では，約40％は自らの恐怖経験が原因であるが，約18％は母親か父親がクモに対して恐怖を示すのを観察したことが原因であると答えた。また，約5％はクモに関する否定的な情報を得たことに由来すると答えている。

実験的研究では，モデルが音刺激に続いて電気ショックを受ける様子を実験参加者に観察させると，音刺激に対する実験参加者の皮膚電気活動に恐怖を示す反応が認められるようになることが知られている（Berger, 1962）。

動物を用いた実験では，編集されたビデオ動画を通じて他の個体が玩具のヘビに対して恐怖を示す様子を観察したサルは，もともとは持たなかった玩具のヘビに対する恐怖反応を獲得することが示されている（Cook & Mineka, 1990）。同じ手続きを用いても造花に対する恐怖反応は獲得されなかったことから，学習の準備性によって恐怖反応を獲得しやすい対象は生得的にある程度決まっており，直接もしくは観察による古典的条件づけによって恐怖反応が獲得されるのだと考えられる。

(2) 観察によるオペラント条件づけ

　他者による反応と強化の観察によってオペラント条件づけが生じることを示したもっとも有名な研究にバンデューラ（Bandura, 1965）による**観察学習**の実験がある。この実験では，大人のモデルがボボドールとよばれる大きな人形に数パタンの攻撃行動を行う様子を就学前の児童に映像で観察させた。映像には，攻撃行動の後で，モデルが他の大人から菓子や賞賛を受ける様子（**代理強化**）や厳しくしかられる様子（**代理罰**）が含まれていた。無強化条件の子どもは攻撃行動の場面のみを観察した。その後に，ボボドールや他の玩具が置いてある部屋で子どもを1人で自由に遊ばせている間の行動を隣室から測定した。その結果，代理強化条件でモデルと同じ攻撃行動がより多くみられ，観察によって新しいオペラント反応の獲得が生じることが確認された（図5-10）。さらに重要なことに，このテストの後で「モデルのまねをすればご褒美をあげる」と伝えたところ，代理罰条件や無強化条件においても代理強化条件と同等の攻撃行動が現れた。つまり，攻撃行動は，代理強化がなくても観察するだけで獲得されており，将来的に別の要因によって動機づけられた場合には，実際の遂行として現れる可能性が実験的に示されたのである。さらに別の研究では，攻撃行動の獲得には，実際の人物の観察と映像による観察の間で差がないだけでなく，

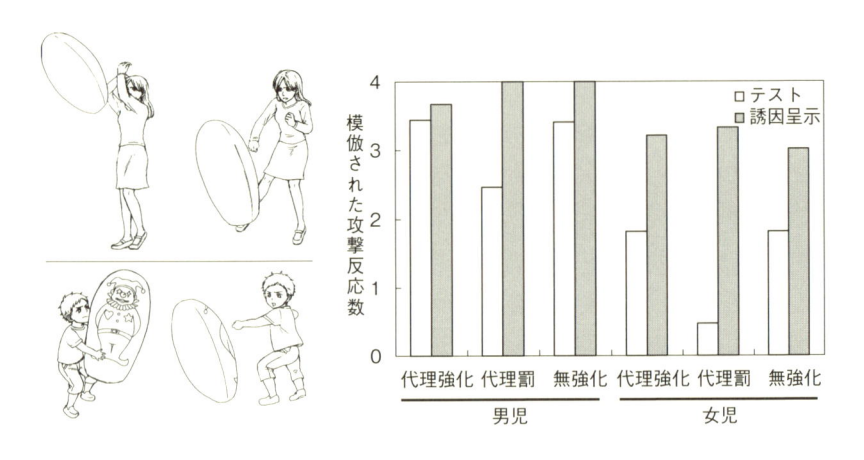

図5-10　モデルによる攻撃行動（上段）と児童による模倣行動の例（下段）およびテスト時とテスト後の誘因呈示によってモデルの攻撃行動が模倣された割合　（Bandura, 1965）

マンガ等のメディアを通じても同等の効果が得られることも示されている。

多様なメディアを通じて他者を観察する機会の多い現代社会では，観察学習の影響はますます高まってきている。一方で，たとえば暴力映像の視聴に関しては，不快感情の解消による攻撃行動の抑制効果を持つことも指摘されている。メディアを通じた学習の問題については，行動の獲得と遂行に関与する多様な要因間の相互作用のメカニズムを明らかにしていく必要があると考えられる。

参考図書

実森正子・中島定彦（2000）学習の心理　サイエンス社
Mazur, J. E.（2005）*Learning and behavior*. Prentice Hall College Div.（磯　博行・坂上貴之・川合伸幸（訳）（2008）メイザーの学習と行動　二瓶社）
小野浩一（2005）行動の基礎　培風館

コラム5　豚の学習

　心理学の研究では，人間のほかにラット，ハト，サルなどが実験対象としてよく用いられる。これに対し，学習心理学の手法を用いてブタの行動を制御することを目指し，実際の畜産業の場で飼育される体重160 kgの大型のブタを用いた学習実験が行われた（上野・谷内, 2004）。ブタはあまり群れを作らないことなどから，ウシのように放牧場面や畜舎での移動行動を制御する方法が確立していないのである。畜産業への応用性が高い成果を得るために，静寂な心理学実験室とは異なり，トラクターのエンジン音が響き，コンクリート床をこするスコップの雑音が聞こえる畜舎内で実験が進められた。

　ラットなどの実験に使われる小型のオペラント箱に準じて，畜舎内の実験豚房に頑丈なレバーと給餌器を取り付け，逐次接近法による反応形成を試みた。まず，ブザー音と4 g弱の固形餌の対呈示によってブザー音を条件性強化子にするための手続きを行った。次いで，ブタがレバーに近づいたとき，レバーに触れたときへと強化条件を移行し，最後は完全なレバー押しのみブザー音と餌により強化した。条件性強化子の訓練からレバー押し形成の完了

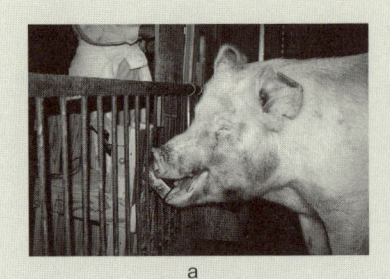

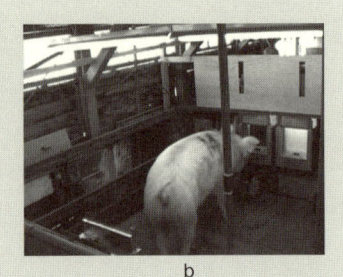

図　大型品種のブタにおけるレバー押し反応（a）と明暗弁別学習（b）

まで約40分間，約90回の強化で比較的容易に形成できた。ブタはレバーを鼻や口で押した（図a）。連続強化スケジュール下での反応率は約10回/分というラットの実験に相当する水準に達した。このように，逐次接近法を含むオペラント条件づけの技法は，雑音の多い畜産場面においても有効であることが確認された。この実験では，ブタは繁殖用家畜の飼育計画にしたがって1日に2回の給餌によって飼育されていたが，後の研究では自由摂食下で飼育される肥育向けのブタについても，リンゴ片を強化子とすることでオペラント条件づけが可能であることが確認された（上野・谷内, 2006a）。

　連続強化によってレバー押し反応を維持する過程において，ブタは初めのうちレバーを1回押すたびに給餌器へ行って餌を食べていたが，そのうち，レバーを複数回連続して押した後に給餌器へ行って餌をまとめて食べる"連続反応"が徐々に発達した。その後の研究において，レバーと給餌器の間の距離を延長すると，連続反応回数が増加することが見出された（上野・谷内, 2006b）。たとえば，あるブタは距離の短い条件（約20 cm）では連続反応回数が約7回であったが，長い条件（約380 cm）では約16回に増加した。これらの結果から，連続反応はレバーと給餌器の間の移動コストを低減するための採餌方略であると考えられた。さらに，7回を超える連続反応を非強化とする手続きを導入したところ，ブタは連続反応を7回以下に抑えるようになった。これらのことから，ブタは自らの反応回数と強化の関係をある程度理解していることが示唆された。

　これまでの研究から，畜産場面のブタにおいてもオペラント条件づけが可能であることが確認されるとともに，連続反応という予期しなかった行動も発見された。現在は，視覚弁別学習について検討を進めている（図b）。ブタがどの程度の学習能力を持っているのか，またその学習能力を畜産業において応用することは可能であるか検討すべき課題はまだまだ多い。　　上野糧正

第6章 動機づけ・感情

松川順子

　さまざまな行動の背景には，行動を起こそうとする心の働きがある。行動を起こそうとする心の働きと行動を起こした結果には感情の揺れ動きが大きくかかわっている。行動を起こそうとする心の働きを一般的に動機づけという。動機は行動の原因とされることが多いが，その原因としてさまざまな欲求がある。欲求は動機づけ過程における内的な状態を指すこともある。こうした動機や動機づけには感情がかかわり，また行動された結果は感情を伴う。この章では，このような動機づけおよび感情についてみていく。

1. 動機づけ

(1) 動機づけ

　私たちは毎日さまざまな行動を取っている。今朝起きて大学まで来て，授業を受けているというのも行動の一環である。この行動はなぜ取られたのだろうか？　「この授業の内容に興味があり受けたいと思った」「試験でよい成績を取りたいのでこの授業は欠かせない」「この授業に出席すれば友達に会える」など授業への出席ひとつを例にとっても，その背景にはさまざまな理由や欲求がある。授業への出席のように，行動を一定の方向に向けて生じさせ持続させる過程や機能の全般を指して**動機づけ**という。この動機づけには行動を一定の方向に向かわせる**目標づけ機能**と行動を起こそうとさせる**行動喚起機能**がある。このことから，動機づけられた行動は目標志向的であるということもできる。一般的には，行動は私たち個体が何らかの欲求を持ち，同時に求める対象が目標としてあるときに生じると考えられる（図6-1）。この欲求の向かう対象を**誘因**ともいう。欲求がその対象に向かうためにはその原因となる動因や動機がある。またこうした動機づけには感情が深くかかわっている。動機づけ過程は，行動を起こそうとする人が自分の置かれた状況をどのように判断し，また結果をど

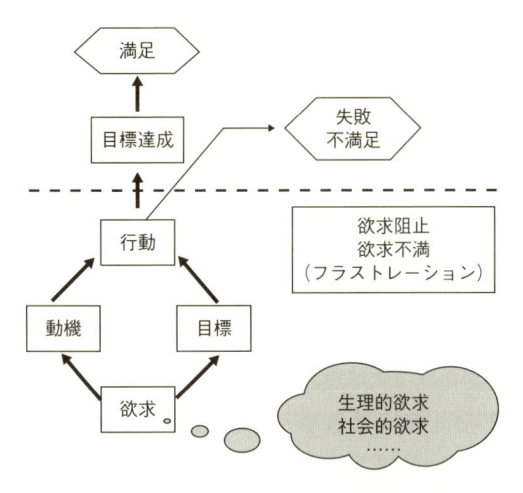

図6-1 動機づけ過程と行動結果の概念図

のように予測するかで変わってくる。このように動機づけには，動機そのものだけでなく，認知的側面，感情的側面が含まれている（上淵, 2004）。

1) 生理的動機　動機づけの背景にある動機の1つとして，生命を維持していこうとする生理的動機がある。私たちはお腹がすいたときや喉が渇いたときには食べ物や飲み物を得ようとする。また，人は呼吸をし体温維持をするために，酸素や衣類をまとうなどの行動やそれらを求める行動を取る。これらが，生理的動機であり生理的欲求である。これらは，生理的な調節機構や安定した心的環境を維持しようとするホメオスタシス性動機ともいわれることがある。一般的には，生理的動機づけでは，誘因となる対象を求めて行動した結果，その対象を得ることができて安定した状態になれば，行動の結果として充足感を覚える。このことは，空腹や喉の渇きが安定した心的環境とはいえないため不快を引き起こし，それを解消するための行動を取った結果不快な状態が取り除かれたと考えることができる。しかし，人の場合，このような生理的動機は社会的な影響を受けることもわかっている。たとえば友人と一緒のとき，お腹がすいていなくても食欲を覚え，食事をすることがある。その結果過度の食事によって肥満が生じ健康上の問題になることがある。また，失恋して気落ちしているときには食欲がなくなることがある。

2）社会的動機　人に愛される，仲間として認められる，他者から評価を受けるなど，人が取る行動には，その原因が社会生活の中で見出されるものが数多くある。大学生となっている背景にはどのような動機があっただろうか。しっかりと目標を定めて大学で学ぶことを第一に大学生になっている人も多いだろう。その一方で，大学生になることでその先の進路を有利に考えようとした人もいれば，周りのみんなが大学に行くのでとりあえず大学生になったという人，大学生になることで社会人になることを数年先に延ばしたという人も中にはいるかもしれない。さらには親が強く望んだためにという人もいるかもしれない。このように，大学受験をし，大学生になろうと行動した背景にも，さまざまな動機がある。これらの動機のほとんどは社会的なものであり，他者が何らかの形でかかわっているといえる。このような動機を社会的動機とよんでいる。また，生理的動機と対比して心理的動機ということもある。マレー（Murray, H. A.）は，男子大学生を対象に，面接・観察・心理テストなどを実施し，その研究を通して達成，親和，承認，攻撃，支配，服従，顕示など，20を超える人のさまざまな社会的動機のリストを作成した（宮本・奈須, 1995）。社会的動機づけは私たちが生活する社会や文化，そこでの価値観と深く結びついている。そのため，マレーがあげる動機も1つの分類にすぎないともいえる。また，それらの動機の実現のためにどのような行動が取られるかも一定ではなく，そのときの動機づけの強さ自体も，その人が生活する社会や文化の影響を受けると考えられる。上淵（2004）は，達成動機を示す「やる気」を例にあげ，この言葉には言葉としての前向きで積極的な意味と，やる気のあることが社会的に有意義であるという通念を私たちの社会が持っていることを表しているのではないかと指摘している。

　近年は，なぜその行動が取られたのか，行動の原因を次にみるような帰属過程として捉えようとする社会的認知研究が数多くされるようになっており，社会的動機づけもそれらとの関連でとりあげられることが多い。また，この両者の関係を媒介するとされる感情・情動の役割も検討が進んでいる。さらに，自己評価や自己概念が社会的動機づけに及ぼす影響の研究も中心的な話題の1つとなっている（上淵, 2004）。

(2) 達成動機

社会的動機の1つとしての**達成動機**（attainment motive）は,「自分をさらに高め,より完全なものになりたい」という動機であり,また,「他者よりも優れたい」という動機でもある。マレーの達成動機の考え方には,「困難な課題を完成すること,自然や人間,そして思想を操作・支配し組織化すること,これをできるだけ速やかに独力でやること,障害を克服して高い標準に達すること,自己を克服すること,他人と競争して他人をしのぐこと,才能をうまく使って自尊心を高めること」など,実にさまざまな内容が含まれていた。

しかし,この動機による考え方に対し,アトキンソン（Attkinson, J. W.）は,ある方向に行動しようとする傾向の強さは,その行動によって得られる結果に対する期待の強さと,その結果が個人に対して持つ価値の高さによって決められるという考え方を示した。これは**期待×価値理論**とよばれる。この理論では,人が目標を達成しようとする行動は,成功への接近傾向と失敗からの回避傾向の合成によって生じると考えられている。それぞれの傾向は,また,達成動機の強さと成功や失敗の主観的確率,および成功時の満足度・失敗時の不快度によって規定されると考えられている。さらに近年,達成動機とは「有能性を求める動機」であると定義し,人は高い能力を誇示したり,高い能力を身につけるために行動するという考え方が現れた。これはドゥエック（Dweck, C. S.）のモデルが代表的なものであり,**達成目標理論**といわれている（上淵,2005）。

(3) ワイナーの原因帰属理論

私たちは行動を起こした後に,行動を生じさせた原因を探ることが多い。試験の結果を見て,成績が良かったのはなぜか,成績が悪かったのはなぜかと考える。ワイナー（Weiner, B.）は,アトキンソンの期待×価値理論を展開して,期待や価値が結果に対する原因を推測することから生じると考えた。ワイナーは,行動の結果を生じさせた原因が,能力や努力などの個人によるものか,試験の問題の難しさや試験の回答を評価する教員の資質など外的な原因によるものかに基づいて評価されると考えた。原因の所在を帰属という。帰属は原因の所在が内的か外的か,能力などのように統制不能か,努力などのように統制可能か,また安定しているかどうかという3つの次元によって説明される（表

表6-1 ワイナーの原因帰属についての原因の分類

安定性	統制の所在	
	内的	外的
安定	能力	課題の難しさ
不安定	努力	運

6-1)。このようなワイナーの考えを原因帰属理論という。また，統制の所在は感情に影響を与え，安定性は期待に影響を与えていると考えた。私たちが行動結果からどのような原因を求めるかによって，その後に引き起こされる行動が変わってくる。試験の成績が悪かったのは努力しなかったからだと考えれば次回はもっと努力するかもしれない。もし能力がないからと考えれば，次の試験に向けて努力しようとする動機づけは低くなると考えられる（第11章参照のこと）。

(4) 内発的動機づけ

　私たちはクロスワードや迷路ゲームなどのパズルに興じる。コンピュータゲームもその1つかもしれない。ゲームはそこに参加し実行している活動自体が楽しく，そのことが目的となっていることが多い。このような活動自体が目的になる動機を**内発的動機**という。もしパズルを解くことで他者からの賞賛を期待したり，賞金を得るためにパズルやゲームに夢中になっている，他の人よりも早く解決したいという競争心で行っているなどの場合は，内発的な動機というより社会的な動機といえる。漢字パズルや雑学を競うゲームも，社会的動機から参加するともいえるだろうが，ゲームやパズルを解くことで知的な好奇心を満たされることが楽しいという場合もあるのではないだろうか。

　1) 感性動機　　目や耳をふさがれ，直接触覚も得られないように感覚が遮断された状態に置かれた実験室では，人はその場に長時間留まることが苦痛であり，計算問題などの認知的な課題の遂行も難しくなることが報告されている。これは感覚遮断実験とよばれているが，この報告から人は適度な感覚を求めることがわかる。これらは感性動機とよばれる。

　2) 自己決定感　　内発的動機には，知的好奇心に加え，有能さや自己決定

感がかかわっているとされる。有能さは周囲の環境と効果的に相互作用する能力である（上淵, 2004）。この場合, 自分自身の取る行動が環境への効力となって現れることを満たそうとするのが内発的動機であるといえる。また自己決定感とは, 自分自身の行動は自分自身によって決定されているという感覚をいう。他者によってさせられているという感覚や, 社会的評価も含めさまざまな報酬を得るために行動していると感じられるときには, 内発的動機は低くなると考えられる。

3） **外発的動機**　内発的動機に対して外部からの報酬の獲得が目的になる場合を外発的動機ということがある。内発的動機はそこに報酬などの外発性の目的が導入されると低くなるという実験報告がある。これを外発的動機づけによる内発的動機づけへの浸食作用という。

(5) 動機の階層

1） **動機の階層**　これまで見てきた動機づけは生命維持のための生理的動機や安全, 所属, 愛情など他者との関係によって満たされる社会的動機であった。これらは内発的動機づけを除けば, 概ね行動が喚起されて欲求が満たされることで動機づけが低減するものである。マズロー（Maslow, A. H.）は, このような動機を**欠乏動機**とよんだ。欠乏動機に対して, 人にはあらゆる可能性が内在し, 自律的にその可能性を実現し, 本来の自分自身に向かおうとする動機があるとマズローは考え, これを**成長動機**とよんだ。また, 人は自己実現に向かって絶えず成長していくという人間観に立ち, 人間の欲求を低次から高次の順序で分類し, 図6-2のような動機の階層を提唱した（Maslow, 1970）。動機の階層において, ①生理的動機とは, 飢え, 渇き, 排泄, 睡眠, 性などの動機, 緊張, 疲労, 病気などを避けるなどの動機である。②安全・不安回避・攻撃の動機とは, 安心や秩序, また保護されることへの動機や安定を求める動機である。③愛情・所属性の動機とは, 家族・友人などへの愛情や, 自分が所属するグループへの一体感を求める動機である。④威信・自己評価の動機とは, 家族や仲間・グループから尊敬を受け, 自尊心を高めようとする動機であり, そのことによって自己信頼や他人への信頼感を持とうとする動機である。⑤自己実現の動機とは, 自己の能力を十分にのばそうとする動機で, これが成長動機と

```
┌─────────────────────────┐
│      自己実現の動機       │
├─────────────────────────┤
│    威信・自己評価の動機    │
├─────────────────────────┤
│     愛情・所属性の動機     │
├─────────────────────────┤
│  安全・不安回避・攻撃の動機  │
├─────────────────────────┤
│        生理的動機         │
└─────────────────────────┘
```

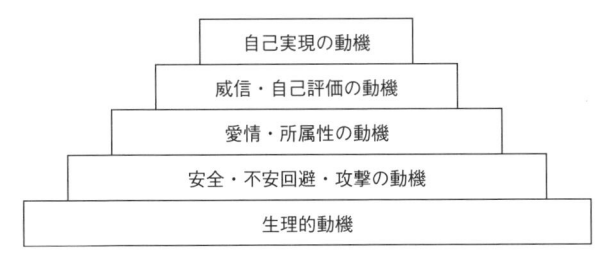

図6-2　マズローの動機の階層

よばれる。

2) **成長動機**　マズローによれば，健康な人間は成長動機によって自己実現に向かうように動機づけられているという。このようにして人は常に現状を打破したり，自分自身の中にある古い価値を転換していこうとする新しい可能性に向き合うことになる。この成長動機はさまざまな欠乏動機がそれぞれ階層順にある程度満たされてはじめて現れると考えられている。自己実現の動機は自己成長や創造活動と関連したもっとも人間らしい動機である。また，マズローは自己実現している人の特徴を次のようにあげている。①現実を的確に捉え，不確かさに耐えることができる。②自己や他人をあるがままに受け入れる。③考えや行動が自然で自由である。④自己中心的であるよりは問題中心的である。⑤ユーモアがある。⑥非常に創造的である。⑦社会的環境によって影響されにくい。⑧人類の幸福に関心を持つ。⑨人生における根本的な諸経験について深い理解を持つことができる。しかし，この自己実現を完全に達成できる人は少なく，むしろ，自己実現を追求する志向性が問題とされている。

(6) 葛藤と欲求不満

1) **葛　　藤**　これまでみてきたように，私たちはさまざまな欲求や動機によって行動を起こしている。動機づけは基本的に目標に向かって行動を起こす機能を持っていた。しかし欲求は同時に複数ある場合もあり，そのことによって目標への行動が決められない状態に陥ることがある。複数の大学に合格してどちらの大学に入学しようと迷う，あるいは嫌な仕事をいくつも与えられ，まずどれをすべきか迷うといったことがあるだろう。友達の所で遊びたいけれ

ど，そのそばに大きな犬がいて近づけないこともあるかもしれない。このように，複数の欲求の強さが同じで，どちらに行動をとるかの選択ができずにいる状態を葛藤という。

2) 葛藤の種類　葛藤には接近－接近型，回避－回避型，接近－回避型の3つの型があるとされる（図6-3）。まず接近－接近型は，どちらの目標にも接近したいという正の誘発性があり，どちらも選べずにいる状態である。たとえば自分の希望するA大学とB大学に合格し，どちらに入学するか決定しようという場合がこれにあたる。この場合，2つの大学を比較して少しでも違いが見つかり一方の目標に近づくことができると，その目標へ接近行動，すなわち大学に入学することになる。次に回避－回避型は，どちらの目標も嫌な避けたい状況のときをいう。試験のため勉強しようとするが，どの科目も嫌であるというとき，一方を回避しようとすると他方の影響を受けて元に戻されてしまう。そのために，両方の目標間を心理的に近づいたり離れたりすることになり，結局どちらの勉強も進まないということが生じる。この場合まったく無関係な行動，たとえば部屋の掃除をするなどして，その場から逃げることもある（逃避という）。接近－回避型は，めざす大学には行きたいと思う反面，行くと嫌だなと思う状況があるような場合を指す。いったん目標へ向かうが，近づくと嫌な避けたい面が表れてそれ以上進めなくなる。この場合には避けたいと思っている負の誘発性を正に変えるようにしたり，迂回路をつくり目標に接近しようとしたりする。

3) 欲求阻止　外発的な欲求は満たされることで解消される。欲求は行

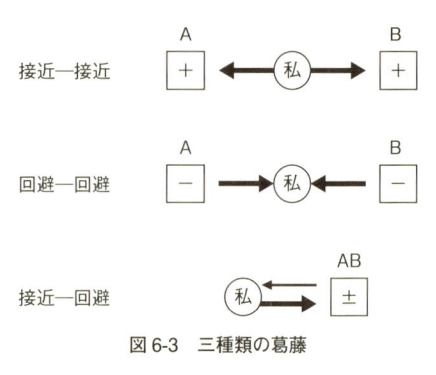

図6-3　三種類の葛藤

動を喚起する。喚起された行動は実行に移され，目標を達成することで完了し，その行動がよい結果をもたらした場合には満足感を覚える。しかし，欲求がありながらそのための行動が邪魔されたり（障害），または，目標がなくなってたどり着くことができないような場合もある（欠乏）。これまでみてきた葛藤の状態も，どちらかの欲求を選択できないために，結果的に欲求が阻止された状態であるといえる（図6-1参照）。これらは**欲求不満**（フラストレーション frustration）を生む。欲求不満とは，欲求の阻止と阻止によって生じる不快な感情状態をいう。欲求不満の状態では，いらいらやもやもやといった表現にみられるような不明瞭な感情状態が引き起こされることが多い。このような欲求不満は，さまざまな欲求不満行動を引き起こす。この行動には不適応と考えられる行動もある。欲求阻止と欲求不満の状況に耐える力を**欲求不満耐性**（frustration tolerance）という。

　私たちは欲求阻止や欲求不満に対処するためにさまざまな行動を取る。典型的な行動として，①迂回して別の方法で目標に到達する（迂回），②障害あるいは無関係な対象や自分自身に攻撃を加える（攻撃），③代わりの目標に到達することで欲求を充足する（代償），④あきらめたり，欲求を下げて低い目標で満足する（退却），⑤不適切な行動をいつまでも繰り返す（固着），⑥目標から逃避する（逃避）などがある（村田, 1987）。

4）適応機制　　また，欲求不満の状況が長く続くと，さまざまな健康上の問題が生じることが知られている。欲求不満状態は心理的に圧力を加えられた状態であり，そのことがストレスを生むことになる。その結果，さまざまな心理的・身体的な不適応の症状を生じ，ときには神経症などの心理的・身体的な病気を引き起こす可能性もある。

　このような危険を自ら回避したり弱めようとして働く，無意識的な適応的メカニズムとして**防衛機制**があると考えられている。防衛機制の代表的なものとして，①不快な事実がありながら，それを認めようとしない（現実逃避），②不都合な願望や考えを外に締め出して忘却したりする（抑圧），③イソップ物語に登場する「すっぱいぶどう」の例のように，本来の欲求から外れたことを理由づけて正当化する（合理化），④願望とは反対の行動をとる（反動形成），⑤他人も同様な願望や考えを持っているように転嫁する（投射），⑥スポーツや

芸術のように社会的，文化的に承認される価値のある好ましい行動に置き換える（昇華），⑦自分の欠点や劣等感を他の優れたことで補う（補償），⑧いわゆる赤ちゃんがえり（退行），などが知られている。この防衛機制には健康な人が取りやすい行動も含まれている。長い欲求不満状態の一時的な回避としてこうした防衛機制が適応的に働く場合にはこれを適応機制という。防衛機制が長期的に働く場合，そのこと自体が心理的・身体的問題を生むと考えられる。

2. 感　　情

(1) 感情の世界

　古い友人から突然の電話があり話が弾むとき，時間の流れの中で会話と共に変化し揺れ動く心を感じることがある。映画を見て，あるいは本を読みながら涙を流していることがある。このようなとき，私たちは心の中の感情に気づき，また，心を感じ取るのかもしれない。心理学とは人の「心」を扱う学問であり，この心とは感情である。そのように思っている人も多いかもしれない。それは人の生活は感情の流れとともにあること，感情がきわめて個人的な主観的体験であり，心が動かされる経験であるため，感情を体験することで自分の「心」に気づくということがあるからかもしれない。また，人への好意，愛情，嫌悪など，多くの感情が人との関係で経験される。人と人との関係の中で生きている日常生活を考えると，感情は心の働きの中心にあるといってよいかもしれない。逆にそのことから，感情の定義，あるいは感情の研究は非常に難しくまた扱われる問題も多岐にわたっているといわれる。

　感情は快・不快を基本として比較的穏やかで揺れ動く性質を帯びているが，情動，情，情緒，など類似の用語とともに，英語との対応もさまざまである。日本感情心理学会では，感情に emotion という英語を当てはめているが，そのほか，feeling, affect といった英語を用いることもある。また，感情の中でもその程度が比較的強く，また急激で一時的な激しい身体表出，身振り，姿勢，顔面表情などの生理的変化を伴うときに情動とよび，この情動に emotion を当てはめることも多い。また，何に対してという対象が明瞭でない，比較的弱く持続的な状態を気分（mood）ということもある。現在も，情動と感情は研究者

によって使い方が異なり，それに対応する英語も異なっているといえる。本書では総称として感情（feeling または affect）を使い，生理的反応が突出するような感情状態を表すときに情動（emotion）と考えておく。

(2) 感情の分類

日常生活では感情はごく当たり前の経験であるが，感情の種類や分類は，感情をどのように考えるかによって異なり，またその分類はきわめて難しいといわれる。その中で感情の先駆的研究としてあげられるのは，ダーウィン（Darwin, C. R.）の人と動物の表情についての著作物である。ダーウィンは，感情とは進化の長い淘汰の産物であるとした。そのことから，系統発生的に連続した，感情に固有の身体的・生理的反応を持つと考えた。次のプルチック（Plutick, 1981）の基本的感情の考え方やエクマン（Ekman, P.）の表情研究は，こうした進化論的な立場の流れをうけたものといえる。

1) **プルチックの基本的感情**　ここでは，プルチックの考えに沿って，感情の分類についてみておく。プルチックによれば，人には8つの基本的行動パターンとそれに伴う基本的感情がある（表6-2）。プルチックは，それは進化における生物的な適応から生じていると考え，この考えを心理進化説とよんだ。基本的行動パターンはそれぞれ固有の機能を持っている。危険から身を守るために逃避するとき，生じている感情は恐れである。危険に対して攻撃をして破壊することによって危険を避けることもある。このときの感情は怒りである。このように，これらの基本的感情は2つずつが対になって両極を形成する円環状に表現される。中心に近づくにつれて恐れとも怒りともつかない葛藤状態（C）を生じる。また類似の感情は隣接して混合感情を生じると考えた（図6-4）。さらに，それらを感情の強さから表現したものが図6-5である。

2) **表情による感情分類**　シュロスバーグ（Schlosberg, H.）は，演劇俳優にさまざまな感情を表す顔面表情をつくってもらい，その72枚の写真の分類をもとに，感情の分類を行った。想定された感情は愛情・幸福，驚き，恐怖，怒り，嫌悪，軽蔑の6種類であった。その結果，表情分類には一定の誤りがあり，誤りの生じる表情を隣接させるように分類した結果，6つの感情は円環状に配置された。そこから提案された感情の基本次元は，図6-6のように，快-不快

表 6-2　プルチックの基本的行動と基本感情 (プルチック, 1981 を参考に作成)

感情語	行動	機能
恐れ・恐怖	逃避	保護
怒り・激怒	攻撃	破壊
喜び・恍惚	番(つが)う	生殖
悲しみ・悲嘆	泣く・助けを求める	再統合・救援
受容・信頼	世話をする	親和
嫌悪・嫌忌	排除	拒絶
期待・警戒	調べる	探索
驚き・驚愕	留まる	定位

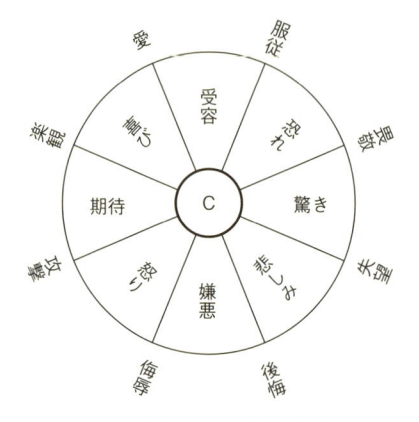

図 6-4　プルチックの感情モデル
(プルチック, 1981)

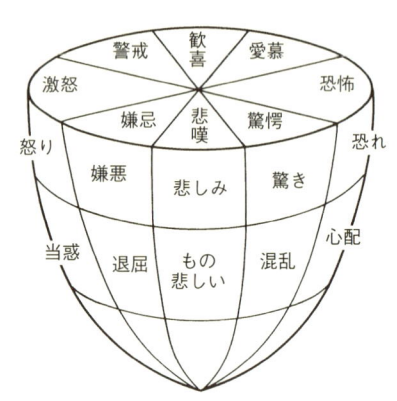

図 6-5　プルチックの基本感情
(プルチック, 1981)

(P−U), 注目−拒否 (A−R), 覚醒水準であった. 感情の次元としての, 快−不快次元, 覚醒水準の次元については, 多くの研究者間で一致しているといわれている.

3) エクマンの表情研究　一方, エクマン (Ekman, P.) の比較文化的研究では, 表情による感情分類が, 人にとって普遍的なものであるかどうかが問われた. エクマンは喜び, 驚き, 恐れ, 悲しみ, 怒り, 嫌悪という 6 つの基本感情を仮定した. また基本感情には感情に特有の表情が存在すると考え, 訓練を

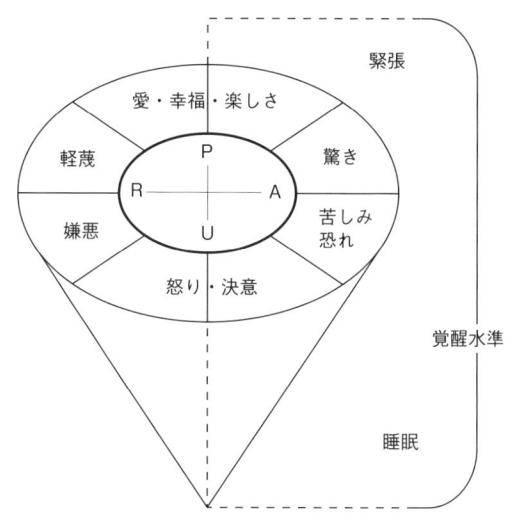

図6-6 シュロスバーグの表情による感情分類 (Schlosberg, 1954 を参考に作成)

受けた人の表情写真を用いて，強制選択法によって感情分類を行ってもらっている。その結果，文化圏の異なる多くの地域で共通した表情の読み取りが可能であることを示した。エクマンによれば，典型的には，①喜びの表情は，口角を後方斜め上に引き上げる動作と頬を持ち上げる動作によってできあがる，②驚きの表情は，眉全体をあげる動作と目・口をそれぞれ大きく開ける動作からなる，③恐れの表情は，眉間を寄せつつも眉全体を持ち上げる動作である，④悲しみの表情は頬を持ち上げる動作と口角部分を押し下げる動作の複合である，⑤怒りの表情は，眉を引き寄せる動作，目を開く動作，上下のまぶたを硬くする動作，下唇を押し上げる動作からなる複合動作である，⑥嫌悪の表情は，鼻背にしわを作る動作と下唇を押し上げる動作の複合パターンである，とされている（山田，2007）。

(3) 感情の理論

　私たちの感情はなぜ生じるのだろうか？　動機づけ過程からは，欲求や動機が満たされたり充足しなかった場合に，それぞれ満足感や快，不満足感や不快感が生じることがわかる。そのとき，行動の結果を評価して感情が生じている

のか，欲求や動機が満たされることで生理的な充足が起き（または充足しない状態が続き），その結果を感情として評価しているのだろうか？

前項「感情の分類」でみた基本感情の考え方や表情による感情の分類の考え方も，基本的には，感情をどのように捉えるかというかいくつかの理論的流れを背景にしたものである。濱ら（2001）によると，現代の感情理論としては，①進化論的立場，②生理心理学的立場，③神経学的立場，④認知的立場，⑤力動的立場，をあげることができる。プルチックやエクマンの感情分類の基本は①の進化論的な立場の流れを受けたものであった。以下ではその他の理論と関連することがらについて簡単にみておく。

1) **感情の生理心理学説**　ダーウィンの後，感情の起源について，「泣くから悲しい」と考えたジェームズ・ランゲ説が登場した。ジェームズに遅れて同様の考えを示したランゲと合わせてジェームズ・ランゲ説という。この説では，何かの刺激に対して泣くという末梢での身体的・生理的反応が起き，その生理的反応に対して主観的情動経験としての情動が生じると考えた。そのため，末梢起源説ともいわれる。情動経験の過程については，①情動を喚起する刺激状況の知覚が生じ，その結果，②表情や姿勢，心拍数や血圧のような末梢における身体的・生理的変化が生じる。さらに，③この変化が中枢へとフィードバックされ，はじめて情動経験が生じると考える。このジェームズ・ランゲ説はその後，キャノン（Cannon, W. B.）によって強い批判を受けた。キャノンは，①情動が生じるには内臓器官の反応は緩い，②内臓を中枢神経から切り離しても情動は生じる，③人工的に内臓に変化を生じさせても情動が発生しない，といった反証を行った。

2) **神経学説**　キャノンは同様の考えで実験的検証を行ったバードと共に，図6-7右のような視床を中心とした感情の起源を説明した（濱ら，2001）。キャノン・バード説では，情動を引き起こす刺激が感覚器から視床を経由して大脳皮質に達し，そこで選択された刺激の情報が視床へ戻り，視床を興奮させる。この興奮が再び皮質に伝えられ，恐れなどの情動を体験させ，同時に，内臓にも信号を出して心臓の鼓動の高まりなどの生理的反応を引き起こすという過程を考える。情動体験における中枢の機能を重視するため中枢起源説とよばれることもある。このような大脳の働きについては，その後，大脳辺縁系を構成す

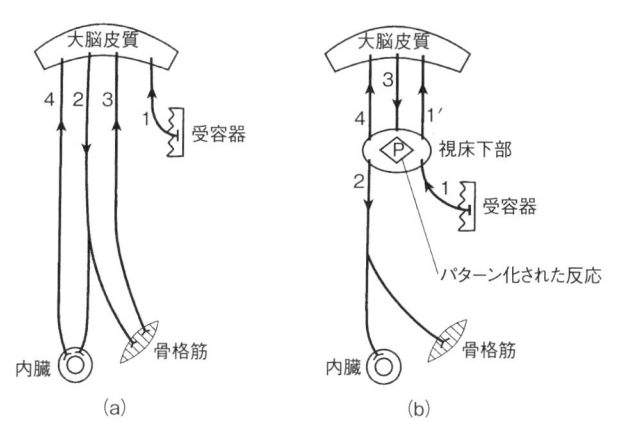

図6-7 ジェームズ・ランゲ説(a)とキャノン・バード説(b)
(Cannon, 1931; 濱ら, 2001 より)

る脳部位によって閉鎖回路が作られ（海馬→脳弓→乳頭体→視床前核→帯状回→海馬），それらが感情の働きを規定しているというパペッツ（Papez, J. W.）の情動回路の考え方や，近年では，ルドゥー（LeDoux, J. E.）などの脳モデル研究へと発展してきている。

3）情動の二要因理論　シャクターとシンガー（Schacter & Singer, 1962）は，情動経験は，①自律神経系の活性化と，②環境内の手がかりによるその解釈，の2つの要因から成立するという考え方を示した。これを情動の二要因理論という。情動経験は生理的反応に対してそれがなぜ生じたのか認知的評価をすることで情動の帰属が行われるという考え方である。たとえば異性に出会って生理的喚起が高まった場合，喚起の原因はその異性であると当人が解釈することによって，はじめてその異性に魅力ないし愛情を感じることになるという。つり橋実験といわれる研究（Dutton & Aron, 1974）では，峡谷にかかるつり橋を渡る男性実験参加者に対し，女性の実験者がつり橋の上で実験調査への参加協力を求めた。峡谷のつり橋はかなり高い位置にあり，情動を喚起すると考えられた。もう一方の条件ではその上流にある安定した木橋の上で同様の調査依頼が行われた。調査後，それぞれの参加者に対し，もし調査の結果を知りたい場合には連絡してくれるようにと伝え，連絡先を教えた。その結果，後日電話連絡をしてきた実験参加者は，つり橋の上で調査に協力した者の方が安定した

橋での者より多かったのである。この結果は、つり橋でどきどきしている感情状態にあるとき、この感情がつり橋によるものと考えずに、女性実験者によって引き起こされたと評価したことによるものと解釈された。

4) 顔面フィードバック効果 これらのことと関連して、顔面フィードバック効果といわれる現象がある。これは、マンガを読むときに一方の実験参加者にはペンを歯で加えて笑い顔を作った状態で、別の実験参加者にはペンを口でくわえて笑えない状態で参加してもらったところ、笑い顔を作った実験参加者のほうがマンガを面白いと評価したというものである（Strack et al., 1988）。これは「笑う」（表情による身体的反応）から「面白い」（感情評価）というように、表情が感情状態を変えうることを示したものと考えられている（山田, 2007）。

5) 認知的評価理論 アーノルド（Arnold, M. B.）はシャクターの認知的評価を取り入れた情動の二要因理論の影響を受け、感情の出現に先行する事態評価が重要であることを指摘した。またラザラス（Lazarus, R. S.）は、評価が人が健康的に生きていく可能性に関する一次評価と、対処可能性に関する二次評価に分けて考えられるとした。これらは、感情が感覚刺激によって直接に喚起されるものではなく、刺激事態の評価という認知過程を経て出現するという考え方を示しており、認知的評価理論といわれる。

6) 感情か認知か 感情が生じるためには感情が生じる事態についての認知や評価が先になされるべきだろうか？ ラザラスの感情理論では、認知的な評価が先にあり、その後、感情が生じると考える。しかし、ザイアンス（Zajonc, R. B.）は、刺激の瞬間呈示を反復すると、刺激が何であるか認めることができず（同定不可）、後の再認テストでも成績の向上がみられないにもかかわらず、刺激への好意度が増すことを示し、感情と認知は独立していると主張した。これはザイアンスの単純反復接触効果とよばれている。この効果は現在では、知覚的流暢性によるものではないかと考えられている。知覚的流暢性とは、刺激の反復呈示によって刺激処理がなめらかになり、その結果、刺激への親和性が高まり、好意度につながっているという考え方である（高橋, 2002）。また、ラザラスとザイアンス両者の考え方は認知の捉え方が異なっているだけで、必ずしも対立的ではないという指摘もある。

7) 力動的な考え方 フロイト（Freud, S.）は、自己の存在を脅かす不快

な，容認しがたい経験は意識から追いやるという，いわゆる抑圧によって記憶の忘却を説明した（第1章 p.7）。この説では，不快な経験は想起時の感情状態にかかわらず思い出されにくいことになる。しかし，実際には，不快な経験が一貫して快な経験よりも思い出されにくいということはなく，想起時の気分に依存するとされる。

(4) 感情と認知

1) 感情と知覚　犯罪や事件などのできごとに遭遇した場合，当事者となると同時にその状況の目撃者になる。事件の大小を問わず，ほとんどの人にとって事件を目撃することは，驚きや恐怖などの情動が喚起される経験である。情動の高まった状態では，目撃された情景の中心情報と周辺情報への注意が異なっていることが指摘されている。このことと関連した現象に凶器注目効果がある。これは，目撃者が武器をもった犯人を何らかの状況で目撃した場合，目撃者はその犯人の顔よりも凶器の方に注目してしまい，そのために犯人の顔を見ていないまたは覚えていない現象をいう。ロフタスらの研究では，一方の条件では，店のレジで凶器（銃）を向けている場面，別の条件では，レジで小切手を差し出している客がいる場面をそれぞれスライドで呈示し，そのときの眼球運動を測定した。つまり場面は同じで，銃と小切手だけが異なっていた。その結果，銃が小切手よりも凝視され，凝視の時間も長いことがわかった。またその後の記憶成績は，凶器（銃）の刺激呈示条件で悪く，凶器への注目がその他の重要なことがらへの注意や符号化を妨げたと考えられている。その後の多くの研究でもこの凶器注目効果が見出されている（渡部, 2001）。

2) 感情と記憶　第3章では，記銘時と想起時の気分が一致していれば，一致していない場合よりも想起の成績がよいという**気分状態依存効果**を紹介した。これは，できごとが感情を喚起する事態であるかどうかにかかわりがなかった。それに対して，人はそのときの気分と一致した出来事を記憶したり思い出しやすいことが知られており，これを**気分一致効果**（mood-congruent effect）とよんでいる。私たちが経験する不快なできごとは，そのときの状況や喚起された不快な気分と結びつけられ符号化される。その結果，後に経験する似たようなできごとは不快ノードを活性化させ，さらにこのノードと結びついた，過去の

苦い経験，嫌な不快な体験を活性化させることになると考えられている。これは，意味ネットワークモデル（第3章 p.61）を展開した感情ネットワークモデルとして説明できる（Bower, 1981）。

このような気分一致効果は，ポジティブ・ネガティブ気分のいずれでも生じる。しかし，ポジティブ気分では比較的頑健に気分一致効果がみられるが，ネガティブ気分では安定したものではないという報告が多い。ポジティブ時とネガティブ時で効果の現れ方が非対称であるということであり，これを PNA（positive-negative-asymmetry）現象という。PNA 現象が生じる理由の1つとして，ネガティブ時には気分を改善しようとする傾向が強まるからではないかという指摘がある。

3）**感情混入モデル**　近年，さまざまな状況をどのように判断しようとするのか，その情報処理の方略に着目して感情との関係を捉えようとした研究がみられている（Forgas, 1995）。この考えは，感情混入モデル（Affect Infusion Model）とよばれている。フォーガスは状況を判断したり反応したりするときの方略を，直接アクセス型，動機充足型，ヒューリスティック型，実質型という4種類に分類した。直接アクセス型処理とは与えられた状況などについて詳しく知っていて，自分の持っている情報に直接アクセスして反応することをいう。動機充足型とは自分の動機を満たす方向で反応することをいう。これらは感情が判断に影響を与えることが少ないといわれる。ヒューリスティック型とは利用可能な情報から一部の情報だけに注目して反応してしまうことをいう。また，実質型とは与えられた刺激情報を丁寧に細かく調べたり，自分の知識を確認しながら反応することをいう。これらにおいては感情が影響を与えやすいことが知られている。ポジティブな気分のときには，環境から入ってくる刺激に対して，これまでの経験に基づいたヒューリスティックな対応をしやすいが，ネガティブな気分のときには，刺激に対して慎重な分析を試みようとするため，実質的な対応をする傾向があるとされている。

(5) 対人感情

私たちの生活の中で，人間関係ほどさまざまな感情を引き起こすものはない。好意，嫉妬，同情，信頼など，さまざまな社会的感情がある。ここでは人への

好悪の感情に関して簡単にみておこう。

1）対人魅力　人が他者に対して抱く好意や嫌悪のことを**対人魅力**という。他者に対して抱く好意・嫌悪は感情であり，それはその人への態度となって現れる。また，態度は行動となる。人がある人を好きになる過程では，報酬と結びついた他者は好かれ，罰と結びついた他者は嫌われるという強化の考えかたがある。新しい環境で友人をつくっていくとき，まずは物理的距離が近い人やよく会う人との関係がきずかれる傾向がある。そのほか，よく似た態度や考え方をする人には好意を感じやすいというバーン（Byrne, D.）の研究や，身体的魅力の程度が釣り合っている他者に好意をいだきやすいというマッチングの原理に関するマースティン（Murstein, B. I.）の研究，他者からの好意や敬意を受けることによって対人魅力が高まるという好意の互恵性などが知られている（斎藤，1987）。また，実際に継続中の恋愛や配偶者などの親密関係の研究から，愛情と好意は別次元だと主張し，愛情と好意に関する質問紙を作成したルビン（Rubin, Z.）の研究（表6-3参照）やシュテルンバーグ（Sternberg, R. J.）の愛の研究などがみられる。

2）ハイダーのバランス理論　バランス理論はハイダー（Heider, F.）が対人関係の原理の1つとして提唱した理論である（図6-8）。自己Pと他者Oと事物Xの関係を説明することから，P-O-X理論ともいう。この理論では，人はバランス状態を好む傾向があり，それが崩れた状態のときには不快な緊張状態

表6-3　ルビンの恋愛・好意尺度例（日本語版，藤原ら，1983より）

恋愛尺度	好意尺度
1. もし○さんが元気がなさそうだったら，私は真先に励ましてあげたい。	1. 私は○さんと一緒にいる時，ほとんどいつも同じ気分になる。
2. すべての事柄について，私は○さんを信頼できるという気がする。	2. ○さんはとても適応力のある人だと思う。
3. ○さんに欠点があってもそれを気にしないでいられる。	3. ○さんは責任ある仕事に推薦できる人物だと思う。
4. ○さんのためなら，ほとんど何でもしてあげるつもりだ。	4. 私は○さんをとてもよくできた人だと思う。
5. ○さんをひとり占めしたいとおもう。	5. ○さんの判断の良さには全面の信頼をおいている。

恋愛は親和・依存，幸福への援助，排他性・熱中，好意は尊敬，類似性，好意的評価の要素から成る。

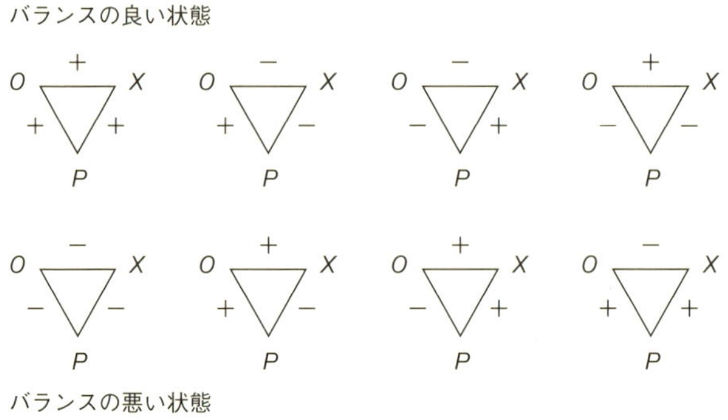

バランスの良い状態

図6-8 ハイダーのバランス理論 (Heider, 1958 より)

に陥り，バランスを形成するような力が働くと考える。バランスは，P と O と X の 3 者の関係が良いか悪いか（正，負の符号）によって表される。ハイダーによれば，3 つの関係がすべて正，または，2 つが負で 1 つが正の場合がバランスの良い状態を表す。もし 3 者関係がバランスが悪い状態である場合には，3 つの関係のなかのどれか 1 つの関係の符号が変化することで解消される。たとえば，お互いに好意を持っている P と O がある対象 X（たとえばあるジャンルの音楽）を P は好き，O は嫌いと思っている場合にはバランスの悪い状態を生じる。この解決には，どちらかがその音楽を好きになるか嫌いになること，あるいは，P と O が互いに嫌いになることによって解決される（濱ら，2001）。バランスの悪い状態にあっても，P と O が互いに決して接触しない状況にあれば，P も O も X に対して好意を持たず接触する機会もないときには，あまり問題にならないということもある。

参考図書

濱　治世・鈴木直人・濱　保久（2001）感情心理学への招待　サイエンス社
鈴木直人（編）（2007）朝倉心理学講座 10　感情心理学　朝倉書店
高橋雅延・谷口高士（編）（2002）　感情と心理学　北大路書房
上淵　寿（編著）（2004）動機づけ研究の最前線　北大路書房

コラム6　ポジティブ感情と認知機能

　近年，「ポジティブ心理学」とよばれる研究領域が注目されている（島井，2006）。このうち，ポジティブ感情と認知的機能の関連性を扱った研究では，ポジティブ感情状態の人はネガティブ感情や中性的な感情状態の人とは異なった認知や情報処理の特徴を持つことが指摘されている（Isen & Daubman, 1984 など）。その１つが，「特定のものに固執せず，柔軟に切り換え可能な，あるいは，複数のことがらにアクセス可能な」認知的柔軟性であり，この認知的柔軟性はポジティブな感情のもとでは高まると考えられている（Ashby et al., 1999）。

　ドライスバッハとゴシュケ（Dreisbach & Goschke, 2004）は，認知的コントロールにおいては，認知的セットの維持と切り換えのバランスが重要であり，そのバランスの調整にはポジティブ感情が大きく関係していることを示した。田中（2008）は彼らと同様にスイッチング課題を用いて，ポジティブな気分が切り換えに与える影響を検討した。スイッチング課題とは，作業の途中で目標を切り替える課題として代表的なものである。

　心理学実験において，感情状態を操作する方法はさまざまあるが（高橋・谷口，2002），気分誘導もその１つである。田中（2008）では，絵本を読ませる誘導方法を用いた。実験では，あらかじめポジティブな気分を引き起こすことが認められたいくつかの絵本を用意し，スイッチング課題に先立って読んでもらった。「絵本を読む」という気分誘導方法は「穏やかな」「緩やか

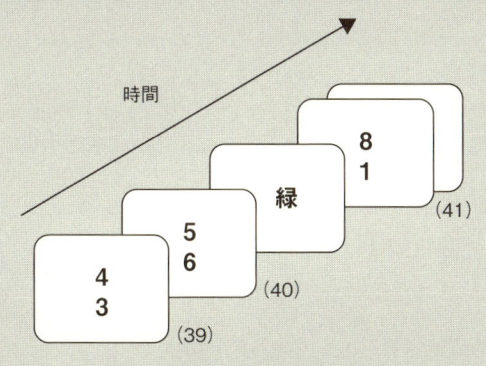

図１　刺激呈示の例（39-41試行）
実際の画面では，(39)の４は赤，３は青，(40)の５は青，６は赤，切り替え試行の緑は緑，(41)の８は緑，１は赤，で呈示されている。カラーの図はカバーの折り返し部分参照。

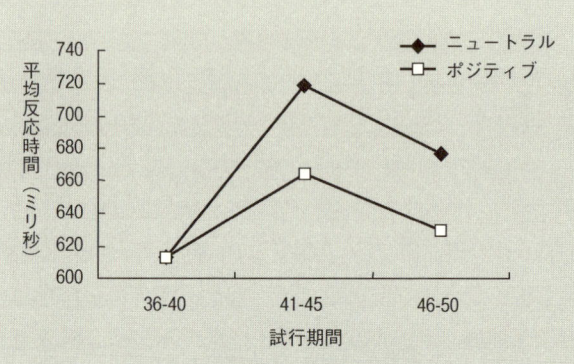

図2 試行期間ごとの平均反応時間

な」いい気分を誘導することが期待できる意識的な感情の操作である。気分の確認のため，感情を扱った研究で用いられることの多い，寺崎ら（1991）の多面的感情状態尺度・短縮版から20項目を選んで質問紙を作成し，評定してもらった（第1章 p.16 参照）。

　用いた課題はディストラクター刺激を無視しながらターゲット刺激に反応し，途中でターゲットが変わるというスイッチング課題だった。図1に実験の流れを示した。1試行から40試行までは，2つ上下に呈示される色のついた数字の一方（たとえば赤色の数字）が偶数か奇数かを判断してキー押しをする。図1の例では，偶数と答える。切り替え試行の直前，切り替えの合図と切り替え後に判断すべき色の指定がされる。図1の例では，切り替え後は緑色刺激に反応することになる。つまり，41試行以後は，今まで呈示されていない新しい色（たとえば緑色）の数字への判断が求められ，これまで注意してきた赤色数字は無視しなければならなくなる。

　実験の結果，気分を誘導されたポジティブ群は気分を誘導されなかったニュートラル群に比べて，切り替え後の反応時間の遅延が少なかった。また，この反応時間の傾向はその後の数試行も持続していることがわかった（図2）。ポジティブ感情にはこの実験にみられるような穏やかな良い気分といったものから，幸福感などのように喚起性の高い感情もある。また，気分評定のように自覚的に感情をモニターできる状態と生理的な喚起による無意識的な感情状態もあるだろう。これらが同じように認知機能に影響するかどうかは今後の検討課題である。

松川順子

心理学の展開と発展　第Ⅱ部

第7章 脳の働きから心をみる―神経心理学

小島治幸

　脳神経の形作る構造やそれらの機能を調べることによって心的活動の仕組みを探ろうとする学問分野が神経心理学である。従来，神経心理学分野では，脳の損傷や神経系の機能障害などを手がかりにして脳神経系の機能を明らかにしようとしてきた。今日では電気生理学や脳機能画像技術の発達とともに，神経心理学のアプローチも様変わりしてきた。本章では，歴史的に重要な神経心理学的症例や，脳科学における代表的な研究を紹介しながら脳神経機構と心理機構の概要を解説する。

1. 神経と脳

　神経細胞（ニューロン）は細胞体から多方向に伸びる樹状突起と1本の長い軸索から成り立っている。ニューロン内部は通常，細胞の外に比べて−70mV程度の負の電位が保たれている（静止電位）。しかし，イオンチャンネルとよばれる関門をとおして幾つかの種類のイオンを細胞内に取り込むことによって，細胞内の電位を変化させることができる。特に，樹状突起に接する他のニューロンから刺激があると細胞内に一気にプラスイオンが取り込まれて細胞内電位が上がり（脱分極），その電位変化が一気に軸索の終末まで伝えられて，電気信号を隣接するニューロンへ伝える。この一過性の電気的変化を神経発火（スパイク，インパルス）という。

　軸索終末は隣接する他のニューロンの樹状突起に「接続」している。この接続点のことをシナプスとよぶが，厳密にはニューロン間は接しておらず，アセチルコリンなどの化学物質によって媒介されている。それら神経伝達物質が隣接するニューロンに取り込まれるとそれが刺激となり，今度はそのニューロンが電位を変化させる。このように，ニューロンは次々と信号を伝達していく（図7-1）。

　神経細胞は元来，細胞体の周囲の変化に単純に反応するだけの反応体であっ

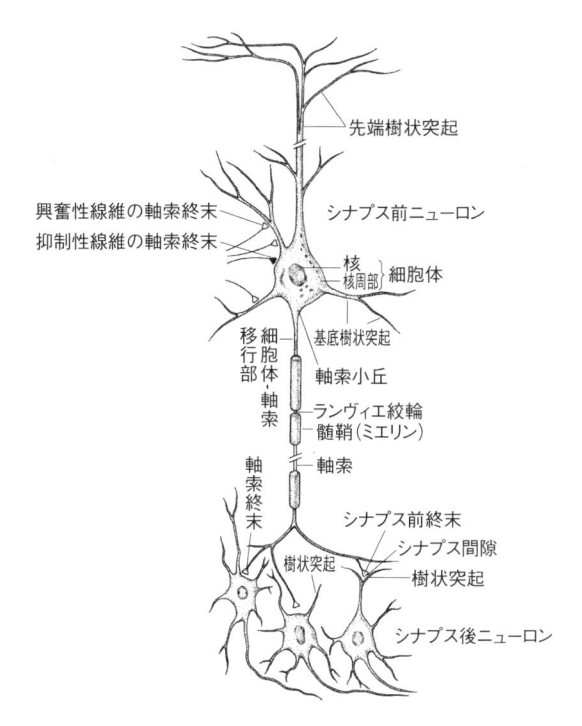

図7-1 神経細胞（ニューロン）の概念図（八木, 2006 に基づく）

たのだろう。それが多細胞化し「身体」を持つと，外部環境に反応して行動するための感覚器と運動器との間の連絡役として機能し始めたと考えられる。そして生物がさらに複雑な身体を持つように進化すると，そのような身体を環境に対処適応して効率よく制御することができるように神経細胞を集中化させ，中枢神経系すなわち脳を発達させてきたと考えられる。このため，脊椎動物の脳神経系は何億，何百億個もの神経細胞を組織化し，ヒトの脳に至っては何千億もの神経細胞が集結した組織となっている。

　生物が環境適応するためには，外部刺激（環境）を感じて知覚するシステムと，知覚した外界に対応して，それが自分にとって有用であればそちらへ向かう，それが身に危険を及ぼす可能性があるなら逃げるといった反応を行うシステムが必要である。このために，ヒトの場合，感覚知覚システムとして原始的な体性感覚から味覚・嗅覚，さらに聴覚，視覚などの感覚野の機能を向上させ

136　第Ⅱ部　心理学の展開と発展

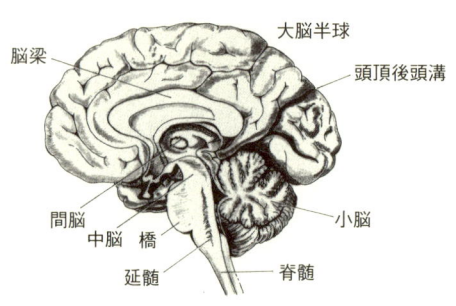

図 7-2　脳断面図（小林ら，1997 に基づく）

てきたのみならず，それらを統合して知覚するための感覚連合機能を発達させてきた。一方，反応システムは体の維持にかかわる体の反応・反射的動き（暑いと汗をかいて体温を下げる。熱い物に触ると反射的に手を引っ込めるなど）だけでなく四肢を協調させた運動やさまざまな技能，口喉による発話といった機能や複雑な行動プログラムを可能にする能力を発達させてきた。

　解剖学的に，脊椎動物における中枢神経は脊髄と脳に分けることができる。脊髄は身体各部を制御する体性神経と内臓機能を調節する自律神経を持ち，脳はヒトの場合，脳幹（延髄，橋，中脳，間脳），小脳，大脳から成り立っている（図7-2）。このうち，大脳はほぼ左右対称な2つの半球からなり，中央は脳梁とよばれる太い神経線維でつながっている。大脳の表面（大脳皮質）には多くの「溝」とふくらみ（「回」）がある。それぞれの半球を横から見ると，皮質表面中央部分を上下にとおって皮質を前後に分ける中心溝という溝があり，それより前部を前頭葉，その後部は頭頂葉とよばれる。また，前方下部から側面後方に伸びる外側溝の下方を側頭葉，頭頂葉の後方に中心溝とほぼ並行に走る頭頂後頭溝よりも後部を後頭葉とよんでいる。今日では，これら脳の各領域においてその機能が異なっていることが知られている。以下では大脳皮質の主な特徴と機能について概観する。

2. 大脳皮質の機能局在

　19世紀初頭までは脳という臓器がどのような機能を持っているのかほとんど理解されていなかった。しかし，脳損傷患者の症例などから脳の各部がそれ

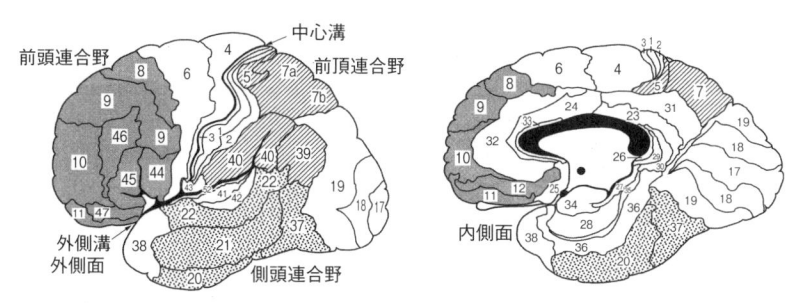

図 7-3　ブロードマンの脳地図における脳領野(BA)番号と大脳皮質連合野区分 (八木, 2006 に基づく)

それに特殊な機能を持っていることが明らかになるにつれて，各部位の同定指標が必要となった．そのような中でブロードマン（Brodmann, K.）は1906年大脳皮質における神経細胞の構造の違いから大脳皮質を領域区分して地図的に表した．今日においても，脳部位を示すためにこの脳地図が使われることが多い（Brodmann Area（BA）で表す（図 7-3））．

(1) 言語野——ブローカ野とウェルニッケ野

19世紀半ば，フランスの外科医ブローカ（Broca, P. P.）は，生前，他人の話は理解できるのに自分がしゃべろうとすると「tan,tan」としか話すことができない患者（通称タン）の症例において，その死後剖検の結果，左側頭部（ブローカ野：BA44,45）に大きな損傷が認められたことを報告した．

一方ドイツの医師ウェルニッケ（Wernicke, C.）は，ブローカが報告した症例とは逆に，他人の言うことや他人からの指示を理解できず，発語発話は滞りないのに，意味不明の語彙が混じったり不可解な文章となる（ジャーゴン jargonとよばれる）患者が存在すること，そのような症例では損傷部位が左側頭回後部であることを報告した（ウェルニッケ野：BA22）．

これら2つのタイプの障害の他にも，言語障害はさまざまな形をとって現れる．言語使用を著しく損なう言語障害を失語あるいは失語症とよぶが，その症状は，大脳皮質のどの領域に損傷を受けるかによって，構音障害，音調（プロソディ）障害，文法障害，不適当な語や音が発せられる錯語，語彙理解の障害などさまざまである．しかし，大部分は左側頭葉の損傷によって生じる．ウェルニッケは失語の症例を，運動性失語（話すことができない），感覚性失語（言

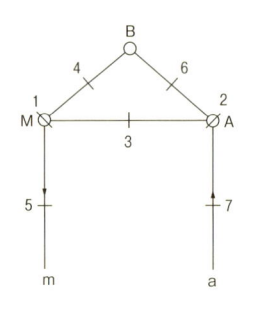

図7-4 ウェルニッケ・リヒトハイム図式
a：聴覚末梢器官，A：聴覚心像，B：概念中枢，M：運動心像，m：運動末梢器官．
損傷部位による障害のモデル
1：ブローカ（運動性）失語，2：ウェルニッケ（感覚性）失語，3：伝導失語，4：超皮質性運動失語，5：純粋語唖，6：超皮質性感覚失語，7：純粋語聾

葉が聞き取れない，理解できない），伝導失語（聞いたことがらが復唱できない），そしてそれらが合併した全失語といった類型に分け，失語症を図式化した．その後，リヒトハイム（Lichtheim, L.）はその図式を拡張し，概念中枢と関連した言語障害をも説明する図式を発表した．この図式はウェルニッケ・リヒトハイムの図式として知られている（図7-4）．

　言語機能障害の例から，脳は領域・領野によって機能が異なっていることがわかってきた．一般に，大脳皮質は左右ほぼ対称形の半球に分かれており，感覚機能および体性運動機能に関しては，それぞれの反対側半球が支配しているものの，左右半球は同等の機能を持っているといえる．しかし，言語機能については，上記のように左側頭部が重要な役割を果たしていること，さらに左側頭部でも前部と後部によって言語機能の役割が異なっていることが明らかにされたのである．ただ，言語機能は右利きのヒトの場合は左脳に「局在」することがほとんどだが，左利きの人などには右脳の方が優位に活動する人や，両側の部位が活動する人がいることも知られている．そして，一般に，右利きでかつ左脳に言語野のある人が多く，それは左脳による機能が発達していることを意味することから，左半球は優位半球，右半球は劣位半球とよばれることがある．また，言語機能のように左右のどちらかの脳に機能が局在している現象を「側性化」という．

　それでは右側側頭葉は何をしているのかというと，今日一般には，空間的処

理や音楽や芸術の理解，全体的総合的処理を行っていると考えられている。その根拠として半側空間無視とよばれる症状がある。これはたとえば，左側空間の対象に気づかず，左側の壁にぶつかったり左側に置かれた食べ物に手をつけないなど半体側（多くは左半側）の空間や身体に注意を向けることが困難になる障害である。本人には自覚のないことも多く，日常生活場面で家族によって気づかれる場合が多い。このような空間認知障害は右半球頭頂葉を中心とする広範囲な損傷によってよく起こる。左半球頭頂葉の損傷によって右半側空間無視が生じることもあるが，その頻度はきわめて低く，症状も軽い場合が多いようである。

(2) 左右半球

　感覚運動野の左右交差支配の例としてまず視覚の例をあげよう。私たちが見ている世界つまり視覚像は眼球背面の網膜に投影され，その光景が視細胞によって神経伝達可能な電気的信号へと変換される。この視野像は眼球レンズによって光学的に上下左右反転して投影されるため，右視野の光景は左側網膜に，左視野像は右側に（上下逆転して）投影される。そして左側網膜から伸びる視覚神経は左後頭葉へ，右側網膜からの視覚神経は右後頭葉へ投射していることが知られている。つまり，右視野像は左脳へ，左視野像は右脳へと外部空間情報は反対側の脳に伝達されていることになる。また，左右の耳からの伝導経路も基本的に，左耳からの情報を伝える神経は右脳へ，右耳からの神経は左脳へ伝わっている。触感覚についても同様で，左手や左足，左体側の感覚は右側の体性感覚野へ伝えられ，右手，右足，右体側の感覚は左脳の体性感覚野へ伝えられる。

　また，運動野についても同様の関係があり，左手や左足を動かす場合には右脳の運動野が活動し，右手右足の動きは左脳が制御していることが知られている。このため，脳卒中などで大脳半球の片側，特に運動機能を司る領域に損傷を受けると，その反対側の手足の動きが不自由になる。

　てんかん患者の中には片側半球での発作がもう一方の半球に及んで脳全体の損傷を悪化させるケースがある。そのような場合に脳梁切断という方法がとられることがある。スペリー（Sperry, 1968, 1974）は，てんかん発作が脳全体へ

波及することを防ぐために脳梁を切断した患者にある実験を行った。それは以下のようなものであった。患者はスクリーンを張った机の前に座り，机の上に置かれたはさみやコップなど，いろいろな物に自由に触れることができた（しかし両手はスクリーンで遮られて見ることができない）。患者は目の前に張られたスクリーンの中央を見るように求められた。そしてそのスクリーンの左側（左視野）あるいは右側（右視野）に物体の単語（「cup」「key」など）を短時間（約0.1秒）呈示された。このとき，患者は右視野に呈示された単語（つまり左脳へ伝わる単語）を答えることはできたが，左視野に呈示された単語（右脳へ伝わった単語）は答えられなかった。しかし，答えられなかった左視野の単語と同じ物を手でつかむように求められると，正しく把持することができた。この事例は，言語機能の側性化と両半球の処理の独立性を示している。

(3) 頭頂葉——空間認知・注意

　頭頂葉の損傷は視空間の認知障害をもたらす。たとえば，対象の絶対的位置（それがどこにあるといえるか）がわからなくなったり，複数対象の相対的位置（関係理解）や大きさ比較ができなくなる。あるいは歩行時に障害物を回避できないといった障害が発生したりもする。中でもバリント症候群（Balint Syndrome）として知られている障害では，頭頂葉から後頭葉にかけての損傷で，①精神性注意麻痺（いったん注視すると視線がそこに固着し，他の対象に視線を随意に動かすことが困難になる），②視覚性運動失調（視線上の対象にうまく触れることができない），③空間性注意障害（1つの対象を注視すると他の対象に注意を向けることができない，同時に複数対象を認知することができない）といった症状を示す。

　また，頭頂葉の損傷によっては，身体の空間像（身体図式）に関する認知障害が発生することがある。ゲルシュトマン症候群（Gerstmann Syndrome）とよばれる障害では，手指失認（皮膚感覚は正常だが，触れられたり指された指の名称が答えられない），左右定位障害（他人または本人の身体の左右を区別することができない）といった症状を示す。このような症状は優位半球（通常左）の頭頂葉下部，頭頂後頭境界部（主として角回（Angular gyrus）とよばれる領域）の損傷により出現するという。角回は側頭葉の付け根と頭頂葉の下端に位置し，

ウェルニッケ野の上方に位置している。角回の前部は縁上回（Supramarginal gyrus）とよばれており、その損傷によって失書、身体失認などが起こる。これらの領域は、視覚野、聴覚野、体性感覚野の間に位置していることから、異種感覚の統合を必要とする認知・行為にかかわっていると考えられる。

(4) 後頭葉─視覚情報の what 経路と where 経路

視覚経路には第一視覚野（V1）から視覚前野（OC）、そこから下部側頭葉後部（TEO）、下部側頭葉（TE）、前頭前野下部（FDv）へ至る経路と、視覚前野から下部頭頂小葉内側部（PG, 角回, BA39）を経て前頭葉弓状溝前部（FD Δ）へ至る経路のあることが示されている（Macko et al., 1982）。これらのうち前者の経路が破壊されると対象が何か認識できなくなるがその対象の位置はわかる。逆に後者が破壊されると対象が何であるかは認識できるがその空間的位置や関係の認識に障害が現れることから、ウンゲライダーとミシュキン（Ungerleider & Mishkin, 1982）は前者を what 経路、後者を where 経路とよび、視覚情報経路には2つの系があると主張した（図7-5）。これらの経路は腹側系（前者）、背側系（後者）とよばれることもある。

実は、これらの what/where 経路の起源はすでに網膜レベルの細胞から始まっていると考えられている。眼底の網膜神経節細胞にはその大きさから、大細胞と小細胞という大きさの異なる細胞が存在する。これらは受容野（その細胞が反応する視野範囲）のサイズや色反応選択性などの違いがある。これらの神経節細胞から伸びる視神経は視床の外側膝状体へ投射し、網膜神経節細胞の大細胞と小細胞からの線維投射が規則正しく大細胞体層（magno-cellular layer），

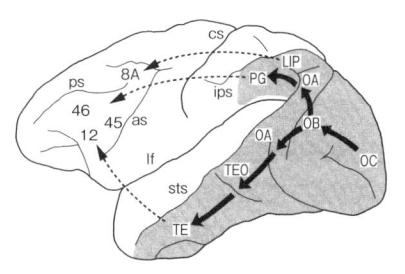

図7-5　what 経路（腹側経路）と where 経路（背側経路）
（八木, 2006 より。原画は Ungeleider & Mishkin, 1982 に基づく）

小細胞体層（parvo-cellular layer）に分かれて6層構造を形成している（Konio-cellularという細胞群もあるがここではふれない）。そして，次にこれらの神経細胞からの神経線維は大脳皮質の第一次視覚野へ投射し，その後さまざまな領域へ連絡するが，主に大細胞群からの信号は背側経路へ，小細胞群の神経系は腹側経路へ主要な情報を送っていることが知られている（図7-6）。

(5) 側頭葉―パターンのデータベース

　腹側経路の情報は側頭葉へ向かう。側頭葉のうち後頭葉に近い領野（たとえば上側頭溝外側部）では，視覚的形態や肌理（きめ）などの対象の要素やそれらの組み合わせに反応する形のデータベースとしての機能を持っており，より複雑な対象認識・同定に利用可能な情報を保持し対象認識の神経基盤となっている。腹側経路の下部側頭葉腹外側部は物体の認識にかかわっていると考えられているが，隣接する紡錘状回（fusiform gyrus）は顔に対して特別に反応し，この部

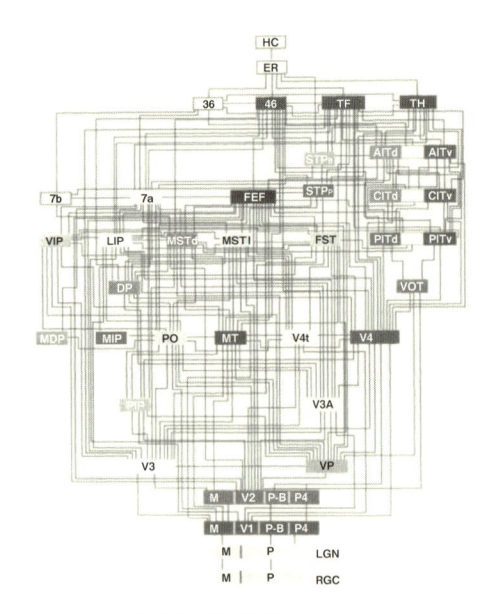

図7-6　サルの視覚神経系回路図（Felleman & Van Essen, 1991より）
M：大細胞群，P：小細胞群，RGC：網膜神経節細胞，LGN：外側膝状体，V1：第1次視覚野，V2：第2次視覚野，PO：頭頂後頭野，PIT：下側頭回。POを中心とする左上方向への経路が背側系経路，PITなど右上方への経路が腹側系経路。

位の障害によって相貌失認（顔だということはわかっているのに，その顔が誰だか識別できなくなる）症状が出現することが知られていた。しかし，この領域は車やペットなど同じカテゴリーの個体識別においても活性化することから（Gauthier et al., 2000），顔の目鼻立ちなど他人や知人の違い，物の詳細な差異をコード化している領域であろうと考えられている。

側頭葉では大きく分けると上側頭溝の下側は視覚情報処理，上部は聴覚情報処理を行っている。上側頭溝上側（上側頭回）には聴覚野がありその後部がウェルニッケ野という関係にある。このように，側頭葉では視覚や聴覚の情報に基づく複雑な形態やパターン・特性などに反応する細胞群が集まっており，それらの情報経路の合流点では，視覚情報のみならず，音や音声，手触りなどの複合感覚の統合された情報に反応する細胞が存在する。

(6) 前頭葉―行為の計画決定

中心溝の前部（中心前回）は一次運動野とよばれ，中心後回の一次体性感覚野に対応した運動制御地図を持っている領野である（Penfield & Rasmussen, 1950）。一次運動野の前部には運動前野（または前運動野，BA6外側部）があり，この領域の損傷では手足の麻痺は起こらないが，書字障害や目標物の到達把持など統率のとれたスムーズな動きができなくなる。また，運動前野にはミラーニューロン（mirror neuron）という神経細胞が存在し，自己がその行為をする場合だけでなく，他者の行為を観察しているときにも同様に活動する。また，カノニカルニューロン（canonical neuron）とよばれる細胞は，たとえば，手で掴めそうな物などを視覚呈示すると，行為しなくても反応する。これらの領域は目的に応じた身体運動の制御や行為のプラニングにかかわっていると考えられている。

さらに，補足運動野（BA6内側部）は両手の協応運動制御，両側性運動プログラム，運動順序制御などにかかわっていると考えられている。この領野が損傷されると，自分の意志とは無関係に手が勝手に動いてしまう「他人の手徴候（alien hand sign）」とよばれる症状や強制的把持，道具の強迫的使用といった症状が出現する。このようなことから，補足運動野が運動生成や抑制・制御にかかわっていることが示唆されている。

3. 脳による心的表象

(1) 学習と可塑性

　これまで，主に大脳皮質の各領野がどのような機能を持っているかを大まかに見てきた。しかし，脳のそれぞれの機能についてはまだ大きな疑問が残る。それは「脳はどのようにしてそのような機能を獲得するのか」という疑問である。ヒトは生まれたときには，聞こえてくる言葉の意味を理解することができず話すこともできない。人間の脳機能は，心的・認知的機能のみならず感覚機能，運動機能どれもが成長過程において学習され，獲得形成される。学習過程や発達過程はそれのみで1つの研究分野を形作っているが，神経学的にもっとも興味深い事実は，神経発育や脳発達の生理学的事実と対応するかのように，感覚運動機能の獲得が成長期のある一時期（臨界期）における学習に大きく依存するということである。母語となる言語の臨界期については議論もあるようだが，第2言語の獲得がその言語への暴露の時期に依存することや，さまざまなお稽古ごとが「子どもの頃から始めた方がよい」といわれているのは，人々が経験的に臨界期の存在を知っているからである。しかし，なぜ特定の時期にだけ特定の学習が可能になるのかはまだよく明らかになっていない。

　また別の疑問として，獲得された知識や技能は脳神経系においてどのように表象されているかという問題がある。今日では，神経細胞は単一の細胞が特定の対象に反応するのではなく多くの細胞が集団的に対象の特徴に対して反応することで表象を形成していると考えられている（population coding）。仮に，特定の細胞だけがある知り合いのおばあさんに反応する（「おばあさん細胞」とよばれる）としても，そのおばあさんには顔の向きや表情，姿勢など厳密にはさまざまな情報を含んでいる。それらのある特定の情報のみに神経細胞が反応すると考えると，その要素の数だけおばあさんの細胞が必要になる。そして，このようなことは他の知人友人家族にもあり得る。私たちの日常では，さらに，場面やさまざまな対象物などの情報を必要とするために，有限個の脳神経で個別情報に対応するという方法ではその「情報爆発」に対応できないのである。このため，脳は知覚記憶過程で，情報を要素化し，複数の細胞の反応によって照合するという方法を導入しているといえるのである。

そして，新たな対象物を覚える（知識を学習する）ということは，脳神経システムが新たな対象要素に反応する神経細胞の反応を含んだ新たな神経信号の流れ（回路）を形成して，既知の回路とは異なる回路を形成することであると考えられている。脳神経システムのそのような回路は，よく利用されるもの，重要度の高いものほど堅固に形成され保存される（記憶される）。神経細胞間のシナプスでは，短時間のうちに多くの信号が伝達されることが繰り返されるとシナプス伝達がされやすくなり信号が伝わりやすくなることが知られている（シナプスの可塑性）。このような回路の形成は脳内各領野で行われ，新しい（知識や行動の）情報に対して絶えず新たなシナプス回路が形成され，脳神経回路が絶えずつくりかえられている（脳の可塑性）。このため，成人をすぎて「記憶力が悪くなった」とはいっても，悪いなりに記憶することは可能で，そのようにして記憶された情報が仕事や趣味に活用されることになると考えられる。

(2) 神経活動と心理活動―脳機能イメージング

生物が活動するには酸素やエネルギーが必要である。逆に，生物が活動するときにはその生体内ではさまざまな生理的変化が発生するともいえる。神経細胞の場合も例外ではない。神経細胞もそれ自体「生きて」おり，そのためには酸素やエネルギーを消費する。そして，本章のはじめに説明したように神経細胞はイオン分子を細胞内に取り込んだり放出したりすることで，それ自体の電気的状態を変化させ，その電気的変化を隣接する神経細胞へ伝えるという活動を行っている。そして，このように神経細胞が活動することによって，私たちの感情，知覚，認知，動機，意図，意志，といった心的活動が起こっていることはもはや明らかである。

このため，逆に，なんらかの心的活動に伴って，どのような電気的活動が生じるのか，また，それらは心的活動の種類によってどのような違いがあるのかを調べようとする研究者がいたとしても不思議ではない。実際に，頭蓋頭皮に取り付けた電極で脳から発せられる電気的変化を測定すると，微小ながら電気的な波が観測されることが知られている。これが脳波（Electroencephalogram：EEG）である。そして，このような電気的変化は，私たちが，見たり，聞いたり，感じたり，判断したり，といった脳活動に対応して

一時的に変化することも知られており，ある刺激事象に対して脳波がどのような特徴を示すかを調べる方法は事象関連電位（Event-related Potential：ERP）とよばれている。さらに，そのような脳波の変化を脳全体で調べようとする装置は脳磁計（MEG）とよばれている。

一方で，神経細胞が活動するためには糖と酸素が必要である。それらの消費によって生じる血流変化を調べることにより，活動特性を知ることができる。そのうち，グルコースが脳のどの部位で消費されたかを追跡し，それを必要とした脳活動領域を調べる装置として陽電子断層撮影法（Positron Emission Tomography：PET）がある。また消費される酸素の量に着目してその脳活動部位を捉えようとする方法として機能的核磁気共鳴画像法（functional Magnetic Resonance Imaging：fMRI）がある。しかし，PETやfMRIの測定には費用，設備，測定条件などで多くの制約があるのも事実である。このため，より簡便な方法として，近赤外分光法（Near-Infrared Spectroscopy：NIRS）という手法も盛んに用いられるようになってきた。この方法は，脳活動に対応して増減する脳血流の変化を光センサーによって捉えようとする方法であり，測定時における身体拘束性も比較的低いことから近年臨床的実用化が期待されている方法である。

近年の技術的進歩によって開発されたこれらの方法・装置を用いて，ヒトが認知的課題を行っている（見分けたり，思い出したり，考えたりしている）最中やなんらかの心理的変化が生じている場合などに，脳のどの領域が活動するのか，またそれらの活動が時間的にどのように変化するのかといったことを，手術などによって脳を侵すことなく（非侵襲という），あるいはその悪影響のリスクが少ない状況（低侵襲）で測定できるようになった。そしてこれらの測定結果測定状況を画像（イメージ）化して表すことによって，脳とその活動についての理解が急速に進歩してきている。

参考図書

八木文雄（2006）神経心理学─認知・行為の神経機構とその障害　放送大学教育振興会
山鳥　重（1985）神経心理学入門　医学書院

第8章 動物の心の世界を探る―比較心理学

谷内 通

　第5章では，過去経験と環境要因の統制における利点から，学習心理学では動物を用いた研究が重視されてきたことを述べた。しかし，心理学における動物研究は学習の問題についてのみ行われるのではない。その1つは，人間に対して適用できないような侵襲的な手法による生理心理学・行動薬理学的研究であり，脳と心の働きに関して動物を用いた研究が広く行われている。

　まったく別の視点から動物を研究するもう1つの領域は，多様な種の動物の行動や認知を比較することを目的とした比較心理学とよばれる分野である。人間という動物が地球上に突如として現れたのではなく，進化という過程を経て現在の姿になったのだという考え方についてはほとんどの人が異論を唱えないだろう。しかし，「心」についてはこのような発想は定着していないように思われる。人間が持つ心の働きは，いかなる過程を経て，いつごろ生まれてきたのか。または，動物はそれぞれの生態に適応するためにどんなユニークな心の機能を進化させてきたのだろうか。この問題について明らかにするためには，多様な種の動物の心の働きを比較することが必要である。

　比較心理学では，第6章までに見たような基本的な心の働きからその発達や社会性までを含んだ動物研究を行っているが，この章では，記憶と思考を中心としたいくつかの問題に焦点を絞って研究例を紹介する。

1. 動物の知覚

　第2章で見たように，私たちは世界の中から刺激閾と刺激頂の範囲内にある刺激を感じ取っているが，他の動物は異なる刺激閾や刺激頂を持っている。モンシロチョウやミツバチは人間には見えない紫外線を見ることができるし，ネズミは人間には聞こえない超音波帯域で鳴き声を発してコミュニケーションを行っている（Brudzynski, 2005）。

もう少し複雑な知覚現象である主観的輪郭や幾何学的錯視は動物にも見えるのだろうか。この問題は第5章で述べたような弁別学習の手法を用いて調べることができる。たとえば、オペラント条件づけを通じて、視覚刺激に四角形を含む場合と含まない場合で弁別的に反応するように動物を訓練する。その後に、図2-9の左のような主観的輪郭によって四角形が見えるはずの刺激と、周辺図形が傾いているために主観的輪郭が見えないはずの刺激を呈示する。前者の条件に対して「四角形あり」の反応が見られることによって、主観的輪郭が見えていることが示される。主観的輪郭の知覚はネコ（Bravo et al., 1988）で確認されたほかに、類似する手法を用いてサルやフクロウ等の多様な動物において示されてきている。同様の弁別学習の手法を用いて幾何学的錯視の知覚を調べることもできる。たとえば、線分が特定の長さよりも長いか短いか判断させる弁別訓練後に、第2章で見たポンゾ錯視図形のくの字部分を加えることで、ハトやサルがこの錯視を見ることも示されている（藤田, 1998）。

聴覚刺激については、トリやサルやネズミも音楽を手がかりとした弁別学習が可能であることを多くの研究が示している。しかし、いずれの動物も訓練に用いられた曲のオクターブが変わると反応できなくなってしまう（D'Amato & Salmon, 1984 など）。つまり、メロディが同じであっても構成する音が変わると別の曲として認識してしまうのである。鳴禽類の一部のトリでは訓練された帯域外の刺激への学習の転移を示唆する証拠もあるが（MacDougall-Shackleton & Hulse, 1996）、一般的にいえば、動物は音色や平均的な音の高さ、あるいは曲を構成する最初の音や最後の音といった特徴を弁別するのは得意であるが、個々の音刺激からその「輪郭」であるメロディを認識するのは困難なようである。

2. 動物の記憶

動物における長期的な記憶は、第5章で見たような迷路学習や回避学習の保持によって調べることが多い。オタマジャクシにおける回避学習がカエルに変態した後も保持されていることを示した研究もある（Miller & Berk, 1977）。

短期的な記憶過程を調べる手法としては、見本合わせ課題や放射状迷路課題

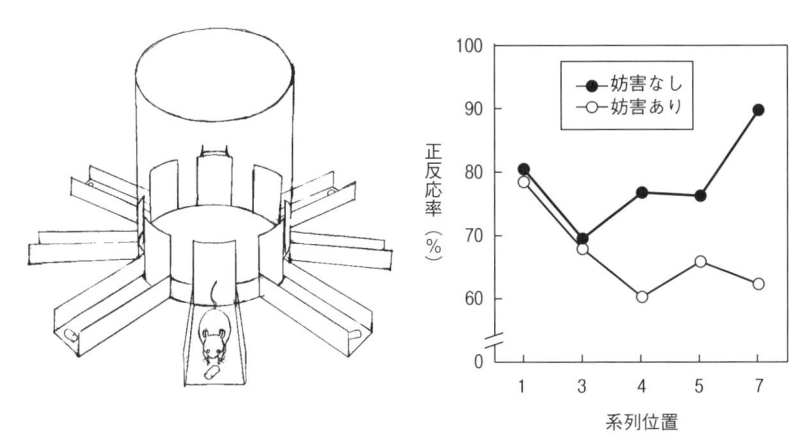

図 8-1　放射状迷路およびラットにおける記憶の系列位置効果
(Harper et al., 1993)

が用いられてきた。見本合わせ課題では，呈示された見本刺激と同じ刺激を複数の比較刺激から選択する課題であり，見本とは異なる刺激への反応を求める課題は非見本合わせとよばれる。見本刺激が消失してから比較刺激の呈示までに時間的な遅延がある場合は遅延見本合わせとよばれ，記憶の研究で用いられることが特に多い。また，たとえば，呈示された刺激の数を特定のキーへの反応で答えさせる場合のように，見本刺激と比較刺激の関係が任意に定められた課題は象徴見本合わせとよばれる。

　放射状迷路では，中央のプラットホームから8本のアームが放射状に伸びており，各アームの末端には餌報酬が置かれる（図8-1）。動物はアームに進入して餌を食べることができるが，試行内では餌は補充されないので，餌の残っているアームは反応ごとに変化し，そのパタンは試行間でも異なる。このため，動物はアームへの進入の有無を短期的記憶過程に保持して同じアームへの再進入を避けることが求められる。

(1) 記憶の系列位置効果

　第3章で見たように，人間の記憶は短期記憶と長期記憶に分かれている。短期記憶は容量に限界があるが，入力情報や記憶情報をもとにした思考の場でも

あった。動物はこのような2段階式の記憶を持っているのだろうか。

人間の記憶が2段階に分かれていることを示す現象として記憶の系列位置効果があった。すなわち、新近効果は終末部の項目が短期記憶に留まっていることに由来し、初頭効果は初頭部の項目が多くのリハーサルを受けることによって長期記憶へ転送されたことに由来すると考えられた（第3章参照）。

サルやハトでは、画像刺激を順番に呈示した後に、呈示された刺激と新奇な刺激の選択反応を求める再認課題において、項目刺激の呈示から再認までの遅延時間を調整すると、初頭効果と新近効果の両方が確認されることが知られている（Wright et al., 1985）。また、12方向の放射状迷路において、ラットを実験者が定めたアームに1つずつ順番に進入させることによって系列的に呈示した後に、既進入アームと未進入アームの選択課題を与えると、初頭効果と新近効果の両方が得られる（図8-1）。さらに、アームの系列的呈示から選択テストの間に中央プラットホームでチョコレートを食べさせるという人間における暗算に相当する妨害課題を与えると、新近効果のみが消失するという人間と同様の結果が得られる（Harper et al., 1993）。系列位置効果に関するこれらの知見は、少なくとも哺乳類や鳥類が2段階式の記憶過程を持つことを示唆するものである。

(2) 指示忘却

人間の場合には、長期貯蔵庫への情報の転送にはリハーサルが重要な役割を果たしていた。私たちは経験的にこの仕組みを知っているので、試験勉強で覚えなくてはならない重要な項目を何度も復唱するのである。では、動物はこのような意図的なリハーサルを行うのだろうか。

この問題は、主に遅延象徴見本合せ課題を用いた指示忘却とよばれる現象を通じて検討されてきた。この課題では、見本刺激に続く遅延時間の経過後に比較刺激に対する反応が求められるが、比較刺激によるテストは毎回行われるのではなく、テストが行われるかどうかは遅延時間中に別の刺激によって知らされた。ハトを用いた研究では、このような学習が成立した後で、テストがないことを予告した試行で突然に比較刺激を呈示する「抜き打ちテスト」を行うと、テストが正しく予告された試行の成績よりも大きく劣ることが示された（Maki

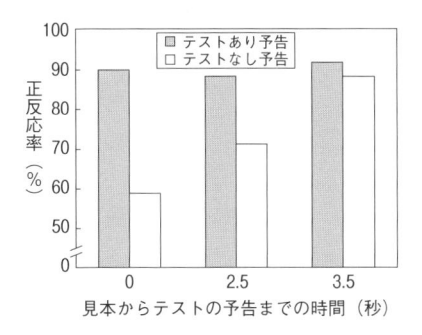

第 8 章　動物の心の世界を探る　151

図 8-2　指示忘却現象におけるリハーサル可能時間の効果（Stonebraker, & Rilling, 1981）

& Hegvik, 1980）。このことから，ハトはテストの有無に応じて短期記憶内で情報をリハーサルするかどうかを意図的に制御することができると考えられる。当初，この手続きでは，テストがないという予告は「強化される機会がない」ことをも知らせているので，これに伴う負の情動反応が遂行に悪影響を与えているのではないかと考えられたが，この可能性を排除した条件においても同様の現象が確認された（Roper et al., 1995）。さらに，見本刺激から「テストなし」の手がかりが呈示されるまでの時間，すなわちテストがあるかどうかわからないのでリハーサルが続けられる時間が長くなると，抜き打ちテストにおける成績が高くなる（図 8-2）。つまり，テストがあるかどうかわからないのでリハーサルを続けると「覚えてしまう」のでテストがないことが知らされても成績が落ちないのである。同様の現象はラットやサルでも確認されることから，少なくとも哺乳類や鳥類は，短期記憶における能動的なリハーサル機能を有していると考えられる。

(3) 回想的記憶と展望的記憶

　指示忘却が示すように，動物も意図的にリハーサルを行う。では，このとき短期記憶内でリハーサルされる情報とはどのようなものだろうか。1 つは見本刺激のようにすでに経験した事象に関する過去の情報であり，回想的記憶とよばれる。もう 1 つは，遅延後に選ぶべき比較刺激のような将来に必要となる形に変換された情報であり，展望的記憶とよばれる。ある研究では，青，橙，赤という見本刺激が呈示された後の遅延後に，傾きが 0 度，12.5 度，90 度の線分

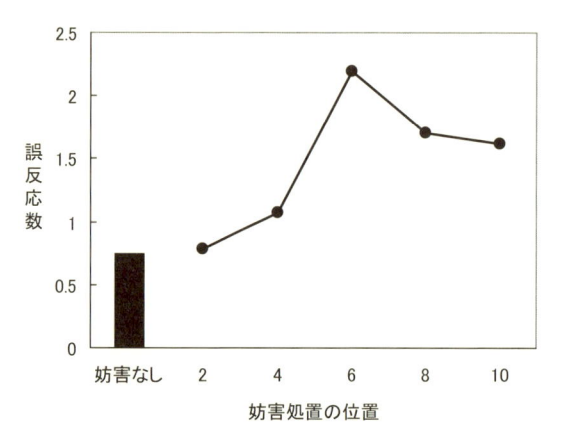

図8-3 12方向放射状迷路課題における妨害手続きの挿入位置の効果
(Cook et al., 1985)

を比較刺激として選択させる象徴見本合わせ課題をハトに訓練した（Roitblat, 1980）。ハトが見本刺激に関する回想的記憶を保持する場合には，類似する橙と赤の間で誤りが多くなるはずであるが，実際には，遅延時間が長くなると0度と12.5度という類似する比較刺激間で誤反応が多くなった。このことから，ハトは遅延時間中に比較刺激である線分に関する展望的記憶をリハーサルしたと考えられる。

　ラットが回想的記憶と展望的記憶の両方を柔軟に使い分けることを示した証拠もある。ある研究では12方向の放射状迷路でラットを訓練したが，遂行中に2, 4, 6, 8, 10本のアームを選択したところでラットを迷路から取り出し，別のカゴに15分間閉じ込めてから迷路に戻すという妨害を与えた（Cook et al., 1985）。その結果，すべての餌を獲得するまでに生じたエラー数は図8-3のように，第6選択後の妨害により最も多くなった。もしラットが「すでに餌を獲得したアーム」という回想的記憶のみを用いていたのであれば，記憶される情報量が最も大きい10本目のアーム選択後の妨害効果が大きくなるはずである。逆に「まだ選択していないアーム」という展望的記憶のみを用いたのであれば，2本のアームを選択した時点での妨害効果が大きいはずである。したがって，第6選択後の妨害効果がもっとも強かったという結果は，最初は既選択アームに関する回想的記憶を保持するが，途中で未選択アームに関する展望的

記憶へと切り替えたことを示している。保持する情報を切り替えることで，短期記憶内に保持しなければならない情報量の最大値を低減したのだろう。ちなみに，この実験を模した課題を大学生に実施すると，ラットと同様の結果が得られる（Kesner & DeSpain, 1988）。

3. 動物における概念と思考

　人間は多様な事物を「概念」によって捉えることができる。たとえば，見た目のまったく異なるチワワとブルドッグを必要に応じて「イヌ」という同じ概念に基づいて扱うことができるし，「小型犬」や「大型犬」といった異なる概念で別々に扱うこともできる。また，概念には「同じ」や「仲間はずれ」といった事物の関係性に関する関係概念もある。「数」もまた抽象的な概念であり，具体的にはまったく異なる事物を同じように数えて処理するための基礎となっている。さらに人間は，直接与えられた限定的な情報から「推論」等の思考の働きを通じて新たな情報を導き出す能力も持っている。比較心理学の研究では，動物も抽象的な概念を獲得し，推論を行う可能性が示されてきている。

(1) 計　　数

　100年ほど前に「賢いハンス」とよばれる馬がおり，分数等の計算の答えや聴衆で傘を持っている人の数について，蹄を踏みならして答えることができたという。しかし詳しく調べてみると，ハンスは計算や計数を行っていたのではなく，答えが正しい数になったときの質問者の「安堵」を敏感に読み取っていたことが明らかとなった。テレビ番組で見かけるイヌの計算等の例でも，飼い主の表情や姿勢の変化を手がかりとして反応している例が多い。

　比較心理学では，刺激の数的特徴のみが手がかりとなるような課題を工夫することで動物の計数能力を調べてきている。その結果，ラットは 3〜4 程度の比較的小さな数を識別できることや（Davis & Bradford, 1986），チンパンジーは呈示された刺激物体の数について物体の名前や色とともに答えることが可能であることが示されている（Matsuzawa, 1985）。また，アレックスという名のオウムが，複数の物体が混ざった刺激の中から指定された物体の数を音声言語

図 8-4 ラットの物体数弁別における"3"の選択課題（谷内・杉原, 2007）
左から3番目の刺激を選択すると報酬が得られるが（左），1つだけ混ぜられた異なる刺激は無視して数えなければならない（右）

で答えることが可能であったという報告もある（Pepperberg, 1999）。最近の霊長類の研究では，数の序列に関する判断（Brannon & Terrace, 2000）や単純な計算を行わせる試みも行われてきている。

筆者の研究室においても，物体数を弁別させる課題をラットに訓練した。図8-4のように，ラットは呈示された4〜6個の物体の「左から3番目」の背後の通路に入ると餌が得られたが，1つだけ異なる物体が混ぜられた場合には，この物体を無視して左から3つ目に反応しなければならなかった。ラットはこれらの課題に90％を超える正しさで反応するようになり，まったく新しい物体に対しても同様に反応することができた（谷内・杉原, 2007）。ラットも比較的小さい数については抽象的な概念の水準で理解することができるようである。

(2) 推　論

A君はB君よりも試験の得点が高く，B君はC君よりも高かった。このような前提となる情報を与えられると，直接的な関係は明示されていないA君とC君の成績の関係に関する情報を引き出すことができる。このようなタイプの推論を推移的推論とよぶ。チャルマースら（MacGonigle & Chalmers, 1977）はリスザルに対して，AとBならAが正解（A＋B−）といった同時弁別学習の手法を用いてA＋B−，B＋C−，C＋D−，D＋E−という4対の弁別学習を行った後に，直接は訓練されなかったBとDを呈示して選択反応を調べたところBに対する反応が多いことを発見し，動物も推移的推論を行うことができる

可能性を示した。BとDはともに正刺激と負刺激になる対を1つずつ持つので，Bに対する反応の偏りを強化率によって説明することはできないからである。その後，このような推移的推論反応は，チンパンジー（Gillan, 1981），ラット（Davis, 1992），ハト（Von Fersen et al., 1991），カラス（Bond et al., 2003）などにおいても確認された。この現象については，強化理論による別の解釈も提案されているが，少なくとも動物が限られた経験に基づいて新たな関係性に反応するための学習メカニズムを持っていることは確かである。

　チンパンジーでは類推とよばれる推論の証拠も得られている（Gillan et al., 1981）。類推には異なる刺激セットに含まれる関係性の等しさを理解する能力が求められる。図8-5の左の「図形の類推課題」では，左の列の大小の図形と同じ関係を右の図形について下の2つの選択肢から選んで完成させることが求められる。答えは，中心に点のある小さな三角形であるが，チンパンジーはこのような類推を行うことが可能であった。図8-5の右の「機能の類推課題」において，「錠前と鍵」を見本として呈示する一方で，「缶詰」を示して，選択肢として「缶切」と「クシ」を与えた場合にもチンパンジーは缶切を選択することが可能であった。すなわち，錠前と鍵の関係である「後者で前者を開ける」という機能に関する関係に基づいて，「缶詰を缶切で開ける」という関係を類推したわけである。

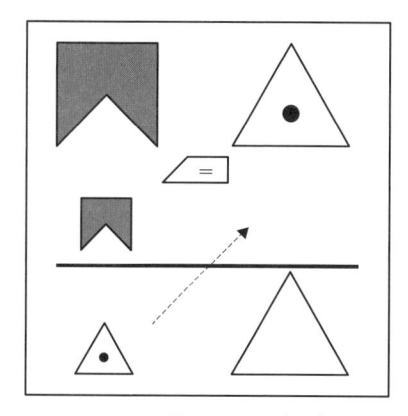

図8-5　チンパンジーにおける類推課題（Gillan et al., 1981）

(3) メタ認知

　私たちは自分の認知の状態を手がかりとして行動することがある。窓の鍵を閉めたかどうか記憶に自信がなければ家まで戻って確認するが，自信があればそのまま出かけるだろう。このように「自分の認知の状態を認知する」能力，すなわちメタ認知の能力を動物も持っているだろうか。ラットは絶食時間に応じて迷路で選ぶべき通路を学習することができるし (Jenkins & Hanratty, 1949)，投与された薬物が興奮性の薬物か薬効のない生理食塩水かに応じた弁別反応が可能である。これらの結果は，ラットが自分の空腹や興奮の状態を手がかりとして利用できることを示しているが，メタ認知を示す証拠としては十分ではない。

　これに対し，いくつかの研究がサルは自分の記憶や知覚的判断の「確信度」を認識していることを示している。その1例では，アカゲザルにディスプレイ画面に呈示された9本の線分の中からもっとも長いものを選択させる弁別学習を訓練した (Son & Kornell, 2005)。サルは線分の選択反応に続いて「賭け」反応を求められた。賭け反応では，正反応ならば2ポイントが得られるが，誤反応ならば2ポイントを失う「高リスク大報酬」条件か，反応の正誤にかかわらず1ポイントが与えられる「低リスク小報酬」条件を選択することができた。ポイントは，一定数を獲得すると餌粒と交換できるトークン強化子であった。このような課題を訓練された2頭のサルは両方とも「高リスク大報酬」を選んだ場合に高い正反応率を示した。すなわち，サルは自分の判断に自信があるときには高リスク大報酬を選ぶが，自信がない場合には低リスク小報酬を選んだと考えられる。

4. 心の働きの種差

　これまでに紹介した例の多くは，動物もある程度は人間と類似する心の働きを持っていることを示すものであった。しかし，比較心理学では，種間で心の働きが大きく異なることを示した研究も多い。

　たとえば，動物の反応に対して与える報酬量を大報酬から小報酬に減らすと，人間を含む哺乳類では，一貫して小報酬を与え続けた条件よりも遂行水準が低

くなる。この現象は継時的負の対比効果とよばれるが，鳥類や爬虫類や魚類等の哺乳類以外の動物ではまだ認められていない。これらの動物では，大報酬から小報酬への移行によって遂行水準は低下するので報酬量の違いは認識しているのだが，遂行水準はもともと小報酬であった条件と等しくなる。予期された報酬の欠如に対する負の情動は，哺乳類において進化した心の機能だと考える研究者もいる（Papini, 2006）。

また，刺激AとBならAが正解（A+B-）といった視覚同時弁別課題を学習する度に課題をC+D-，E+F-と次々移行していくと，サルでは次第に学習に必要な試行数が減っていき，300課題程度を学習した後では，1度の誤りで2試行目からはほぼ正しく反応できるようになる。この現象は「学習のしかたの学習」という意味で学習の構え（学習セット）の獲得とよばれる。しかし，ラットでは同様の視覚弁別を1000課題程度行っても明確な学習セットの獲得は認められない（Warren, 1965）。

弁別学習が成立するたびに正負の刺激を逆転する課題を連続逆転学習とよぶが，ラットやハトは課題の逆転を繰り返すたびに学習の成立は早くなる。これに対し，キンギョ等の魚類では，課題の逆転を何度も繰り返しても成績の向上はほとんど見られない（Mackintosh et al., 1985）。また，迷路の目標箱で与える報酬の有無を交互に行う単一交替強化を行うと，ラットは速やかにこの強化のパタンを学習して，報酬が与えられる試行では速く目標箱へ達するが，無報酬の試行ではこれを予期して目標箱へ向かうのを止めるようになる。これに対し，キンギョはかなりの訓練を行っても報酬の有無を予期するようにはならない（Mackintosh et al., 1985）。このような種差の原因については，魚類は特定の刺激への接近や回避という固定的な刺激－反応関係は学習できるが，能動的な短期記憶過程を持たないので，直前の試行の結果に応じて次の反応を柔軟に変えるという学習ができない可能性が考えられる。

しかしながら，問題はそう単純ではない。実は，ラットでも嗅覚刺激を用いると学習セットは速やかに獲得される（Slotnick et al., 2000）。イルカも視覚刺激を用いると学習セットの獲得が困難であるが（Herman et al., 1969），聴覚刺激では速やかに獲得する（Herman & Arbeit, 1973）。また，能動的な短期的記憶過程を調べる手法に放射状迷路課題があったが，本当に魚類が能動的な短

期記憶過程を持たないのであれば，この課題を学習できるはずはない。しかし，筆者の研究室で魚類用の放射状水迷路を作成してキンギョとゼブラフィッシュを訓練したところ，これらのサカナは偶然による選択の水準を遙かに超える成績を示した（鷲塚・谷内, 2006, 2007）。このように，ある課題で種差が示されたとしても，それは用いた刺激等の実験設定がその動物に適していなかったためかもしれないのである。研究者は人間であるので，他種の動物の視点に立って実験を設定することは容易ではない。ここに動物を用いた比較研究の難しさと面白さがある。

　人間の心の直接の起源を知るためには，系統発生の中で最近に人間と分岐した類人猿との比較が重要である。人間が持つ他者の心の状態を読み取る能力である心の理論は，複雑な社会の中で協力や駆け引きを行うために進化した可能性が指摘されており，霊長類を対象として盛んに研究が行われている。一方で，ハトやカラスを用いた鳥類の研究からは，進化的起源は哺乳類とは異なるが，高度な心の働きが独自に進化した例も確認される。また，前述のように，哺乳類と魚類では心の働きに多くの違いが認められるが，両者をつなぐ爬虫類や両生類については研究例が少ないためによくわかっていない。カメは世界をどのように見て何を考えているのだろうか。比較心理学は，コミュニケーションを通じて了解することが困難な動物の心の世界について，行動実験を中心とした心理学の手法を駆使することで，その多様性と進化の道筋を明らかにすることをめざしている。

参考図書

藤田和生（1998）比較認知科学への招待：「こころ」の進化学　ナカニシヤ出版
藤田和生（2007）動物たちのゆたかな心　京都大学学術出版会
Papini, M. R.（2001）*Comparative psychology: Evolution and development of behavior.* Prentice Hall College Div.（比較心理学研究会（訳）（2005）パピーニの比較心理学　北大路書房）

第9章 ことばを獲得するための基盤―発達心理学

村瀬俊樹

1. 発達心理学とは

　発達心理学は，心の働きを，個体としての発生（受胎のとき）から現在に至るまで，年齢に沿った変化に基づいて検討しようという学問である。発達心理学に関心を持つきっかけはさまざまである。たとえば，幼稚園の子どもが「大きくなったらライオンになりたい」と言っているのを聞いて，どうしてそんなふうに考えるのだろうと，自分とは異なる年齢の人の心の働きに関心を持つことがきっかけのことがある。また，今の自分は人と意見が食い違ったとき自分を抑えて自己主張をしないが，周りには強く自己主張をする人がいる，このような違いが生じてきたのはどうしてだろうかと，現在の自分たちの心の働きの形成過程に関心を持つことがきっかけのこともある。いずれのきっかけからにせよ，心の働きは，ある年齢時点から，後のある年齢時点までどのように変化するのか，その変化のメカニズムは何かを明らかにすることが発達心理学の目標である。

　変化をもたらす要因については，遺伝か環境か，学習か成熟かということが古くから議論されてきた。成熟とは生物学的に規定された要因による変化を指す。一方，学習とは経験による比較的永続的な変化のことを指す。発達は，生物学的な要因による変化も経験や環境による変化もともに含んだ概念である。現在の発達心理学者は，重点の置き方はそれぞれ異なるが，生物学的要因も経験や環境要因もともに認めており，それらの要因がどのように相互に作用しながら心の働きが変化するのかを検討している。

　発達心理学では，認知，社会的行動，情動など，さまざまな領域の心の働きに対して，年齢に沿った変化という観点から検討しているが，ここでは，言語発達に焦点を絞って論じ，発達心理学の考え方と方法を紹介する。

2. 言語発達研究の展開

　発達心理学は，ピアジェ（Piaget, 1936）の考え方に大きく影響されて発展してきた。言語発達研究も，言語能力の生得性を主張する生得説と生後の経験を重視する経験説の間での議論により発展してきた面が一方ではあるが，他方，ピアジェの考え方に影響を受けて発展してきた面も大きい。

　ピアジェは，個体が環境との相互作用を行うことによって，適応形態の構造を構成・再構成していく過程として発達を考えた。ピアジェは，その時点で子どもが持っている活動の単位をシェマとよび，シェマによってまわりの環境に適応することを同化とよんだ。そして，自分の手持ちのシェマではうまくいかない場合はシェマを変化させ（これを調節とよんでいる），これによって新しい活動単位が形成されて，環境に対する新たな適応形態が形成される（これを均衡化とよんでいる）過程として発達を捉えた。つまり，同化と調節による均衡化の過程として発達を考えたのである。たとえば，仰向けに寝かしつけられていた赤ちゃんが，天井のメリーゴーラウンドに対して反り返るというシェマを行使したところ，たまたまメリーゴーラウンドが鳴ったとする。そして，反り返ってメリーゴーラウンドを鳴らすという行動を繰り返し行う場合，これは1つの適応形態である。しかしながら，反り返ることでつねにメリーゴーラウンドが鳴るわけではない。実際には反り返るときに動く足がメリーゴーラウンドの紐を揺らしてそれを鳴らしていたのであるとすると，やがて，赤ちゃんは足を動かしてメリーゴーラウンドを鳴らすようになる。このように，反り返るという活動から自分の活動単位を調節して，新たな適応形態に至ること（この場合は足を動かしてメリーゴーラウンドを鳴らすようになること）を均衡化とよぶのである。ピアジェのように，人間が生得的にある傾向を持ち，それを使って環境と相互作用を行うことによって発達していくという考え方を構成説とよんでいる。

　ピアジェの考え方のもう1つの特徴は，発達段階を想定しているということである。ピアジェは，おおよそ2歳頃までの時期を感覚-運動期とよび，この時期の乳児は自分の感覚や運動的活動によって外界の対象について認識しており，イメージやことばといった表象による思考はできないと考えていた。構成

説的な考えであり，発達段階を想定しているこのようなピアジェの考え方を受けて，ことばを話す以前の乳児期に，ことばを獲得するための基盤がどのように形成されているのかということが注目されるようになった。

また，ピアジェは，さまざまな領域についての認識のあり方が，互いに関連しながら構造として発達すると考えた。このような考え方は領域一般（domain general）説とよばれ，後には，領域ごとに認識のあり方は相対的に独立して機能していると考える領域特殊（domain specific）説から批判を受ける。ピアジェのような広範囲にわたる領域一般説は現在では支持されていないが，心的な働きが領域間でまったく独立ではなく，なんらかの関連を持って発達するという発達連関の考えは現在でも有効である。言語発達も，ことばだけでなく，身ぶりやふり遊び（pretend play）や模倣など，他の心的活動との関連で検討されてきた。

一方，事象に対する乳児の注視時間を指標とした研究法の現れにより，ことばを話す以前の乳児が，ピアジェが考えるよりもさまざまな能力を有することが明らかになってきた。

本章では，以上のような言語発達研究の展開を踏まえ，語彙の獲得に関して，ことばを獲得するための基盤の形成，ことばを使っての会話への参加について見ていくこととする。

3. ことばの知覚とカテゴリーの形成

子どもが「リンゴ」などの語を獲得するためには，何が必要だろうか。ここでは，初期に獲得される語の内で多くを占める，対象に関する語について考える。語を獲得するためには，①一連の発話の流れの中から語を区切って抽出する，②語が表すカテゴリーが形成されている，③語を対象やカテゴリーと対応づけることが必要であると考えられる。これらについて順に見ていこう。

たとえば，「リンゴ」ということばの場合，大人は子どもに対して，「おやつにりんご食べよう，おいしそうなりんごだね，○○ちゃんりんご好きだね」というような一連の発話の流れの中で「リンゴ」ということばを使って話しかけることが多い。子どもが「リンゴ」という語を獲得するためには，一連の発話

の流れの中から「リンゴ」という音声系列を区切って抽出せねばならない。子どもたちは何を手がかりとして音声系列を抽出しているのだろうか。

8ヶ月児は，統計的な情報を利用して語を抽出することが可能であることがわかっている（Saffran et al., 1996）。bidakupadotigolabubidakula というような一連の音声系列を子どもたちに聞かせた。bi の後には必ず da が続いているが，ku の後には pa や la などさまざまな音が続いている。音声系列を聞かせた後に，bida のように高い確率で出現する「語」を聞かせたときと，kupa のように低い確率でしか出現しない「語」を聞かせたときに，8ヶ月児がどの程度それらの「語」を聞こうとするかを調べたところ，低い確率でしか出現しない kupa のような「語」の方をよく聞こうとする傾向があった。このことは，上記のリンゴの例で言えば，「リンゴ」という音声系列よりも「ゴタベ」のような音声系列の方をよく聞こうとしたということであり，8ヶ月児が一連の音声の中で，音のつながりが出現する統計的な情報を処理することができることを表している。

こういった統計的な情報や，それ以外にも，強／弱といった音の強勢パターンなどの手がかりをもとにして，一連の音声系列から語を区切って抽出することが，0歳代に可能となることがわかっている（Jusczyk, 1999）。

語の表すカテゴリーについても，0歳代に，犬や猫といった基礎水準のカテゴリーや，獣といったより上位のカテゴリーを形成していること（Quinn, 2002）などが明らかにされている。

4. 語と対象やカテゴリーとの対応づけ

それでは，子どもは語をどのようにして対象やカテゴリーに対応づけているのだろうか。語とカテゴリーの対応づけとは，子どもが語をある対象に対応づけた後，他の対象にどのように般用するのかということから見ることができる。

たとえば，自宅のポチのことを「イヌ」と言うのだと学習した子どもは，「イヌ」という語を，ポチ以外のどのような対象に対して適用するのだろう。「イヌ」を，ポチ，ポチの家，ポチの好きな骨やボールなど，ポチに関連する対象に適用することも可能であり，「イヌ」を固有名詞的にポチにのみ適用すること

も可能であるが，子どもは，「イヌ」をポチばかりでなくさまざまな犬，四足のある犬のような置物など，ポチと同じような形の対象に般用することが多い。これを形バイアスとよぶ。

　形バイアスは，生得的に人間に備わっているのだろうか，それともことばを学習していく過程で，経験によって獲得されるのだろうか。そもそも，子どもたちが初期に獲得することばには，ボール，うさぎ，コップなど，同じ形のものを表しているものが多い。語の学習を経験していくことで，語は同じ形のものを表しているということ（形バイアス）を子どもは学習するのだとスミスら（Smith et al., 2002）は考えている。

　ある形をした標準刺激に対してdaxと命名した後，標準刺激と形は同じで材質や色は違うもの，材質は同じで形や色は違うもの，色は同じで形や材質は違うものという3種類の選択刺激を呈示し，選択刺激の中から別のdaxを選ばせる。同じ形のものを選択する傾向が強ければ形バイアスが見られたことになるのだが，同じ形のものを選択する割合は，獲得語彙数が50語以下の子どもでは特別に多くないが，獲得語彙数が50語を超える子どもでは顕著になった（Gershkoff-Stowe & Smith, 2004）。

　この研究は，語を学習するという経験によって，統計的な情報によって形バイアスが形成されることを示唆するものである。子どもたちは，ことばを学習する過程で，まず「ボール」という音声と丸いという形態情報は共起する確率が高いことを学習する。また，「コップ」という音声と底のある空洞の円筒形という形態情報は共起する確率が高いことを学習する（図9-1のステップ1〜2）。これが初期のことばの学習過程なのだが，そのような過程を経て，ある程度多くの対象名を獲得した子どもには，ある音声パターンとある形態情報は共起する確率が高いという，より一般化した相関関係が機能するようになる（図9-1のステップ3〜4）。これが形バイアスなのだとスミスらは考えている。

　文法能力などの特定の内容を持った言語能力が生得的であると考える生得説に対して，近年の経験説では，語を区切って抽出することや形バイアスの形成に見られる統計的学習をする能力を生得的であると考え，それをもとに，経験的にことばを獲得していくと考えている。統計的学習は，ことばの領域だけで機能する領域特殊なものではなく，概念形成など，他の領域でも機能する領域

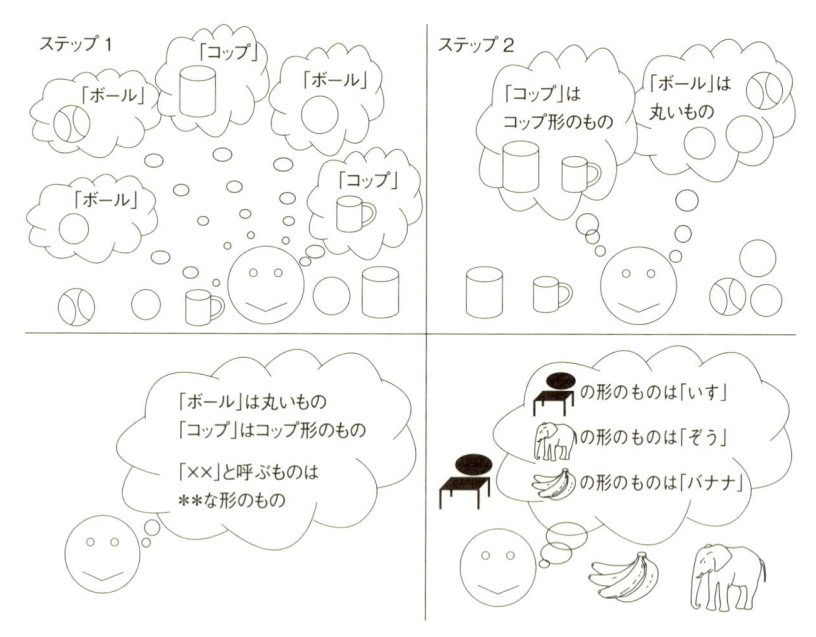

図9-1 形バイアスの形成過程モデル（Smith et al., 2002 を参考に作成）

一般的なものであると考えられている。統計的学習によってすべてが説明できるかどうかは現在もさまざまな議論があるが，注目される考え方の1つである。

5. コミュニケーション機能

　語を獲得するために必要なものを，それを構成する要素に分けて検討してきた。それでは，これらがそろえばことばが獲得されるかといえば，そうではない。以上の議論には，ことばが何のために使われるのかという視点が欠如している。ことばは何のために使われるのだろう。まず第一に，ことばはコミュニケーションのために使われる。第二に，ことばは事象や概念を表し，それらの代わりにコミュニケーションや思考において使われる（象徴機能）。これらの点から，ことばを獲得するための基盤を考えてみよう。

　トマセロ（Tomasello, 1999, 2003）は，コミュニケーション機能からことばの獲得の基盤を論じている。トマセロは，生後9ヶ月～12ヶ月に，視線追従，コ

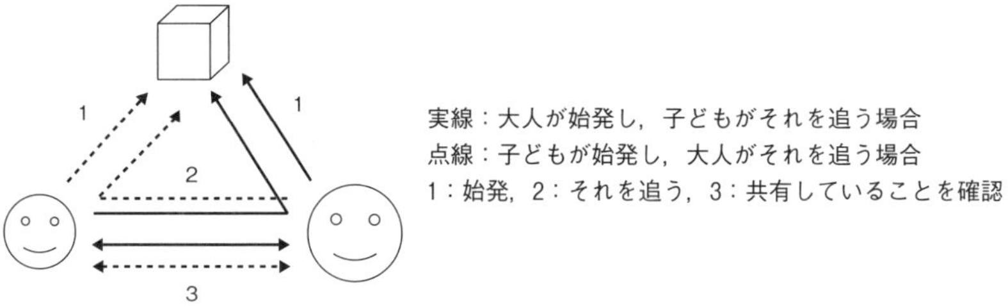

実線：大人が始発し，子どもがそれを追う場合
点線：子どもが始発し，大人がそれを追う場合
1：始発，2：それを追う，3：共有していることを確認

図 9-2 共同注意にかかわる行動

ミュニケーションの身ぶり，動作模倣などの共同注意（joint attention）にかかわる行動が互いに関連して現れることをあげ，それがことばの獲得の基盤になると考えている。視線追従とは，相手の視線や指差しを追ってその物に注意を向けることであり，コミュニケーションの身ぶりとは，叙述の身ぶり（指差し，見せること，差し出しによる）や要求の身ぶり（指差しや手伸ばしによる）をすることで，いずれも相手を振り返って，相手と事物を共有していることを確認する行動を含むものである。動作の模倣とは，たとえば，実験者が額を台の上にあてがいランプをつける行動を子どもに見せた後で，子どもがその動作をまねて（この場合は，額を台の上にあてがうこと），かつ，相手の意図した結果（この場合はランプがつくこと）を期待しているような行動を示すことである。

これらの共同注意にかかわる行動は，いずれも，他者が自分と同じように意図を持つ存在であり，他者と自分との間で，第三者である事物を共有することができるということを，子どもが理解し始めていることを表していると考えられる。

24人の子どもと母親が9ヶ月から15ヶ月まで1ヶ月おきに縦断的観察に参加し，どの時点で，子どもがこれらの共同注意にかかわる行動や指示語（具体的な物や動作に言及することば）を産出するようになるのかが観察された。その結果，共同注意にかかわる行動がまず獲得され，その後に指示語が獲得された。また，これらの共同注意にかかわる行動を獲得する時期が早かった子どもは，指示語を獲得する時期も早い傾向があった。これらのことから，共同注意にかかわる行動の獲得がことばの獲得の基盤となっていると考えられる。ただし，その相関係数は0.31から0.46であり，共同注意にかかわる行動の獲得だけでことばの獲得が説明できるわけではない（Carpenter et al., 1998）。

6. 象徴機能

　象徴機能とは，ある事象を別の何か（シンボル体）で表す働きである。象徴機能の特徴として重要なことは，第一に，シンボル体と事象の関係は固定されたものではなく，主体がある視点からその事象のある様相を抽出する働きが含まれているという点である。たとえば，神社に立っている高木を「カシノキ」ともよぶし，「ゴシンボク」ともよぶ。前者の場合は木の分類学的特徴が中心になって抽出され，後者の場合は木の宗教的意味合いが中心となって抽出されている。第二に，象徴機能は事象が現前しない場合でも働くことがあげられる。たとえば，動物園でキリンを前にして「キリンだね」と言う場合もあるが，昨日の経験を思い出しながら「キリンがいたね」と言う場合もある。また，「ねずみばあさんがやってくる」と言われればそのイメージが喚起されるように，シンボル体は非現実のものに言及することもできる。以上のように考えると，ことばばかりでなく，手を耳にあてて電話のことを表すような身ぶりや，積み木を電車に見立てて遊ぶようなふり遊びも象徴機能を持ったものと考えられる。

　子どもたちは，少なくとも身ぶりとことばという2種類のシンボル体によって事象を表すことが可能なはずであるが，両者の発達過程はどのような関係になっているのだろう。

　10人の子どもを10ヶ月から24ヶ月まで縦断的に観察し，ある対象に対して，子どもが身ぶりのみで表現するのか，ことばのみで表現するのか，身ぶりとことばを同時に用いて表現するのかを調べた結果，最初に身ぶりのみで表現をされ始めた対象は，後にはことばのみやことばと身ぶりの同時使用に表現法が変化したものが多かったが，最初にことばのみで表現され始めた対象は，身ぶりのみや身ぶりとことばの同時使用に表現法が変化することは少なかった。また，子どもたちは，ことばを組み合わせて2語発話（「ワンワン　イタ」など）をし始める前に，ことばと身ぶりを組み合わせることをし始めた。ことばと身ぶりが異なる情報を伝えるタイプの組み合わせ（たとえば，眠っている鳥を指差して「ネンネ」と言う場合は，指差しという身ぶりで鳥を示し，「ネンネ」ということばで眠っているという情報を伝えている）の出現時期と，2語発話の出現時期の相関関係を調べたところ，高い正の相関が見られた（Iverson & Goldin-

Meadow, 2005)。同様の結果は高井・高井（1996）でも報告されている。これらの点から，身ぶりがことばに先立って獲得されるとともに，ことばの発達と関連していると考えられる。

ふり遊びの発達の時期と，ことばの発達の時期についても関連性があるといわれている（小椋, 2008）。

7. 社会文化的アプローチからの言語発達研究

これまでの議論は，ことばを獲得する基盤を，子どもたちの認知のあり方から検討してきた。しかし，人は他者とのかかわりあいの中で育っていくことを考えれば，子どもを取り巻く年長者たちとの関係で言語発達を検討することも必要だろう。

社会文化的アプローチでは，養育者や年長の子どもたちなど，その文化の先達といえる人たちとの活動に子どもが参加する中で発達がみられると考えている。養育者は，子どもが未熟なうちは，子どもの能力を超えた要素をコントロールし，子どもが能力内のことに集中できるようにしている（足場作り，scaffolding）。また，養育者は，いったん子どもがあることができるようになると，その行動をより複雑な枠組みの中に組み込もうとする（賭け金を上げる，raising the ante）。このように，養育者の側も子どもに合わせて行動を調整しているのだが，子どもは，ことばという行動を用いて，どのように養育者との活動を構成しているのだろうか。

筆者らは，絵本場面において，子どもが母親とのどのような会話文脈の中でことばを使っているのかを，日本と米国の母子を対象に調べた。日米それぞれに，18，21，24，27ヶ月児とその母親それぞれ10組が研究に参加した。文字が書かれていない3種類の絵本で母子に遊んでもらい，子どもが絵に描かれた対象をことばで命名しているところを取り出し，その直前と直後の母親の発話を調べ，子どもと母親による会話の構造を調べた。

子どもの命名の直前に，母親が子どもの命名と同じ命名をしているか（母「ぞう」→子「ぞう」など），子どもに対して質問をしているか（母「これなあに？」→子「ぞう」など）に注目した。その結果，母親が同じ命名をしている

表9-1 子どもによる命名の直前・直後の母親の発話タイプの割合平均値 (Murase et al., 2005)

	子どもの月齢				
	18	21	24	27	全月齢
子どもによる命名の直前の母親の発話					
同じ命名					
日本	0.65	0.39	0.29	0.34	0.41
米国	0.24	0.35	0.16	0.18	0.22
質問					
日本	0.43	0.38	0.54	0.45	0.45
米国	0.57	0.49	0.59	0.73	0.61
子どもによる命名の直後の母親の反応					
精緻化質問					
日本	0.02	0.11	0.08	0.07	0.07
米国	0.04	0.09	0.17	0.21	0.14
間主観性の確認					
日本	0.14	0.19	0.37	0.26	0.24
米国	0.06	0.00	0.05	0.04	0.04

のは日本の母子の方が多く，母親が質問をしているのは米国の母子の方が多かった。

また，子どもによる命名直後の母親の反応については，精緻化質問（話題を展開する質問，子「ぞう」→母「何してる？」など），間主観性の確認（子どもとわかり合っていることを確認する発話，子「ぞう」→母「ねえ」など）に注目した。日米ともに，子どもが話すことのできる語彙数が増大するとともに，母親による精緻化質問での応答が増大しており，母親が賭け金を上げる傾向が見られたが，全体として，米国の母親の方が精緻化質問での応答が多かった。また，日本の母親の方が間主観性の確認での応答が多かった。

以上の結果から，日本の母子の方が模倣と間主観性の確認に基づく会話をする傾向がより強く，米国の母子の方が質問と情報提供の繰り返しに基づく会話をする傾向がより強いといえる（Murase et al., 2005）。

一般的に，日本を含む東アジアの人々は，北米の人々よりも，対人関係や集団内での役割としての自己や集団内での調和を重視し，北米の人々は東アジアの人々よりも，独立したユニークな存在としての自己や個人としての有能さを重視するといわれている（Markus & Kitayama, 1991）。もちろん，それぞれの

文化内での個人差も大きく，どちらの側面も強くあわせ持つ場合もあり，単純に二分法でとらえることはできないが，上記の結果は，1歳〜2歳代から，子どもは，それぞれの文化的な背景を持った会話スタイルの中でことばを使用しているといえる。ただ，会話スタイルの違いが子どもに何をもたらすかについては，まだ十分な実証的研究は少なく，この点が今後の課題となっている。

8. 終わりに

　ことばはさまざまな心の働きの上に成り立っている。ことばの獲得には，生得的要因，他者などの環境的要因，自己形成的な経験要因などさまざまな要因が関与している。ことばの獲得に遅れが見られる子どもたちの育ちを考える上でも，こういった視点を持つことは重要であろう。

　実際の人間が年齢とともに変化していく様子を見ることは，発達心理学への関心をより深いものにする。私たちも年齢とともに変化するが，自分のことは客観的には見にくく，またある程度年齢を重ねていると変化が見えるまでには長い時間がかかる。子どもは比較的短期間で心の働きの変化が見て取れる。機会を見つけて，同じ子どもを継続して見てみるとよい。継続して見るのが難しいなら，さまざまな年齢の子どもを数人見てみるとよい。それがあなたにとっての発達心理学のはじまりとなる。

参考図書

Goswami, U. (1998) *Cognition in children.* London: Psychology Press.（岩男卓実・上淵　寿・古池若葉・富山尚子・中島伸子（訳）(2003) 子どもの認知発達　新曜社）

今井むつみ・針生悦子（2007）レキシコンの構築：子どもはどのように語と概念を学んでいくのか　岩波書店

岩立志津夫・小椋たみ子（編）(2005) よくわかる言語発達　ミネルヴァ書房

小林春美・佐々木正人（編）(2008) 新・子どもたちの言語獲得　大修館書店

岡本夏木（1982）子どもとことば　岩波書店

第10章 人とともに，社会とともに―社会心理学

飯塚由美

1. 社会心理学とは

オルポート（Allport, 1968）は，社会心理学について，その著書の中で，「他の人間が実際に存在したり，想像のうえで存在したり，あるいは，暗黙の存在によって，個人の思考・感情・行動などがどのように影響されるかを理解し，説明しようと試みること」としている。この領域の多くの研究者たちは，その方法論や技法，パラダイムやアプローチの仕方に多少の違いはあるとしても，社会心理学が人間と社会の科学として歩みだした頃から，人として現実世界で存在し生きていくうえで，「社会」とは，あるいは，人の「社会的行動」とは何かについて，ほぼ1世紀にわたって追究してきたし，つねにその疑問に答えを求めようとして努力してきた。

すなわち，私たちが認識できる社会や世界について，また，自分以外の存在である他者を意識すること，その他者の影響を受けること，そして，一方向でなく自らもその他者に対しても影響を与えていることが基本仮説となる。いわゆる現実の，あるいは認識可能な社会での相互的な影響過程に目を向ける領域である。

また，社会心理学が取り扱う研究対象（例：社会的行動，社会問題）の特徴から，その領域はきわめて学際的であり，つねに理論と応用の間の線をまたいで変遷していることに注意されたい。

2. 社会心理学史上の流れ

人間科学としての歴史は，19世紀後半にさかのぼる。1908年，初めて「社会心理学」をタイトルに含めて刊行された概説書は，アメリカ社会学者ロス（Ross, E. A.）の *"Social Psychology: An Outline and Source Book"* とイギリ

スの心理学者マクドゥーガル（McDougall, W.）の"*An Introduction to Social Psychology*"がよく知られている。偶然，同じ時期に出版されたこの2つの教科書は，当初，明確な区分を意図して出されたものではなかったが，後の社会心理学の流れに少なからず影響し，領域の違った心理学サイドと社会学サイドに区分けされた象徴的な2つのアプローチとして，現在まで続いているとの指摘もある。

　その後に，影響を及ぼしたとされるテキストとしてよくあげられているのは，クレッチとクラッチフィールド（Krech & Crutchfield, 1948）やアッシュ（Asch, 1952）の著書や，現在すでに第4版として長期にわたり継続されている代表的な入門書の1つ，リンゼイ（Lindzey, G.）らが編集する"*Handbook of Social Psychology*"があり，社会心理学を概観し，方向性や展望を示唆し，この領域と向き合うためのよき指導書になっている。

(1) 心理学的アプローチ

　ここで，社会心理学におけるアプローチの違いや取り組む視点を簡単に紹介しておこう。まず，心理学的アプローチは，心理学の基礎理論や方法論をもとに，人間の心理過程や行動を理解し，その個々人が社会を意識した中での行動を捉えようとする。中心的には，まず，人としての本質が内部に存在し，その後に社会的な環境からの影響を受けるようになるという視点がある。他の心理学領域と同様，20世紀初頭の行動主義の影響を受け，より科学的な分析法，予測やコントロールを追究し，個々の意識や個性を持つ人々が他の個人とどのように相互作用するようになるのか，どのようにして他者に影響を与え，あるいは影響を受け，社会という意識された世界を生み出すのか，またそのつくり上げた社会から個々人はどのような影響を受けるのかといった疑問が中心となる。社会心理学領域の成果としては，関連する教科書の出版も含め，雑誌数，論文数でも圧倒的にこの心理学サイドからのものが多い（Edward, 1998）。

(2) 社会学的アプローチ

　一方の社会学的な接近方法は，一般に，個人レベルの対人的影響過程（人間行動レベル）よりも，一層，包括的で大きな枠組みである社会や集団，組織の

性質や構造,役割や機能に関心が向かう。最近では,人間の内面過程に着目した研究を進めるものも出てきたが,通常,独立変数として,階級,階層などの社会経済的要因を取り上げることが多い。その根本的なスタンスは,バー(Burr, 2002)によれば,個人が社会と独立して存在するのではなく人々の間の相互作用によって個人の存在が可能となるというものである。人が社会から影響を受けるというより,社会的に埋め込まれているといってもよいという仮定に色濃く反映される。

いずれのアプローチにせよ,現実の多様で複雑に結びついた社会行動を捉える際,各々が乖離した領域のままの状態では不十分であろう。ときに,ミクロな視点ともいえる個々人からのアプローチが的確に現実の事象を説明し,その後を推測する場合もあるし,マクロ的な捉え方の方がよい場合もある。それぞれの視点を組み込んだ統合的な捉え方や分析方法,アプローチへの期待が高まっている。

3. 社会心理学で使用される主要な研究デザインと方法

主に,研究のために使用されるデザインとしては,
①実験法:実験室実験,フィールド実験
②調査法
③フィールド研究,フィールドワーク(現場調査)
④事例研究(ケーススタディ)
⑤内容分析(文書,日記,書簡,新聞記事,テキスト,音声,映像等の分析),談話分析

などである。
また,データの収集方法としてよく使用されるものを紹介すると,
①観察法:自然的,参与的,実験的
②面接法:構造化(標準化),非構造化(非標準化:自由応答形式,ライフヒストリー等),半構造化(semi-structured:折衷的方法)
③質問紙法:知識,意見,経験,特性項目と回答尺度の設定
④二次資料の活用:(第三者による)文書資料,情報提供者からの聞き取り

などがあげられる（高橋ら，2006）。

4. 社会心理学の多様な領域

　実際に活動する人々の行動と心理過程が対象であり，その場（社会）に派生するさまざまな変数や諸問題をとり扱うため，社会心理学の研究テーマはきわめて広くなる（表10-1）。社会生活にかかわる人間行動であれば，すべてが研究の射程内にある。

　また，多くの社会科学が扱う変数がそうであるように，研究対象としてとりあげる変数は個々に独立した要因ではなく互いに連鎖し変動する。いわゆる共変量の変数である。

　アメリカ心理学会は，毎年，年次学会である，The APA Annual Convention を開催しているが，その多様な心理学領域を，74のインデックスで示して，発表者に簡潔さと各々の最小限の重なりを基準に，発表エントリーのための領域（Subject index code: 2009）を選定させている。

　この中で，特に社会心理学に関連するインデックスは，Socialとして区分され，下位の選択用語に，① attitude/attitude change（態度／態度変容），② attribution（帰属），③ conflict resolution（葛藤解決），④ decision making（意思決定），⑤ group processes（集団過程），⑥ relationships（関係性），⑦ sex roles（性役割），⑧ social cognition（社会的認知）があげられている。もちろん，心理学が対象とする人間行動の多くは，1つの狭い領域区分にぴったりと当てはまることはまれで，発表者はもっとも適切な発表区分を1つ選ぶことになる。互いに明確な境界線がある訳でないため，1つの区分にとらわれず，第二のインデックスとして選ぶことも可能である。

　日本の場合，特に，現在の日本社会心理学会での発表区分からみると，表10-1のように，研究方法・統計や理論分野，個人内過程，社会的相互作用・対人関係，集団・組織・産業，集合現象，文化・社会問題，その他，近隣領域からなっている。

　個人内過程では，自己，パーソナリティといった個々人の特性を中心に据え，自己の表出や情報の開示，自己を演出する呈示，感情，動機などが含まれ

表 10-1 現在の日本社会心理学会の領域リスト (2008)

領域区分	用語（英語）
I 一般	general
11-0 研究法・統計	research method・statistics
12-0 歴史・理論	history・theory
II 個人内過程	intrapersonal process
21-0 自己・パーソナリティー	self・personality
21-1 自己概念・社会的自己	self-concept・social-self
21-2 自己開示・自己呈示	self-disclosure・self-presentation
21-3 パーソナリティーと社会的行動	personality and social behavior
22-0 感情・動機	emotion・motivation
23-0 認知	cognition
23-1 社会的認知	social cognition
23-2 対人認知・印象形成	person perception・impression formation
23-3 社会的比較	social comparison
23-4 偏見・ステレオタイプ	prejudice・stereotype
23-5 帰属・帰属のバイアス	attribution・attribution bias
23-6 リスク認知	risk-perception
24-0 態度・信念	attitude・belief
24-1 態度構造, 態度変容・説得, 信念	attitude structure・attitude change・belief system
24-2 価値意識	value consciousness
III 社会的相互作用・対人関係	social interaction・interpersonal relationships
31-0 対人的相互作用	personal interaction
31-1 対人的コミュニケーション	personal communication
31-2 協同・競争	cooperation・competition
31-3 援助	helping・supports
31-4 攻撃	aggression
31-5 対人魅力	interpersonal instruction
31-6 社会的スキル	social skill
32-0 身近な人間関係（家族・友人等, 恋愛, 対人関係の発展・崩壊）	human relations
32-1 社会的ネットワーク	social networks
33-0 ソーシャルサポート	social supports
34-0 対人葛藤・対人ストレス	interpersonal conflict・stress
35-0 被服行動・化粧行動	clothing・make-up behavior
IV 集団・組織・産業	group・organization・industry
41-0 集団	group (process)
41-1 社会的アイデンティティ	social identity
41-2 社会的交換	social exchange
41-3 社会的ジレンマ	social dilemma
41-4 集団内過程（同調と逸脱, リーダーシップ等）	group process (conformity and deviancy, leadership)
41-5 集団の意思決定	group decision making

42-0	社会的勢力・統制	social power・control
43-0	集団間関係	intragroup relationships
44-0	組織	organization
45-0	産業	industrial psychology
Ⅴ	集合現象	collective phenomenon
51-0	集合行動	collective behavior
51-1	流言	rumor
51-2	普及・流行	diffusion・fashion
52-0	コミュニケーション	communication
52-1	電子ネットワーキング	electronic networking
52-2	マスコミュニケーション	mass-communication
53-0	消費・生活意識	consumption・life consciousness
53-1	消費	comsumer behavior
53-2	ライフスタイル	lifestyle
53-3	広告	advertising
54-0	政治行動	political behavior
54-1	政治参加・投票	voting behavior
54-2	世論過程	public opinion　process
54-3	政治意識	political consciousness
Ⅵ	文化・社会問題	cultural and social issue
61-0	社会化	socialization
62-0	文化	culture
62-1	比較文化	cross-culture
62-2	異文化適応	inter-cultural adjustment
62-3	宗教	religion
63-0	社会問題・社会病理	social issue・social pathology
63-1	QOL、ライフストレス	quality of life, life-stress
63-2	性役割・ジェンダー	sex roles・gender
63-3	都市化	urbanization
63-4	高齢者・高齢化社会	aging・aging society
63-5	犯罪・非行	criminals・juvenile delinquent
63-6	いじめ・学校内の問題	bullies・school-based problem
64-0	環境	environment
Ⅶ	その他	
71-0	臨床心理	clinical psychology
72-0	発達心理	developmental psychology
73-0	教育心理	educational psychology
79-0	その他（具体的に）	

※日本社会心理学会　専門領域リスト（発表登録）（2008年版）より作成

る。また，他者についての印象形成，認知，他者との比較過程，他者の行動の原因の推論過程（帰属）などがある。

　社会的相互作用や対人関係では，双方向的な人とのかかわりを通じて，他者に対する魅力や対人的なコミュニケーション，他者との競争や共同，援助，人とのかかわりの技術である社会的スキル，対人的な葛藤，ストレス，家族をはじめとする身近な人間関係，その進展と崩壊，などが区分される。

　集団・組織・産業では，よりマクロな視点で，集団および社会へのアイデンティティ（同一性），内部の心理過程や行動を捉え，勢力関係や意思決定，リーダーシップなど組織・産業の領域を伴って展開される。また，集団内だけでなく集団間の関係も含まれている。

　集合現象では，最近の携帯電話によるeメールやパソコン通信などインターネットや種々の電子媒体によるコミュニケーションも加わった。さらに，流言やうわさの伝播，流行や広告などいわゆる大衆行動に関連する領域が並ぶ。政治や世論の形成などもこの区分である。

　文化・社会問題では，社会化を始め，比較文化や異文化適応，さらには，高齢化，都市化，犯罪・非行といった喫緊の課題，その他，現在直面する社会問題や病理を対象にしている。

　特に，現実の社会問題を対象にした場合，その多様な背景要因と広範な領域からの知識や知見が必要になる。上記にあげられたトピックスはいうまでもない。また，最近取り沙汰される食の問題について，たとえば，子どもの朝食の欠食と心身の健康の関係を調べる場合でも，ただ単に食事に伴う栄養学的な要因だけ見つめていても改善はしない。欠食は単なる食事の欠如だけを示すものではない。背後に多くの要因が潜んだ結果である。食事がとれる環境（時間や経済状況を含む），親との関係，親密なかかわりの程度，就労形態を含めた家族内外の問題など，ともに影響し合う多くの要因を考えなければならない（図10-1）。心理学的，社会学的，教育学的，経済学的，その他関係する領域とかかわることになる。

　目の前に生起している事象や現象について真摯に捉えようとすればするほど，顕現的にも潜在的にも重なり合う多くの要因を抱えていることに気づく。部分的に単純な因果関係を切り取ったり，1，2の要因を選んで条件統制し，実験す

図 10-1　ともに影響する多くの要因

るだけで終始する世界ではないし，現実問題の解決への糸口にはほど遠い。複雑に互いがリンクしている要因をつねに扱っている意識が必要である。

5. 社会的状況とは何か

　このように，多様で広範な研究対象を抱えるのが社会心理学の特徴である。現在に至るまで，長い間，研究者たちが関心を寄せてきたこの「社会」や「社会的状況」について，最近，体系化しようという動きも出ている。社会心理学

の領域の理解をより深めるために，ここで，「状況（situation）」を整理し，補足しておこう。

バウマイスターら（Baumeister & Tice, 1985）は，かつて，過去の専門雑誌にとりあげられる研究トピックスの分析から，状況属性を51個の独立した変数カテゴリーに分類・整理し，次の次元に集約して，系統的な説明を試みている。

①刺激環境（物理・社会的）
　時間や空間を含む物理的セッティング，状況内の他者との関係，他者の特徴，モダリティ，課題のタイプ，その他，雑多な刺激特性。
②実験参加者の特徴
　実験参加者パーソナリティと傾向，メンバーシップ，先行経験。
③実験参加者の認知的・情動的ダイナミックス
　引き起こされた感情，覚醒，ムード，あるいは，心配。認知的セット，ラベリング。注意方向，注意の焦点。自己への注意，自己についての情報。状況からの要求の強度，モデリング，正当性，正当化。
④関係の背景
　状況に含まれる人々のさまざまな関係性，知覚された他者の動機，態度，意図，他者についての認識の量，友好や敵意。類似性，実験参加者に影響を与える試み。
⑤可能性のマトリックス
　選択肢の範囲，実験参加者の選択あるいはコントロール，過去のできごとに対する責任，課題の困難さ，将来の相互作用への期待，力関係（依存，脆弱性，相対的な地位），関係の様相に関すること。

ただし，ここであげられているのは，あくまでこれまで研究の対象となった状況の分析結果であり，実際のあらゆる事象を正確に捉えたものではない。たぶんに研究者の関心や偏向があることはいなめない。状況分析では，状況を個々の観察者とは独立に設定する客観的特性によって研究するか，個人の認知様式を反映する主観的意味をとおして研究するか，その方向性を決める必要が

ある。どのような過程を経て，いかに状況が個人にとって主観的意味を持つようになるのか，それを理解するためには，客観的実態としての状況の概念化に関するいくつかの諸問題を考慮する必要があるだろう（Krahé, 1992）。

さらに，日本では，特に影響を受けてきた北アメリカ社会心理学の潮流に沿っているが，その独自の理論や方法で成果を生み出しているヨーロピアンの動向も今後は見逃せないだろう。

6. 研究への展開

(1) 研究の進め方（図 10-2）

1) 取り組む問題は何か（問題設定, 目的）　多くは，自分の関心事や問題意識から派生した課題や社会的に重要な問題が主に選択されるだろう。先行研究（文献レビューなど）を踏まえ，まだ解明されていないことや現時点の研究成果や知見から，一歩先の展開を期待できる方向を見つけることが要求される。また，研究には，多くの時間，労力，資金もかかるため，その研究が有するオリジナリティ，重要度，合目的性，計画性の高さ，科学性，公共性，倫理性などの条件をクリアすることが求められる。特に最近は，研究に参加・協力してくれる人々への配慮が必要となっており，個人情報の取り扱いや研究の計画・

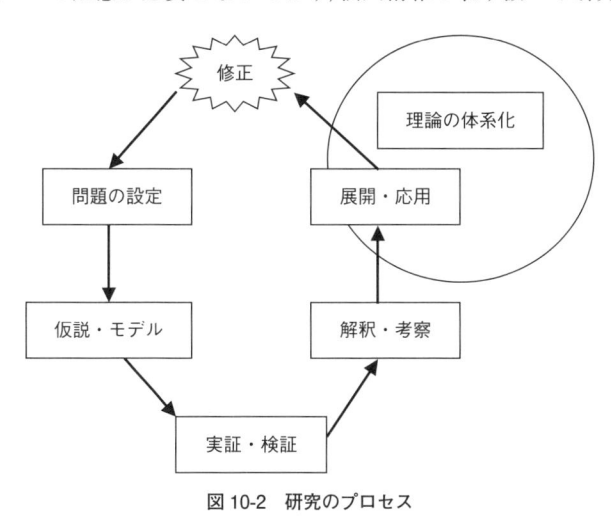

図 10-2　研究のプロセス

実施に伴う倫理的制約がある。学会で倫理ガイドラインを取り決めたり、大学や研究機関で、独自の倫理審査委員会を設けたりして研究計画に関する一定の基準を示している。

2）どんなことが予想されるのか（仮説やモデルの構成） 眼前の現象の観察を行う中で、自分なりの予想が生まれてくる。過去の研究の対立する結果や矛盾点が自分の仮説やモデルの構築のヒントとなることがある。とりあげるべき独立変数は何か、結果的に得られる従属変数は何か、そこに媒介する変数はあるのか、それは互いに影響しあっている変数なのか、人々の心理過程や行動を理解するうえで、研究で取り扱う多様な変数の整頓が必要になってくる。それが予測や仮説の構成の出発点となる。

3）どのように新たなデータを収集するか（実証，検証） 自分の仮説やモデルを検証するための具体的な方法の実行である。「研究のデザインと方法」で記述したようなさまざまな手法の中から、自分の求めたいデータを得るためにもっとも適合した方法論を採用する。研究参加者の選定（構成，規模，属性など）や調査・実験などの実施時期も適切な情報を得るために十分配慮すべき点である。

4）得られたデータをどのように解釈するか（考察，展望） 実施した調査や実験などの評価を行う。仮説やモデルは支持されたのか、結果に矛盾はないのか、修正すべき点はないか、方法論は正しかったのか、結果を解釈するのに新しい考え方を持ち出す必要があるか、自らの主観を超えてより科学的に論理的に見つめることができるのか。ここは、データが語る意味を探る重要な部分であり、今後の展開につながるかどうかを左右する。

(2) 基礎と応用―「なぜ」の追究と「現実社会で役に立つ」こと

社会心理学の基礎研究は、ある社会的状況で生じる人間行動の心理や認知プロセスの理論的（仮説的）モデルの構築に関心がある。「なぜ」や「どうして」の追究である。過去の研究成果や理論の考察や日常生活の観察に基づく新たな理論の提供も含めて、モデルや仮説・理論が適合するかどうか、ときに実験や調査を用いて実証的に検討する。

「事実を明らかにする」こと。長年にわたる、そして、多数の研究者から提

出された既存の仮説や理論，種々のモデルの検証や実証報告を重ねて，ようやく基礎研究の成果は現実的にさまざまな場面の理解や実際の問題解決のために応用できるようになる。「現実社会で役に立つ」こと。これは，実際，容易なことではない。現場での試行錯誤を繰り返しながら，結果のフィードバックを受け，また理論や仮説の修正を加えながら展開することになる。先に「社会心理学の研究領域」で紹介したが，一般の人々が日常的に身近に接することになる社会の最前線──臨床場面，産業・組織の場面（組織運営，人材活用，雇用，職業選択など），日常の衣食住（ファッション・化粧行動，食育，人と居住空間など）や消費生活（購買行動，マインドコントロールなど），環境問題の領域，教育や福祉分野，政治（国家間交渉，投票行動など），交渉，交通・観光や歴史文化，最近では，医療現場（医療過誤，ヒューマンエラーなど）や法の領域（目撃証言，裁判員制度など）に適用される。

　専門知識を深めながらも，他分野，他領域への関心を忘れず，広がりのある視点をつねに持つこと，現実社会から目を背けず，自分の持てる知識を使い，その役割を果たすこと。研究に取り組む真摯な姿勢と絶えることのない推進力，困難に向かう積極性が現実の大きく複雑な課題を解決できる研究を生み出すポイントの1つではないかと考えている。

参考図書

間場寿一（編）（1986）社会心理学を学ぶ人のために　世界思想社
藤原武弘（編）（2009）社会心理学　晃洋書房
池田謙一（1993）社会のイメージの心理学──僕らのリアリティはどう形成されるか　サイエンス社
山岸俊男（編）（2001）社会心理学キーワード　有斐閣

第11章 学習性無力感と燃え尽き症候群—臨床心理学

荒木友希子

1. 臨床心理学とは

(1) 臨床心理学とは

　近年，臨床心理学に寄せられる社会的要請は高まる一方であり，臨床心理学を学びたいという動機を持って大学に入学する学生も少なくない。彼らが臨床心理学という言葉に持っているイメージはカウンセラーや臨床心理士であったり，悩める人を助けたいという気持ちが強かったり，もしくは自分自身が悩みを抱えていることもある。しかし，実際に大学で心理学専攻コースに入って履修する科目はカウンセリングだけではない。むしろ臨床心理学に関する講義よりも，心理学概論，ラットや錯視図版を用いた心理学の基礎実験，統計法などに時間を費やすことの方が圧倒的に多いに違いない。そのためせっかく臨床心理学を学ぼうと思って大学に入ったのに自分のやりたいこととは違うことをやらされていると感じる学生がいるかもしれない。だが，臨床心理学を学ぶにはまず心理学の基礎を固めることがもっとも重要なことの1つなのである。それはなぜだろうか。そもそも臨床心理学とは何だろうか。

　田中（1988）は臨床心理学（clinical psychology）を「心理的に不健康な面すなわち問題行動をもつクライエントをより健康な方向に導くために心理学並びに関連諸科学の知見と方法を用いて専門的援助を行う応用心理学の一分野である」と定義している。ここで注目すべき点は，臨床心理学では「心理学並びに関連諸科学の知見と方法」を用いるという記述である。本書第Ⅰ部において紹介された心理学のさまざまな領域，および，精神医学や脳科学といった心理学に関連する諸科学についての幅広い知識を備えていることが臨床心理学の前提となる。これらの知識は客観的証拠に基づいた科学的研究から得られた知見や方法，技術である。臨床心理士によるカウンセリングが占い師による人生相談と根本的に異なるのは，このように科学的に裏付けられた方法や技術を用いる

ことによる。

　欧米では1990年代から実証に基づく臨床心理学が主流となっている（丹野，2001）。これは医療の領域で急速に広がったEvidence based medicineの考え方に由来するもので，治療者個人のあやふやな経験や直感に頼らず，エビデンスに基づいて最適な医療・治療を選択し，治療過程を客観的に評価しながら治療を進めることを意味している。臨床心理士によるカウンセリングが科学的根拠に基づいて行われるのは，臨床心理学の定義に鑑みると当然のことであろう。しかし一方で，臨床心理学は，一人一人の適応問題を扱う実践的学問であるため，個人差を考慮したアプローチが必要であり，個人のニーズに対応できるものでなければならない（松見，2003）。心理臨床家には，科学者としての強固な視点と実践者としての柔軟でセンシティブな感受性という異なる2つの側面が求められるのである。

(2) 心理臨床家の活動内容

　それでは，臨床心理学に携わっている心理臨床家はどのような活動を行っているのだろうか。心理臨床家の活動を具体的に知ることが臨床心理学の全体像を知ることにつながると思われるため，心理臨床家の活動内容について紹介したい。

　我が国では1988年3月に臨床心理士の資格を認定する財団法人日本臨床心理士資格認定協会が発足した。この認定協会では臨床心理士の主要な活動として，①査定，②面接，③地域援助，④研究の4種類をあげており（財団法人日本臨床心理士資格認定協会，2006），そのスタンスは現在も変わっていない。一方，同じく臨床心理士元年である1988年に刊行された「臨床心理学概説」という著書の中で田中（1988）は心理臨床家の活動内容として，①査定，②治療的介入，③研究，④教育，⑤コンサルテーション，⑥管理と組織化の6種類をあげている。認定協会の示した活動内容と重複していない2点も非常に重要な活動内容であるが，ここでは重複した4点について以下に説明する。

　1) 査　　定　　クライエントを援助していくうえで必要な人格・行動情報を系統的に収集し，クライエントに対する介入方法を決定するために作業仮説を組み立て，その結果を他者に伝達するに至るまでのプロセスである。方法と

しては，心理検査，面接，行動観察がある。特に，知能検査や人格検査などの心理検査を用いて行う査定は，医療機関や教育相談機関に勤務する心理臨床家の主要な業務の1つである。収集された査定情報は，心理臨床家が統合して報告書を作成し，査定を依頼した医師や治療チームメンバーなどに伝達されるが，近年は治療的介入を意図した位置づけで検査結果をクライエントに対して慎重にフィードバックすることも行われつつある（Finn, 1996）。また，心理検査法は臨床心理学の研究法として発展した領域でもある。

2) **面接・治療的介入**　治療的介入とは，クライエントの問題行動をより健康な方向に導くための積極的な働きかけのことであり，心理臨床家にとって多くの場合は心理療法である。代表的な心理療法として，精神分析療法，来談者中心療法，行動療法がある。特定の臨床的問題に対する心理療法の有効性に関するエビデンスは心理療法の選択に関する重要な情報を提供する（鈴木，2004）。たとえば，全般性不安障害の治療において，認知行動療法および行動療法は，待機群および精神分析療法に比べて治療者評価および患者自己評価の改善率がより高く，治療の有効性が高いことが示されている（Durham et al., 1994）。

3) **地域援助・コンサルテーション**　心理臨床家がコンサルタントとして他の専門職や職業組織，地域集団に対して知識の提供や助言を行う。代表的なものとして，地域の学校に配属されているスクールカウンセラーがあげられる。たとえば，児童・生徒の問題で困っている教師（教育の専門家）からの依頼に対して，その問題をより理解できるよう臨床心理学の専門職として助言を行う。さらに，その教師が在籍する学校システム全体の中で具体的に問題解決に取り組めるよう対応策を明確化したり，当該学校だけで解決できない場合は医療機関や児童相談所といった地域のネットワークとの連携を図ったりする。

また近年，不審者の校内侵入によって生徒や教職員が殺傷される事件や大震災の発生を契機に，危機介入（crisis intervention）が心理臨床家の大きな業務として期待されている。危機状態にある人に対して，即座に現場へ駆けつけてその人のニーズを聞き取り迅速で効果的な対応を行うことで危機を回避させ，その後のスムーズな適応を図るための援助を行う。たとえば，学校内で生徒が自殺しその現場を目撃した生徒がいた場合，教育委員会から県臨床心理士会に

対して早急に危機介入の依頼がくる。自殺の現場を目撃した生徒が恐怖心や不安を抱え，心身のバランスを崩しているときには個別に専門家の心理的援助を受けられるよう手配する。自殺した生徒の担任教師や管理職への心理的援助や，保護者やメディアとの連携を図る調整を行う。また，誤ったうわさや憶測が広まらないように学校構成員全体で事後説明（デブリーフィング）を行い，危機の事実を共有するように援助する。危機介入にはなによりも迅速な対応が急務であるが，地方都市ではこのような緊急の依頼に対応できる心理臨床家の数が少ないという問題がある。行政による危機介入ネットワークの構築が進められている都市も多い。

4）研　　究　　臨床心理学研究には，心理学の他の領域の研究とは異なっている固有の研究領域がある。より有効な臨床的介入を検証する実証研究，心理検査の臨床的妥当性を検討する調査研究，特定のクライエントの問題に対する査定，臨床的介入，症状の変化の過程について報告する事例研究などがある。心理臨床家は，臨床心理学という実践的学問の抱える倫理的問題に適切に対処し，かつ，科学としての研究手法を理解し獲得する必要がある。次の節で，臨床的問題を扱った研究について詳しく紹介する。

2. 基礎と臨床をつなぐ心理学研究

(1) 燃え尽き症候群とは

近年，教師や医療従事者がメンタルヘルスの問題で休職・退職したり，自殺したりする傾向が強くなっている。教師や看護師，介護福祉士といった対人援助職（心理臨床家も含まれる）は問題の多い現代社会において重要で今後ますます必要とされる職種である。しかし，対人援助職の人は，責任感を強く感じ仕事にのめり込みすぎて疲れ果て，次第に燃え尽きていく「燃え尽き症候群」に陥りやすい（水澤, 2007）。パインズとアロンソン（Pines & Aronson, 1988）は燃え尽き症候群を「情緒的な資源が必要とされる状況に長時間関わらざるをえなかった結果生じた，身体的，情緒的，精神的に消耗した状態」と定義した。対人援助職に燃え尽き症候群が多くみられるのは感情労働の割合が非常に大きいためである。相手の感情に寄り添って仕事をするため，自分の感情をコント

ロールしつねに適切な感情を保つ必要がある。自分の感情や身体の疲労を無視し，援助する相手のことだけを考えて仕事をすると，燃え尽きてしまうのである。燃え尽き症候群に陥ると，身体，考え方，感情，行動の4つの側面に兆候が現れる（水澤, 2007）。以下にその例を示す。

①身体的な兆候　頭が痛くなる。眠れなくなる。食欲がなくなる。
②考え方の兆候　マイナス思考になり何でも悪い方へと考える。自分は無力だと考える。どんなに頑張ってもどうせ自分にはできないと考える。
③感情の兆候　ネガティブな感情（不安，抑うつ，嫉妬など）が多くなる。自分はだめな人間だという自己否定感をもつ。
④行動の兆候　仕事の能率が悪くなる。集中力や注意力がなくなる。特定のものや行動にこだわる（アルコール，買い物，ギャンブルなど）。

(2) なぜ無力感に陥るのか

　対人援助職の人は使命感や責任感を強く持ち，高い理想を掲げて一生懸命働けば働くほど，無力感を感じてしまう。どうして無力感を感じてしまうのだろうか。この臨床的問題について，セリグマン（Seligman, 1975）の学習性無力感理論（Learned Helplessness Theory）を用いて説明できる。
　この理論では非随伴性という概念を用いて無力感のメカニズムを説明している。たとえば，①勉強すれば成績があがる，②どんなに勉強しても，成績があがらない，という2つの事象について理論を用いて説明する。①の場合，「勉強すること」（自分の行動）と「良い成績」（自分の行動によってもたらされた結果）との間には関係がある。学習性無力感理論では，このような関係を「行動に結果が随伴している」と表現する。このように自分の行動に結果が随伴している場合，「良い成績」という結果を得るためには「勉強する」という行動を取ればよいことがわかる。よって，勉強する行動は維持され，やる気は失われない。一方，②の場合，自分の行動と得られた結果の間には関係がない。すなわち，自分の行動に結果が随伴していないという非随伴的なできごとを繰り返し経験している（図11-1）。すると，「自分はどんなに勉強したって良い結果は得られないんだ」と考えるようになり，非随伴を認知することになる。そしてその結果，勉強することをあきらめてしまい，「次もどうせうまくできないだろ

図11-1 の内容:
- 非随伴的なできごとを繰り返し経験する（どんなに勉強しても成績があがらない）
- 非随伴性を認知する（自分はどんなに勉強したって良い結果は得られないんだ）
- 将来における非随伴性を予測してしまう（あきらめ）（次もどうせうまくいかないだろう）
- 学習性無力感症状

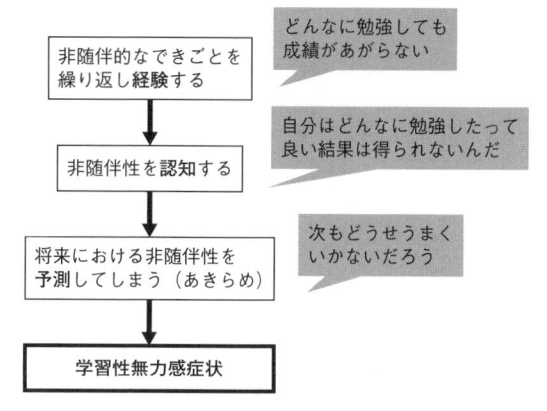

図 11-1　学習性無力感理論

う」という非随伴性の予測が形成され，将来起こりうる随伴的な状況にも非随伴性の学習が般化する。どうせ勉強しても成績は良くならない，なにをやってもだめだと考え，無力感へ陥ってしまう。学習性無力感の症状としては，①動機づけの低下（やる気がなくなる），②情緒障害（落ち込みが続く），③認知障害（次もまたうまくいかないだろう，簡単なことでも自分にはできないと思ってしまう），の3つがある。

学習性無力感の実験は，前処置とテスト課題の2段階からなり，随伴群，非随伴的経験を与えられる非随伴群（ヨークト yoked 群ともよばれる），統制群の3群を設定するトリアディックデザインという手法が用いられる（図 11-2）。セリグマンとマイアー（Seligman & Maier, 1967）がイヌを用いて行った実験が特に有名である。この実験の方法について，次に詳しく説明する。

まず前処置段階において，随伴群のイヌは，身体をハンモックに固定された状態で足に電撃を受ける。しかしイヌは鼻先でパネルを押してその電撃を停止することができる。「パネルを押す」という行動に「電撃の停止」という結果が関係（随伴）している。すなわち，随伴群のイヌは自分の力で結果をコントロールすることができる状態にある。一方，非随伴（ヨークト）群のイヌは，どのような行動を取っても自分で電撃を停止することはできない。随伴群のイヌと1頭ずつペアにして実験を行っており，随伴群のイヌが電撃を受けて停止するまでの間，非随伴群のイヌは隣のケージでその電撃を受け続けなければなら

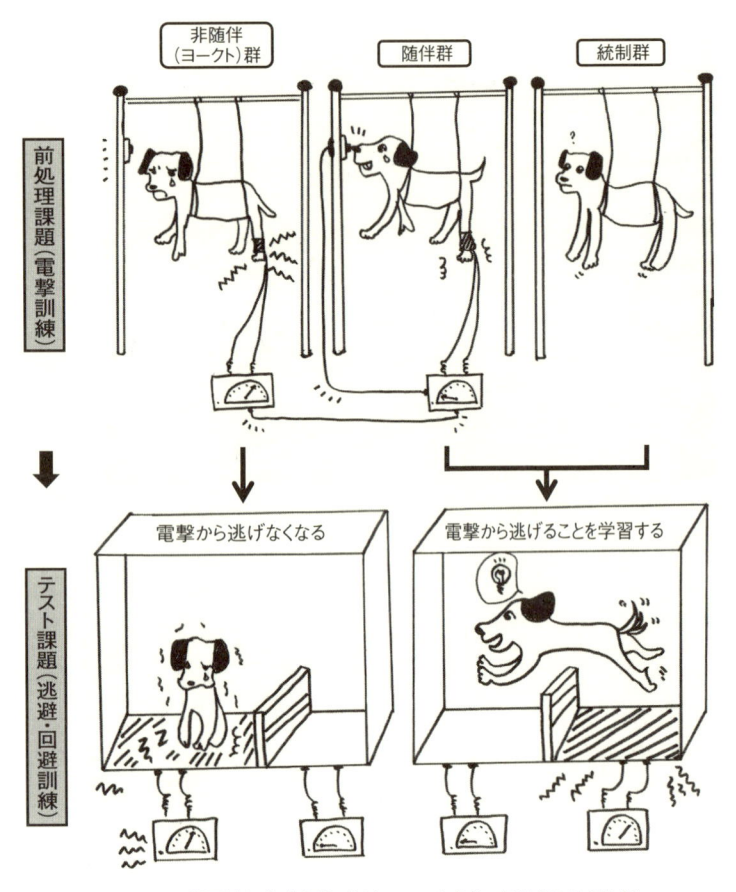

図11-2　学習性無力感実験（坂本，1997を参考に松野泰子氏が作成）

ない。このような手続きを取る理由は，両群とも物理的に同じ量の電撃を受けるように統制するためである。両群で異なるのは，嫌悪刺激である電撃の強さや量，回数ではなく，電撃を自分の力で止められるか否かという随伴性の有無だけである。また，統制群は電撃を与えられず，ハンモックに固定された。

　このような前処置を行った24時間後，テスト課題としてイヌは逃避・回避訓練を行うシャトル箱に入れられた。この箱は中央がイヌが飛び越えられる高さの壁によって仕切られており，予告信号の呈示後にイヌのいる部屋の床から電撃が与えられた。どの群のイヌも壁を飛び越えて隣の部屋に移り，電撃から

逃れることができる状況に置かれている。随伴群と統制群のイヌはすぐに隣の部屋へ飛び移ることを学習した。しかし非随伴群のイヌは，簡単に壁を飛び越えて逃げられる課題にもかかわらず，逃げずに電撃を甘受するだけであり，飛び越えることをあきらめてしまった。

　テスト課題において電撃から逃げる方法を学習したのは，前処置で電撃を受けていない統制群のイヌだけではなく，前処置で電撃を受けた随伴群のイヌも含まれた。このことから，随伴群のイヌは電撃を受けたことによる精神的ダメージの影響はなかったと考えられる。一方，随伴群と同じ量の電撃を受けた非随伴群のイヌがテスト課題において電撃から逃げることを学習できなかったのは，電撃というネガティブな外傷経験によってではなく，前処置において「パネルを押す」という行動と「電撃の停止」という結果が無関係（非随伴的）であることを学習したためであると推測できる。簡単に逃げられるはずの状況においても自分の力ではどうにもできないと考えてしまい（将来における非随伴性の予測），無気力で受動的な状態に陥ったのである。この実験から，一生懸命努力して頑張る対人援助職の人がなぜ無力感に陥りやすいのか理解できよう。一生懸命やればやるほど，自分の行動に結果が伴わないことを学習してしまうのである。

　学習心理学の動物実験に端を発した学習性無力感理論は，教育心理学や社会心理学，臨床心理学など幅広い領域で注目を集め，人間を対象とした学習性無力感研究が盛んに行われ，抑うつと学習性無力感現象との関係を検討する方向へ細分化されていった。この理論の提起以来，非随伴的なできごとを経験しても無力感に陥る人と陥らない人が存在する問題が指摘されるようになり，認知的な媒介過程に焦点を当てた検討が行われるようになった。セリグマンはエイブラムソンらとともに理論の改訂を行い，改訂学習性無力感理論を発表した（Abramson et al., 1978）。

　改訂理論の最大の特徴は原因帰属の概念を導入したことである。「客観的な非随伴性」と「認知された非随伴性」を区別し，なぜ非随伴的であったのか，その原因をどのように帰属するかによって，学習性無力感に陥ると説明した。改訂理論に基づけば，ネガティブな非随伴的出来事について，その原因を内的，安定的，全体的に帰属するほど無力感に陥りやすい。たとえば〈頑張って勉強

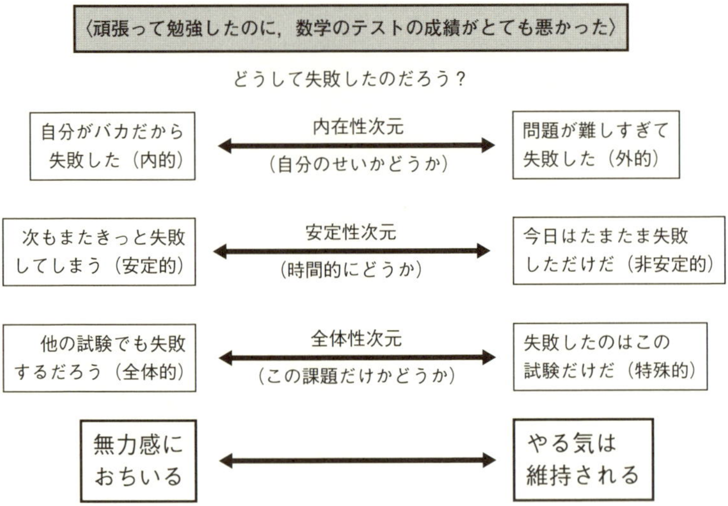

190　第Ⅱ部　心理学の展開と発展

〈頑張って勉強したのに，数学のテストの成績がとても悪かった〉

どうして失敗したのだろう？

自分がバカだから失敗した（内的）	←　内在性次元　→ （自分のせいかどうか）	問題が難しすぎて失敗した（外的）
次もまたきっと失敗してしまう（安定的）	←　安定性次元　→ （時間的にどうか）	今日はたまたま失敗しただけだ（非安定的）
他の試験でも失敗するだろう（全体的）	←　全体性次元　→ （この課題だけかどうか）	失敗したのはこの試験だけだ（特殊的）
無力感におちいる	←→	やる気は維持される

図 11-3　改訂理論における原因帰属

したのに，数学のテストの成績がとても悪かった〉というできごとについて改訂理論を用いて説明する（図 11-3）。自分がバカだから失敗した（internal 内的），次もまたきっと失敗してしまう（stable 安定的），他の試験でも失敗するだろう（global 全体的），と考えた場合，やる気がなくなり，もう勉強したいと思わなくなるだろう。一方，問題が難しすぎて失敗した（external 外的），今日はたまたま失敗しただけだ（unstable 非安定的），失敗したのはこの試験だけだ（specific 特殊的），と考えた場合，無力感にさいなまれることはないだろう。

　筆者は，改訂学習性無力感理論に関する実証的研究を心理学の基礎と臨床をつなぐ研究として位置づけ，研究を行ってきた。改訂学習性無力感理論の仮説を検証した研究では，理論の提唱された米国と日本の間に異なった結果が得られていた。日本ではネガティブな非随伴的出来事の原因を内的に帰属しても無力感の生起にはつながらなかった。すなわち，日本人は失敗の原因を自分のせいにしても落ち込まない可能性が考えられていた。そこで，荒木（2000）は，日本人大学生を対象に学習性無力感実験を行い，失敗を内的に帰属した人は外的に帰属した人と比べてより無力感に陥りやすいという改訂学習性無力感理論の仮説を検証した。

荒木（2000）の実験では，前処理課題として 40 問のうち解決不可能な問題が 14 問含まれている計算問題とアナグラム問題を用いて個別実験を実施した。その際，実験課題に対する動機づけを高めるため，実験参加者に対して「大学生の数的処理能力と言語的処理能力を測定し，成績結果によってあなたを上中下の 3 群のいずれかに分類する」「一般的な大学生ならば十分に正答可能であり，平均正答数は 40 題中 35 題である」と偽りの説明を行った。前処理課題を実施した後，解答用紙を回収して採点した結果を実験参加者に伝えた。カウンターバランスにより内的帰属群に振り分けられた実験参加者は「今までの平均正答数は 40 題中 35 題なので，X（実際の正答数）題というあなたの成績は相当悪いことになりますね」という教示を行った。一方，外的帰属群には「実は正答のない問題が含まれていたので，あなたの処理能力が劣っているわけではない」という教示を行った。その後のテスト課題では両群ともすべて解決可能な計算問題とアナグラム問題を実施した。実験終了後，実験参加者に対して実験の目的と内容について説明を行い，教示内容は事実ではないことを伝え，了解を得た。

両群の前処理およびテスト課題における平均正答率を図 11-4 に示した。実験結果から以下の 3 点が明らかとなった。①前処理課題では両群の間には差がみられなかった，②テスト課題では外的帰属群よりも内的帰属群の成績がより悪かった，③内的帰属群では前処理課題と比べてテスト課題の成績がより低下

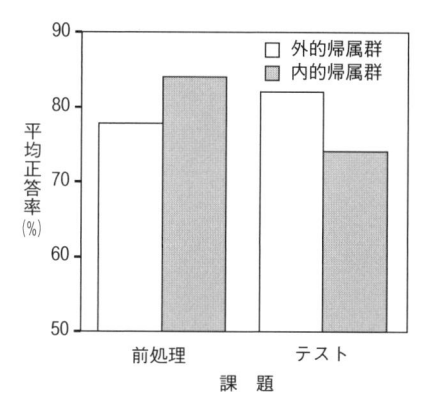

図 11-4　前処理およびテスト課題の解決可能な問題における平均正答率（荒木, 2002）

した。すなわち，両群に対して同程度の失敗を経験させた後，教示により失敗の原因を内的に帰属させた内的帰属群では成績の低下がみられたといえる。これは否定的できごとの原因を内的に帰属するほど学習性無力感に陥りやすいとする改訂理論の仮説を支持する結果である。内的帰属群では，前処理課題を一生懸命頑張って解こうとしたにもかかわらず良い成績を得ることができなかった。そしてその失敗の原因は自分にあると思いこみ，次に実施した解決可能な簡単なテスト課題に対してもどうせ自分には解くことができないだろうと考え，意欲がなくなってしまい，学習性無力感症状が生起したといえる。

　荒木（2000）の研究が欧米の結果と一致した原因として，①群の設定に関して，原因帰属の問題を扱う研究の常套手段である質問紙を用いて帰属を測定してその得点によって群分けを行わずに，実験的な教示の操作によって内的帰属群および外的帰属群を設定したこと，②学習性無力感の指標に関して，質問紙による抑うつ得点ではなく，課題の成績という行動指標を用いたこと，といった2点の研究方法の特徴が考えられる。日本人の場合，内的帰属傾向が強い人が自己評価式質問紙に回答しても，その評定値には内的帰属傾向が強いことがうまく反映されないのではないかと思われる。このように，学習性無力感の実験では，前処理とテスト課題という2段階を設定したり，トリアディックデザインを用いたり，教示による操作を行ったりすることで，研究の手法を工夫して理論の実証を行っている。

(3) 燃え尽きないためにどうすればよいのか

　対人援助職に多くみられる燃え尽き症候群を改訂学習性無力感理論に基づいて解釈すると，対人援助職の人は，①自分の行動に結果が伴わない経験を繰り返しており，②失敗したのは自分が悪いからだと強く思っていることが大きな要因となっている。たとえば，看護職の人が無力感に陥るプロセスを改訂理論によって説明すると次のようになるだろう。どれだけ一生懸命ケアしても患者は次々と亡くなっていく（非随伴的なできごとを繰り返し経験する）。自分がどんなに頑張ってケアしても良い結果は得られないと考える（非随伴性を認知する）。自分の能力が足りないからいつもどんなときも失敗する（内的・安定的・全体的帰属）。どうせなにをやってもうまくいかないだろうと考える（将

来における非随伴性を予測する)。その結果，無力感に陥り，離職へとつながる。このように解釈できる。それでは，対人援助職が燃え尽きないようにするには一体どうしたらよいのだろうか。学習性無力感研究から得られた知見に基づいて提言するならば，やはり随伴性と原因帰属の観点が重要となる。

　第一に，随伴性の経験と認知を意図的に増やすことを心がける。日常の細やかな変化や効果を観察し，自分を肯定的に評価することが大切であろう。たとえば，看護職の場合，患者さんの身体を拭いたという自分の行動によって，患者さんの表情が和らいだという結果が得られたことに気づき，自分の行動と良い結果との間には関係があるという随伴性を認知する。しかし状況によっては，自分の行動によって良い結果がもたらされることを自覚するのは難しいかもしれない。自分自身による主観的な評価では随伴性認知が困難な場合，他者からのポジティブ・フィードバックが効果的である。すなわち，ほめてもらうことが重要となる。通常，大人は子どもとは違ってなかなかほめられる機会は少ないため，ほめる機会を意識して作る必要がある。たとえば，チーム・ミーティングの場で管理職が中心となってポジティブ・フィードバックの機会を意図的に増やす。他者からのサポーティブな態度に触れることによって，自分の行動によって良い結果がもたらされることをうまく自覚できるようになるだろう。そうすれば，自分はうまくできると思える自己効力感（self efficacy）が失われずにすむ。自己効力感は無力感に陥らないよう予防するには非常に有効で重要な概念である（荒木, 2003）。

　第二に，失敗の原因をむやみに自分のせいにしないように心がける。一般的に人はなにかの原因を自分のせいにしがちである。たとえば，「雨男」という言葉があるように，どういう人がその場に存在するかということとその場の気象状況とはまったく因果関係がないにもかかわらず，雨が降ったのは自分のせいだと考える人がいる。対人援助職の人は，自分一人だけで責任を背負わないよう他者と分かち合いの場を持つことが大切である。たとえば，心理臨床家が対処困難な事例を抱えている場合，ケースカンファレンスの場で他者と情報を共有することによって，うまくいかないことが続いても自責の念にとらわれずにすみ，無力感に陥るのを防ぐことが可能になるであろう。

3. 終わりに

　臨床の現場では学問的知識ではなく，人間としての常識や想像力が求められる場面に遭遇することも多い。これから臨床心理学を志す学生は，多くの経験を積み，さまざまな人々と交流する中で自分を鍛え，そして心理学の基礎をしっかりと習得し，幅広い知識と教養を備えたうえで，心理臨床家として活動してほしい。実験や調査しかできない心理学者，実践しか知らない臨床家，それだけではどちらも一般社会の役に立つことは難しい。実験や調査といった基礎研究に従事しながらも実践場面での応用を視野に入れること，臨床の現場でクライエントに接するばかりの毎日で研究活動はできなくても研究論文を読んで理解できること，このようなことが自然に行われるようになると，基礎と臨床の間に立ちふさがる大きな壁もなくなるのではないだろうか。

参考図書

久保真人（2004）バーンアウトの心理学　―燃え尽き症候群とは―　サイエンス社

久野能弘（1993）行動療法：医行動学講義ノート　ミネルヴァ書房

宮本美沙子・奈須正裕（編）（1995）達成動機の理論と展開　―続・達成動機の心理学―　金子書房

引用文献

[第1章]

Freud, S. (1901) Zur Psychopathologie des Alltagslebens. *Monatsschrift für Psychiatrie und Neurologie*, Bd.X, Heft 1u. 2.（懸田克躬・井村恒郎（訳）(1970) 日常生活の精神病理学他（フロイト著作集4） 人文書院）

南風原朝和 (2002) 心理統計学の基礎 有斐閣

今田 恵 (1962) 心理学史 岩波書店

ケーラー（著）宮 孝一（訳）(1962) 類人猿の知恵試験 岩波書店

Koffka, K. (1935) *Principles of gestalt psychology.*（鈴木正彌（監訳）(1988) ゲシュタルト心理学の原理 福村出版）

宮城音弥 (1965) 心理学入門 [第2版] 岩波書店

大山 正・岡本夏木・金城辰夫・高橋澪子・福島 章 (1990) 心理学のあゆみ新版 有斐閣新書

大山 正（編著）(2007) 実験心理学：こころと行動の科学の基礎 サイエンス社

レヴィン, K.（著）猪俣佐登留（訳）(1956) 社会科学における場の理論 誠信書房

Smith, E. E., Nolen-Hoeksema, S., Fredrickson, B. L., & Loftus, G. R. (2003) *Atkinson & Hilgard's introduction to psychology* (14th ed.) Thomson: Wadsworth.

寺崎正治・岸本陽一・古賀愛人 (1991) 多面的感情状態尺度・短縮版の作成 日本臨床心理学会第55回大会発表論文集, 435.

渡辺恒夫 (2002) 心理学の哲学とは何か 渡辺恒夫・村田純一・高橋澪子（編）心理学の哲学 北大路書房 pp.4-20.

山内光哉 (1998) 心理・教育のための統計法〈第2版〉 サイエンス社

吉田寿夫（編著）(2006) 心理学研究法の新しいかたち 誠信書房

[第2章]

相場 覚 (1970) Stevensの新精神物理学 八木 冕（監）講座心理学4 知覚 東京大学出版会 pp.261-287.

Biederman, I. (1987) Recognition-by-components: A theory of human image understanding, *Psychological Review*, **94**, 115-147.

Broadbent, D. E. (1958) *Perception and communication.* London: Pergamon.

Deutsch, J. A., & Deutsch, D. (1963) Attention: Some theoretical considerations. *Psychological Review*, **70**, 80-90.

Harrison, J. (2001) *Synaesthesia: The strangest thing.*（松尾香弥子（訳）(2001) 共感覚：もっとも奇妙な知覚世界 新曜社）

Hochberg, J. E. (1978) *Perception* (2nd ed.) Prentice-Hall.（上村保子（訳）(1981) 知覚 岩波書店）

Julesz, B. (1971) *Foundations of cyclopean perception.* The University of Chicago

Press.
池田光男（1988）目はなにを見ているか　平凡社
Kahneman, D. (1973) *Attention and effort*. Englewood Cliffs, NJ: Prentice-Hall.
熊田孝恒（2003）視覚探索　心理学評論, **46**, 426-443.
熊田孝恒・横澤一彦（1994）特徴統合と視覚的注意　心理学評論, **37**, 19-43.
増田直衛・山田　亘・藤井輝男（1994）形の知覚　大山　正・今井省吾・和気典二（編）新編・感覚知覚ハンドブック　誠信書房　pp.606-658.
三浦佳世（2007）知覚と感性の心理学　岩波書店
大山　正・今井省吾・和気典二（編）（1994）新編感覚知覚心理学ハンドブック　誠信書房
苧阪良二（1985）地平の月はなぜ大きいか　講談社
重野　純（2003）音の世界の心理学　ナカニシヤ出版
心理学実験指導研究会（編）（1985）実験とテスト　解説編　培風館
Treisman, A. M. (1964) Monitoring and storage of irrelevant messages and selective attention. *Journal of Verbal Learning and Verbal Behavior*, **3**, 449-459.
Treisman, A., & Gelade, A. (1980) A feature integration theory of attention. *Cognitive Psychology*, **12**, 97-136.
Wolfe, J. M., Cave, K. R., & Franzel, S. L. (1989) Guided search: An alternative to the feature integration model for visual search. *Journal of Experimental Psychology: Human Perception and Performance*, **15**, 419-433.
Wolfe, J. M. (1994) Guided search 2.0：A revised model of visual search. *Psychonomic Bulletin & Review*, **1**, 202-238.

［コラム 2］
Clark, D. M., & Wells, A. (1995) A cognitive model of social phobia. In R. G. Heimberg, M. R. Liebowitz, D. A. Hope, & F. R. Schneier (Eds.), *Social phobia: Diagnosis, assessment, and treatment*. New York: Guilford Press. pp.69-93
MacLeod, C., Mathews, A., & Tata, P. (1986) Attentional bias in emotional disorders. *Journal of Abnormal Psychology*, **95**, 15-20.
MacLeod, C., Soong, L., Rutherford, E., & Campbell, L. (2007) Internet-delivered assessment and manipulation of anxiety-linked attentional bias: Validation of a free-access attentional probe software package. *Behavior Research Methods*, **39**, 533-538.
Mogg, K., & Bradley, B. P. (2002) Selective orienting of attention to masked threat faces in social anxiety. *Behaviour Research and Therapy*, **40**, 1403-1414.
Rapee, R. M., & Heimberg, R. G. (1997) A cognitive-behavioral model of anxiety in social phobia. *Behaviour Research and Therapy*, **5**, 741-756.
Wells, A., & Matthews, G. (1994) *Attention and emotion: A clinical perspective*. Lawrence Erlbaum.
Williams, J. M. G., Watts, F. N., MacLeod, C. & Mathews, A. (1997) *Cognitive*

psychology and emotional disorders（2nd ed.）Wiley.

[第3章]

Anderson, J. R., & Bower, G. H.（1972）Recognition and retrieval processes in free recall. *Psychological Review*, **79**, 97-123.

Anderson, M. C., Bjork, R. A., & Bjork, E. L.（1994）Remembering can cause forgetting: Retrieval dynamics in long-term memory. *Journal of Experimental Psychology: Learning, Memory, and Cognition*, **20**, 1063-1087.

Anderson, M. C., & Green, C.（2001）Suppressing unwanted memories by executive control. *Nature*, **410**, 131-134.

Anderson, M. C., & Spellman, B. A.（1995）On the status of inhibitory mechanisms in cognition: Memory retrieval as a model case. *Psychological Review*, **102**, 68-100.

Baddeley, A.（2000）The episodic buffer: A new component of working memory? *Trends in Cognitive Sciences*, **4**, 417-423.

Bartlett, F. C.（1932）*Remembering: A study in experimental and social psychology*. Cambridge University Press.（宇津木　保・辻　正三（訳）（1983）想起の心理学　誠信書房）

Collins, A. M., & Loftus, E. F.（1975）A spreading-activation theory of semantic processing. *Psychological Review*, **82**, 407-428.

Craik, F. I. M., & Lockhart, R. S.（1972）Levels of processing: A framework for memory research. *Journal of Verbal Learning and Verbal Behavior*, **11**, 671-684.

Ebbinghaus, H.（1885/1965）*Memory: A contribution to experimental psychology by Herman Ebbinghaus*. New York: Dover Publications.（宇津木　保（訳）（1978）記憶について　誠信書房）

Godden, D. R., & Baddeley, A. D.（1975）Context-dependent memory in two natural environments: On land and under water. *British Journal of Psychology*, **66**, 325-331.

Glanzer, M., & Cunitz, A. R.（1966）Two storage mechanisms in free recall. *Journal of Verbal Learning and Verbal Behavior*, **5**, 351-360.

Jenkins, J. G., & Dallenbach, K. M.（1924）Obliviscence during sleep and waking. *American Journal of Psychology*, **35**, 605-612.

Loftus, E. F.（1979）*Eyewitness testimony*.（西本武彦（訳）（1987）目撃者の証言　誠信書房）

Neisser, U.（1982）*Memory observed: Remembering in natural contexts*. San Francisco: W. H. Freeman and Company.（富田達彦（訳）（1988）観察された記憶――自然文脈での想起〈上〉　誠信書房）

仁平義明（1990）からだと意図が乖離するとき―スリップの心理学的理論　佐伯　胖・佐々木正人（編）アクティブ・マインド　東京大学出版会　pp.55-86.

Norman, D. A.（1981）Categorization of action slips. *Psychological Review*, **88**, 1-15.

太田信夫（1992）手続記憶　箱田裕司（編）認知科学のフロンティアⅡ　サイエンス社

pp.92-119.
太田信夫（1995）潜在記憶　高野陽太郎（編）認知心理学2　記憶　東京大学出版会 pp.209-220.
太田信夫・多鹿秀継編（1991）認知心理学―理論とデータ　誠信書房
Peterson, L. R., & Peterson, M. J. (1959) Short-term retention of individual verbal items. *Journal of Experimental Psychology*, **58**, 193-198.
Pezdek, K., Maki, R., Yalencia-Laver, D., Whestone, T., Stoeckert, J., & Dougherty, T. (1988) Picture memory: Recognition added and deleted details. *Journal of Experimental Psychology: Learning, Memory, and Cognition*, **14**, 468-476.
Rubin, D. C., Rahhal, T. A., & Poon, L. W. (1998) Things learned in early adulthood are remembered best. *Memory & Cognition*, **26**, 3-19.
Schank, R. C. (1982) *Dynamic memory*. New York: Cambridge University Press.（黒川利明・黒川容子（訳）（1988）ダイナミック・メモリ―認知科学的アプローチ　近代科学社）
Sperling, G. (1960) The information available in brief visual presentations. *Psychological Monographs*, **74**, (Whole No. 498)
Tulving, E. (1983) *Elements of episodic memory*. Oxford University Press.（太田信夫（訳）（1985）タルヴィングの記憶理論　教育出版）
苧阪真理子（2002）脳のメモ帳―ワーキングメモリ　新曜社
梅田　聡（2002）展望的記憶　井上　毅・佐藤浩一（編著）日常認知の心理学　北大路書房　pp.18-35.
高橋雅延（2002）偽りの記憶と協同想起　井上　毅・佐藤浩一（編著）日常認知の心理学　北大路書房　pp.107-127.
渡部保夫（監）（2001）目撃証言の研究：法と心理学の架け橋をもとめて　北大路書房

[コラム3]
Arenberg, D. (1978) Differences and changes with age in the Benton Visual Test. *Journal of Gerontology*, **33**, 534-540.
國見充展・松川順子（印刷中）N-back課題を用いた視覚的ワーキングメモリの保持と処理の加齢変化　心理学研究, **80**.
Park, D. C., Pugiisi, J. T., & Smith, A. D. (1986) Memory for pictures: Does an age-related decline exist? *Psychology and Aging*, **1**, 11-17.
Park, D. C., Royal, D., Dudley, W., & Morrell, R. (1988) Forgetting of pictures over a long retention interval in young and older adults. *Psychology & Aging*, **3**, 94-95.
Salthouse, T. A. (2000) Methodological assumptions in cognitive aging research. In F. I. M. Craik, & T. A. Salthouse (Eds.), *The handbook of aging and cognition* (2nd ed.) Hillsdale, NJ: Lawrence Erlbaum Associates. pp.467-498.
Seo, E. H., Lee, D. Y., Choo, I. H., Youn, J. C., Kim, K. W., Jhoo, J. H., Suh, K. W., Paek, Y. S., Jun, Y. H., & Woo, J. I. (2007) Performance on the Benton Visual Retention Test in an educationally diverse elderly population. *Journal of Gerontology*, **62**, 191-193.

Till, R. E., Bartlett, J. C., & Doyle, A. H. (1982) Age differences in picture memory with resemblance and discrimination tasks. *Experimental Aging Research*, **8**, 179-184.

Vecchi, T., & Cornoldi, C. (1999) Passive storage and active manipulation in visuospatial working memory: Further evidence from the study of age differences. *European Journal of Cognitive Psychology*, **11**, 391-406.

[第4章]

Armstrong, S. L., Gleitman, L. R., & Gleitman, H. (1983) What some concept might not be. *Cognition*, **13**, 263-308.

Bruner, J. S. (1967) *A study of thinking*. John Wiley & Sons. (岸本　弘・岸本紀子・杉崎惠義・山北　亮（訳）(1969) 思考の研究　明治図書)

Cheng, P. W., & Holyoak, K. J. (1985) Pragmatic reasoning schemas. *Cognitive Psychology*, **17**, 391-416.

Dunker, K. (1935) *Zur Psychologie des produktiven Denkens*. Berlin: Verlag von Julius Springer. (小見山栄一（訳）(1952) 問題解決の心理——思考の実験的研究　金子書房)

Gentner, D. (1983) Structure-mapping: A theoretical framework for analogy. *Cognitive Science*, **7**, 155-170.

Holyoak, K. J., & Thagard, P. (1995) *Mental leaps: Analogy in creative thought*. (鈴木宏昭・河原哲雄（訳）(1998) アナロジーの力——認知科学の新しい探求　新曜社)

改田明子（1992）日常カテゴリの概念構造　箱田裕司（編）認知科学のフロンティアⅡ　サイエンス社　pp.65-91.

Kosslyn, S. M. (1994) *Image and brain: Resolution of the imagery debate*. Cambridge, MA: The MIT Press.

Medin, D. L., Wattenmaker, W. D., & Hampson, S. E. (1987) Family resemblance, conceptual cohesiveness, and category construction. *Cognitive Psychology*, **19**, 242-279.

森　敏昭・井上　毅・松井孝雄（1995）グラフィック認知心理学　サイエンス社

Paivio, A. (1986) *Mental representations: A dual coding approach*. New York: Oxford University Press.

Rosch, E., Mervis, C. B., Gray, W. D., Johnson, D. M., & Boyes-Bream, P. (1976) Basic objects in natural categories. *Cognitive Psychology*, **8**, 382-439.

Shepard, R. N., & Metzler, J. (1971) Mental rotation of three-dimensional objects. *Science*, **171**, 701-703.

竹村和久（1996）意思決定とその支援　市川伸一（編）認知心理学4　東京大学出版会　pp.81-107.

山崎晃男（2001）アナロジー　森　敏昭（編著）おもしろ思考のラボラトリー　北大路書房　pp.15-34.

[コラム4]

藤岡美弥（2007）思考の抑制がもたらす逆説的効果について—課題遂行状況での検討— 金沢大学文学部卒業論文（未公刊）

木村　晴（2003）思考抑制の影響とメンタルコントロール方略　心理学評論, **46**, 584-596.

木村　晴（2004a）未完結な思考の抑制とその影響　教育心理学研究, **52**, 44-51.

木村　晴（2004b）望まない思考の抑制と代替思考の効果　教育心理学研究, **52**, 115-126.

陳　雅・佐藤浩一（2006）問題解決の抑制による逆説的侵入効果：単調作業遂行場面での検討　認知心理学研究, **3**, 193-203.

Wegner, D. M. (1994) Ironic processes of control. *Psychological Review*, **101**, 34-52.

Wegner, D. M., Ansfield, M., & Pilloff, D. (1998) The putt and the pendulum: Ironic effects of the mental control of action. *Psychological Science*, **9**, 196-199.

[第5章]

Bandura, A. (1965) Influence of models'reinforcement contingencies on the acquisition of imitative responses. *Journal of Personality and Social Psychology*, **1**, 589-595.

Berger, S. M. (1962) Conditioning through vicarious instigation. *Psychological Review*, **69**, 450-466.

Broberg, D. J., & Bernstein, I. L. (1987) Candy as a scapegoat in the prevention of food aversion in children receiving chemotherapy. *Cancer*, **60**, 2344-2347.

Cook, M., & Mineka, S. (1990) Selective associations in the observational conditioning of fear in rhesus monkeys. *Journal of Experimental Psychology: Animal Behavior Processes*, **16**, 372-389.

Davis, M. (1974) Sensitization of the rat startle response by noise. *Journal of Comparative and Physiological Psychology*, **87**, 571-581.

Domjan, M., & Wilson, N. E. (1972) Specificity of cue to consequence in aversion learning in the rat. *Psychonomic Science*, **26**, 143-145.

Groves, P. M., & Thompson, R. F. (1970) Habituation: A dual process theory. *Psychological Review*, **77**, 419-450.

Merckelbach, H., Muris, P., & Schouten, E. (1996) Pathways to fear in spider phobic children. *Behavior Research and Therapy*, **34**, 935-938.

Rochat, P., Striano, T., & Morgan, R. (2004) Who is doing what to whom?: Young infants'developing sense of social causality in animated displays. *Perception*, **33**, 355-369.

[コラム5]

上野糧正・谷内　通（2004）産業的な飼育条件下におけるブタのレバー押し反応の形成，獲得，消去，および自発的回復　動物心理学研究, **54**, 87-97.

上野糧正・谷内　通（2006a）ブタのレバー押し行動のオペラント条件づけにおけるモ

デル観察の効果　社会環境研究, **12**, 201-209.
上野糧正・谷内　通（2006b）ブタ（Sus scrofa）のレバー押し事態におけるまとめ押し行動の規定因　動物心理学研究, **56**, 91-99.

[第6章]

Bower, G. H. (1981) Mood and Memory. *American Psychologist*, **36**, 129-148.
Cannon, W. B. (1931) Again the James-Lange theory and the thalamic theories of emotions. *Psychological Review*, **38**, 281-295.
Dutton, D. G., & Aron, A. P. (1974) Some evidence for heightened sexual attraction under conditions of high anxiety. *Journal of Personality and Social Psychology*, **30**, 510-517.
Forgas, J. P. (1995) Mood and judgment: The affect infusion model (AIM). *Psychological Bulletin*, **117**, 39-66.
藤原武弘・黒川正流・秋月左都士（1983）日本版Love-Liking尺度の検討　広島大学総合科学部紀要Ⅲ, **7**, 39-46.
浜　治世（編）（1981）現代心理学講座8　動機・情緒・人格　東京大学出版会
濱　治世・鈴木直人・濱　保久（2001）感情心理学への招待　サイエンス社
畑山俊輝（編）（2005）感情心理学パースペクティブズ　北大路書房
Heider, F. (1958) *The psychology of ineterpersonal relations*. John Wiley.
日本行動科学学会（編）（1997）動機づけの基礎と実際　川島書店
宮本美沙子・奈須正裕（編）（1995）達成動機の理論と展開──続・達成動機の心理学　金子書房
Maslow, A. H. (1970) *Motivation and personality* (2nd ed.) New York: Harper & Row.（小口忠彦（訳）（1987）[改訂新版] 人間性の心理学　産業能率大学出版部）
村田孝次（1987）四訂版教養の心理学　培風館
大山　正（編著）（2007）実験心理学：心と行動の科学の基礎　サイエンス社
プルチック, R.（1981）情緒と人格　浜　治世（編）（1981）現代心理学講座8　動機・情緒・人格　東京大学出版会, pp.145-162.
Rubin, Z. (1970) Measurement of romantic love. *Journal of Personality and Social Psychology*, **16**, 265-273.
鈴木直人（編）（2007）朝倉心理学講座10　感情心理学　朝倉書店
斎藤　勇（編）（1987）対人社会心理学重要研究集2　対人魅力と対人欲求の心理　誠信書房
Schacheter, S., & Singer, J. E. (1962) Cognitive, social, and physiological determinants of emotional state. *Psychological Review*, **69**, 379-399.
Schlosberg, H. (1954) Three dimensions of emotion. *Psycholigical Review*, **61**, 81-88.
Strack, F., Martin, L. L., & Stepper, S. (1988) Inhibiting and facilitating conditions of the human smile: A nonobtrusive test of the facial feedback hypothesis. *Journal of Personality and Social Psychology*, **54**, 768-777.
高橋雅延（2002）感情の操作方法の現状　高橋雅延・谷口高士（編）感情と心理学：発

達・生理・認知・社会・臨床の接点と新展開　北大路書房　pp.66-80.
上田吉一（1988）人間の完成　誠信書房
上淵　寿（編著）（2004）動機づけ研究の最前線　北大路書房
渡部保夫（監修）（2001）目撃証言の研究：法と心理学の架け橋をもとめて　北大路書房
山田　寛（2007）表情　鈴木直人（編）朝倉心理学講座10 感情心理学　朝倉書店
山本真理子・外山みどり・池上知子・遠藤由美・北村英哉・宮本聡介（編）（2001）社会的認知ハンドブック　北大路書房

[コラム 6]
Ashby, F. G., Isen, A. M., & Turken, U.（1999）A neuropsychological theory of positive affect and its influence on cognition. *Psychological Review*, **106**, 529-550.
Dreisbach, G., & Goschke, T.（2004）How positive affect modulates cognitive control: Reduced perseveration at the cost of increased distractibility. *Journal of Experimental Psychology: Learning, Memory, and Cognition*, **30**, 343-353.
Isen, A. M., & Daubman, K. A.（1984）The influence of affect on categorization. *Journal of Personality and Social Psychology*, **47**, 1206-1217.
高橋雅延・谷口高士（2002）感情と心理学――発達・生理・認知・社会・臨床の接点と新展開　北大路書房
田中沙夜香（2008）ポジティブ感情が認知的柔軟性に及ぼす影響――Switching 課題における検討　金沢大学文学部卒業論文（未公刊）
島井哲志（2006）ポジティブ心理学の背景と歴史的経緯　島井哲志（編）　ポジティブ心理学――21世紀の心理学の可能性　ナカニシヤ出版　pp.3-21.
寺崎正治・岸本陽一・古賀愛人（1991）多面的感情状態尺度・短縮版の作成　日本臨床心理学会第55回大会発表論文集, 435.

[第 7 章]
Felleman, D. J., & Van Essen, D. C.（1991）Distributed hierarchical processing in the primate cerebral cortex. *Cerebral Cortex*, **1**, 1-47.
Gauthier, I., Skudlarski, P., Gore, J. C., & Anderson, A. W.（2000）Expertise for cars and birds recruits brain areas involved in face recognition. *Nature Neuroscience*, **3**, 191-197.
小林　繁・熊倉鴻之助・黒田洋一郎・畠中　寛（1997）絵とき　脳と神経の科学　オーム社
Lichtheim, L.（1985）On aphasia. *Brain*, **7**, 433-483.
Macko, K. A., Jarvis, C. D., Kennedy, C., Miyaoka, M., Shinohara, M., Sokoloff, L., & Mishkin, M.（1982）Mapping the primate visual system with [2-14C] deoxyglucose. *Science*, **218**, 394-397.
三上章允（1993）視覚の進化と脳　朝倉書店
Penfield, W., & Rasmussen, T.（1950）*The cerebral cortex of man: A clinical study of*

localization of function. Macmillan.
Sperry, R. W. (1968) Mental unity following surgical disconnection of the cerebral hemispheres. *The Harvey Lectures, Series 62.* Academic Press. pp.293-323.
Sperry, R. W. (1974) Lateral specialization in the surgically sepaated hemispheres. In F. O. Schmitt, & F. G. Worden (Eds), *The neuroscinces: Third study program*. MIT Press. pp.5-19.
Ungerleider, L. G. & Mishkin, M. (1982) Two cortical visual systems. In D. J. Ingle, M. A. Goodale & R. J. W. Mansfield (Eds), *Analysis of visual behavior*. MIT Press, pp.549-586.
八木文雄(2006) 神経心理学―認知・行為の神経機構とその障害 放送大学教育振興会
山鳥 重(1985) 神経心理学入門 医学書院

[第8章]
Bond, A. B., Kamil, A. C., & Balda, R. P. (2003) Social complexity and transitive inference in corvids. *Animal Behavior*, **65**, 479-487.
Brannon, E. M., & Terrace, H. S. (2000) Representation of the numerosities 1−9 by rhesus macaques (*Macaca mulatta*). *Journal of Experimental Psychology: Animal Behavior Processes*, **26**, 31-49.
Bravo, M., Blake, R., & Morrison, S. (1988) Cats see subjective contours. *Vision Research*, **28**, 861-865.
Brudzynski, S. M. (2005) Principles of rat communication: Quantitative parameters of ultrasonic calls in rats. *Behavior Genetics*, **35**, 85-92.
Cook, R. G., Brown, M. F., & Riley, D. A. (1985) Flexible memory processing by rats: Use of prospective and retrospective information in the radial maze. *Journal of Experimental Psychology: Animal Behavior Process*, **11**, 453-469.
Davis, H. (1992) Transitive inference in rats (*Rattus norvegicus*). *Journal of Comparative Psychology*, **106**, 342-349.
Davis, H., & Bradford, S. A. (1986) Counting behavior by rats in a simulated natural environment. *Ethology*, **73**, 265-280.
D'Amato, M. R., & Salmon, D. P. (1984) Processing of complex auditory stimuli (tunes) by rats and monkeys (*Cebus apella*). *Animal Learning & Behavior*, **12**, 184-194.
藤田和生(1998) 比較認知科学への招待:「こころ」の進化学 ナカニシヤ出版
Gillan, D. J. (1981) Reasoning in the chimpanzee: II. Transitive inference. *Journal of Experimental Psychology: Animal Behavior Processes*, **7**, 150-164.
Gillan, D. J., Premack, D., & Woodruff, G. (1981) Reasoning in the chimpanzee: I. Analogical reasoning. *Journal of Experimental Psychology: Animal Behavior Processes*, **7**, 1-17.
Harper, D. N., McLean, A. P., & Dalrymple-Alford, J. C. (1993) List item memory in rats: Effects of delay and delay task. *Journal of Experimental Psychology: Animal Behavior Processes*, **19**, 307-316.

引用文献

Herman, L. M., & Arbeit, W. R. (1973) Stimulus control and auditory discrimination learning sets in the bottlenose dolphin. *Journal of the Experimental Analysis of Behavior*, **19**, 379-394.

Herman, L. M., Beach, F. A., Pepper, R. L., & Stalling, R. B. (1969) Learning-set formation in the bottlenose dolphin. *Psychonomic Science*, **14**, 98-99.

Jenkins, J. J., & Hanratty, J. (1949) A drive intensity discrimination in the albino rat. *Journal of Comparative and Physiological Psychology*, **42**, 228-232.

Kesner, R. P., & DeSpain, M. J. (1988) Correspondence between rats and humans in the utilization of retrospective and prospective codes. *Animal Learning and Behavior*, **16**, 299-302.

MacDougall-Shackleton, S. A., & Hulse, S. H. (1996) Concurrent absolute and relative pitch processing by European Starlings (*Sturnus vulgaris*). *Journal of Comparative Psychology*, **110**, 139-146.

Mackintosh, D. S., Wilson, B., & Boakes, R. A. (1985) Differences in mechanisms of intelligence among vertebrates. In L. Weiskrantz (Ed.), *Animal intelligence*. Oxford: Clarendon Press. pp.53-65.

Maki, W. S., & Hegvik, D. K. (1980) Directed forgetting in pigeons. *Animal Learning & Behavior*, **8**, 567-574.

McGonigle, B. O., & Chalmers, M. (1977) Are monkeys logical ? *Nature*, **267**, 694-696.

Matsuzawa, T. (1985) Use of numbers by chimpanzee. *Nature*, **315**, 57-59.

Miller, R. R. & Berk, A. M. (1977) Retention over metamorphosis in the African claw-toed frog. *Journal of Experimental Psychology: Animal Behavior Processes*, **3**, 343-356.

Papini, M. R. (2006) Role of surprising nonreward in associative learning. *Japanese Journal of Animal Psychology*, **56**, 35-54.

Pepperberg, I. M. (1999) *The Alex studies: Cognitive and communicative abilities of grey parrots*. Cambridge, MA: Harvard University Press. (渡辺　茂・山崎由美子・遠藤清香（訳）（2003）アレックス・スタディ：オウムは人間の言葉を理解するか　共立出版)

Roitblat, H. L. (1980) Codes and coding processes in pigeon short-term memory. *Animal Learning & Behavior*, **8**, 341-351.

Roper, K. L., Kaiser, D. H., & Zentall, T. R. (1995) True directed forgetting in pigeons may occur only when alternative working memory is required on forget-cue trials. *Animal Learning and Behavior*, **23**, 280-285.

Slotnick, B., Hanford, L., & Hodos, W. (2000) Can rats acquire an olfactory learning set? *Journal of Experimental Psychology: Animal Behavior Processes*, **26**, 399-415.

Son, L. K., & Kornell, N. (2005) Metacognitive judgments in rhesus macaques: Explicit versus implicit mechanisms. In H. Terrace & J. Metcalfe (Eds.), *The missing link in cognition: Origins of self-reflective consciousness*. New York: Oxford University Press, pp.296-320.

Stonebraker, T. B., & Rilling, M. (1981) Control of delayed matching-to-sample performance using directed forgetting techniques. *Animal Learning & Behavior,* **9**, 196-201.

谷内　通・杉原淳子 (2007) ラットにおける特定刺激の選択的な計数と新奇刺激への転移　動物心理学研究, **57**, 136.

Von Fersen, L., Wynne, C. D. L., Delius, J. D., & Staddon, J. E. R. (1991) Transitive inference formation in pigeons. *Journal of Experimental Psychology: Animal Behavior Processes,* **17**, 334-341.

Warren, J. (1965) Comparative psychology of learning. *Annual Review of Psychology,* **16**, 95-118.

鷲塚清貴・谷内　通 (2006) キンギョにおける放射状迷路課題の習得　動物心理学研究, **56**, 27-33.

鷲塚清貴・谷内　通 (2007) ゼブラフィッシュの放射状迷路遂行における順向性干渉　動物心理学研究, **57**, 73-79.

[第9章]

Carpenter, M., Nagell, K., & Tomasello, M. (1998) Social cognition, joint attention, and communicative competence from 9 to 15 months of age. *Monographs of the Society for Research in Child Development,* **63** (4), serial no. 255.

Gershkoff-Stowe, L., & Smith, L. B. (2004) Shape and the first hundred nouns. *Child Development,* **75**, 1098-1114.

Iverson, J. M., & Goldin-Meadow, S. (2005) Gesture paves the way for language development. *Psychological Science,* **16**, 367-371.

Jusczyk, P. W. (1999) How infants begin to extract words from speech. *Trends in Cognitive Sciences,* **3**, 323-328.

Markus, H. R., & Kitayama, S. (1991) Culture and the self: Implications for cognition, emotion, and motivation. *Psychological Review,* **98**, 224-253.

Murase, T., Dale, P. S., Ogura, T., Yamashita, Y., & Mahieu, A. (2005) Mother-child conversation during joint picture book reading in Japan and the USA. *First Language,* **25**, 197-218.

小椋たみ子 (2008) 障害児のことばの発達：初期言語発達と認知発達の関係　小林春美・佐々木正人 (編) 新・子どもたちの言語獲得　大修館書店　pp.201-229.

Piaget, J. (1936) *La naissance de l'intelligence chez l'enfant.* Paris: Delachaux et Niestlé.（谷村　覚・浜田寿美男（訳）(1978) 知能の誕生　ミネルヴァ書房）

Quinn, P. C. (2002) Early categorization: A new synthesis. In U. Goswami (Ed.), *Blackwell handbook of childhood cognitive development.* Malden, MA: Blackwell. pp.84-101.

Saffran, J. R., Aslin, R. N., & Newport, E. L. (1996) Statistical learning by 8-month-old infants. *Science,* **274**, 1926-1928.

Smith, L. B., Jones, S. S., Landau, B., Gershkoff-Stowe, L., & Samuelson, L. (2002)

Object name learning provides on-the-job training for attention. *Psychological Science*, **13**, 13-19.
高井直美・高井弘弥 (1996) 初期シンボル化における身ぶり動作と音声言語との関係 発達心理学研究, **7**, 20-30.
Tomasello, M. (1999) *The cultural origins of human cognition.* Cambridge, MA: Harvard University Press. (大堀壽夫・中澤恒子・西村義樹・本多 啓 (訳) 心とことばの起源を探る：文化と認知　勁草書房)
Tomasello, M. (2003) *Constructing a language: A usage-based theory of language acquisition.* Cambridge, MA: Harvard University Press. (辻　幸夫・野村益寛・出原健一・菅井三実・鍋島弘治朗・森吉直子 (訳) ことばをつくる：言語習得の認知言語学的アプローチ　慶應義塾大学出版会)

[第10章]

Allport, G. W. (1968) The historical background of modern social psychology. In G. Lindzey & E. Aronson (Eds.), *The handbook of social psychology.* Addison-Wesley.
Asch, S. E. (1952) *Social psychology.* New York: Prentice-Hall.
Baumeister, R. F., & Tice, D. M. (1985) Toward a theory of situational structure. *Environment and Behavior*, **17**(2), 147-192.
Burr, V. (2002) *The person in social psychology.* Psychology Press. (堀田美保 (訳) (2005)　社会心理学が描く人間の姿　ブレーン出版)
Edward, E. J. (1998) Major development in five decades of social psychology. In T. Daniel, G. Susan, T. Fiske & G. Lindzey (Eds.), *The handbook of social psychology* (4th ed). The McGraw-Hill.
Hogg, M. A. (Eds.) (2003) *Handbook of social psychology.* London SAGE.
Krahé, B. (1992) *Personality and social psychology: Towards a synthesis.* Sage Publication. (堀毛一也 (編訳) (1996) 社会的状況とパーソナリティ　北大路書房)
Krech, D., & Crutchfield, R. S. (1948) *Theory and problems of social psychology* (1st ed.) New York: McGraw-Hill.
McDougall, W. (1908) *An introduction to social psychology.* London: Methuen (reprint. New York: Barnes & Noble, 1960).
Ross, E. A. (1908) *Social psychology: An outline and source book.* New York: Macmillan.
高橋順一・渡辺文夫・大渕憲一 (編著) (2006) 人間科学研究法ハンドブック　ナカニシヤ出版

[第11章]

Abramson, L. Y., Seligman, M. E. P., & Teasdale, J. D. (1978) Learned helplessness in human: Critique and reformulation. *Journal of Abnormal Psychology*, **87**, 49-74.
荒木友希子 (2000) 教示による原因帰属の操作が学習性無力感に与える影響　心理学研

究, **70**, 510-516.
荒木友希子（2003）学習性無力感における社会的文脈の諸問題　心理学評論, **46**, 141-157.
Durham, R. C., Murphy, T., & Allan, T. (1994) Cognitive therapy, analytic psychotherapy and anxiety management training for generalized anxiety disorder. *British Journal of Psychiatry*, **165**, 315-323.
Finn, S. E. (1966) *Manual for using the MMPI-2 as a therapeutic intervention*. Minneapolis, MN: University of Minnesota Press.（田澤安弘・酒木　保（訳）(2007) MMPIで学ぶ心理査定フィードバック面接マニュアル　金剛出版）
松見淳子（2003）臨床心理学の基礎　今田　寛・宮田　洋・加集　寛（編）心理学の基礎　三訂版　培風館
水澤都加佐（2007）仕事で燃えつきないために―対人援助職のメンタルヘルスケア―　大月書店
Pines, A., & Aronson, E. (1988) *Career burnout: Causes and cures* (2nd ed). New York: Free Press.
坂本真士（1997）自己注目と抑うつの社会心理学　東京大学出版会
Seligman, M. E. P. (1975) *Helplessness: On depression, development, and death*. San Francisco: Freeman（平井　久・木村　駿（監訳）(1985) うつ病の行動学―学習性絶望感とは何か―　誠信書房）
Seligman, M. E. P., & Maier, S. F. (1967) Failure to escape traumatic shock. *Journal of Experimental Psychology*, **74**, 1-9.
鈴木伸一（2004）医療　内山喜久雄・坂野雄二（編）現在のエスプリ別冊　エビデンス・ベースト・カウンセリング　至文堂
田中富士夫（編）(1988) 臨床心理学概説　北樹出版
丹野義彦（2001）エビデンス臨床心理学　日本評論社
財団法人日本臨床心理士資格認定協会（監修）(2006) 臨床心理士になるために（第18版）　誠信書房

人名索引

A
Abramson, L. Y.　189
Adler, A.　8
相場 覚　28
Allport, G. W.　170
Anderson, J. R.　54
Anderson, M. C.　56, 58
荒木友希子　190-193
Arbeit, W. R.　158
Arenberg, D.　63
Arnold, M. B.　126
Aron, A. P.　125
Aronson, E.　185
Asch, S. E.　171
Ashby, F. G.　131
Attkinson, J. W.　114

B
Baddeley, A. D.　46, 52
Bandura, A.　108
Bard, P.　124, 125
Bartlett, F. C.　57, 59
Baumeister, R. F.　178
Berger, S. M.　107
Berk, A. M.　148
Bernstein, I. L.　95
Biederman, I.　33, 34
Bolles, R. C.　106
Bond, A. B.　155
Bower, G. H.　54, 128
Bradford, S. A.　153
Bradley, B. P.　41
Brannon, E. M.　154
Bravo, M.　148
Breland, K.　106
Breland, M.　106
Broadbent, D. E.　38

Broberg, D. J.　96
Broca, P. P.　137
Brodmann, K　137
Brudzynski, S. M.　148
Bruner, J. S.　79
Burr, V.　172
Byrne, D.　129

C
Cannon, W. B.　124, 125
Carpenter, M.　165
Chalmers, M.　154
Cheng, P. W.　71
陳 雅　84
Clark, D. M.　41
Collins, A. M.　61
Cook, M.　107
Cook, R. G.　152
Cornoldi, C.　63
Craik, F. I. M.　53
Crutchfield, R. S.　171
Cunitz, A. R.　46

D
Dallenbach, K. M.　55
D'Amato, M. R.　148
Darwin, C. R.　121, 124
Daubman, K. A.　131
Davis, H.　153, 155
Davis, M.　89
DeSpain, M. J.　153
Deutsch, D.　39
Deutsch, J. A.　39
Domjan, M.　94
Dreisbach, G.　131
Dunker, K.　75
Durham, R. C.　184

Dutton, D. G.　125
Dweck, C. S.　114

E
Ebbinghaus, H.　48, 54, 55
Edward, E. J.　171
Ekman, P.　121, 123, 124

F
Fechner, G. T.　5, 28
Felleman, D. J.　142
Finn, S. E.　184
Forgus, J. P.　128
Freud, S.　7-9, 126
藤岡美弥　84
藤田和生　148
藤原武弘　129

G
Gauthier, I.　143
Gelade, A.　40
Gentner, D.　74
Gershkoff-Stowe, L.　163
Gillan, D. J.　155
Glanzer, M.　46
Godden, D. R.　52
Goldin-Meadow, S.　166
Goschke, T.　131
Green, C.　58
Groves, P. M.　88

H
南風原朝和　20
濱 治世　124, 130

人名索引　209

Hanratty, J.　156
Harper, D. M.　149, 150
Harrison, J.　23
Hegvik, D. K.　151
Heider, F　129, 130
Heimberg, R. G.　41
Hering, K. E. K.　25
Herman, L. M.　158
Hochberg, J. E.　23
Holyoak, K. J.　71, 74
Hull, C. L.　7, 99
Hulse, S. H.　148

I
池田光男　25
猪俣佐登留　6
Isen, A. M.　131
Iverson, J. M.　166

J
James, W.　124, 125
Jenkins, J. G.　55
Jenkins, J. J.　156
Julesz, B.　35
Jung, C.　8, 10
Jusczyk, P. W.　162

K
Kahneman, D.　39
改田明子　80, 81
懸田克躬　8
河原哲雄　74
Kesner, R. P.　153
木村　晴　84
岸本　弘　79
Kitayama, S.　169
小林　繁　136
Köhler, W.　6, 66
小見山栄一　75
Kornell, N.　156
Kosslyn, S. M.　81

Krahé, B.　179
Krech, D.　171
熊田孝恒　39, 40
國見充展　63, 64

L
Lange, C.　124, 125
Lazarus, R. S.　126
LeDoux, J. E.　125
Lewin, K.　6
Lichtheim, L　138
Lindzey, G.　171
Linton, M.　49
Lockhart, R. S.　53
Loftus, E. F.　57, 62, 127

M
MacDougall-Shackleton, S. A.　148
MacGonigle, B. O.　154
Mackintosh, D. S.　157
Macko, K. A.　141
MacLeod, C.　41, 42
Maier, S. F.　187
Maki, W. S.　150
Markus, H. R.　169
Maslow, A. H.　116, 117
増田直衛　32
松川順子　63, 64
松見淳子　183
松野泰子　188
松尾香弥子　23
Matsuzawa, T.　154
Matthews, G.　41
McDougall, W.　171
Medin, D. L.　80
Merckelbach, H.　107
Metzler, J.　81, 82
Miller, R. R.　148
Mineka, S.　107
Mishkin, M.　141

三浦佳世　22
宮城音弥　10
宮　孝一　6
宮本美沙子　113
水澤都加佐　185, 186
Mogg, K.　41
森　敏昭　77, 78
Mowrer, O. H.　105
Murase, T.　168
村田孝次　119
Murray, H. A.　113, 114
Murstein, B. I.　129

N
奈須正裕　113
Neisser, U.　49
仁平義明　60
西本武彦　57
Norman, D. A.　60

O
小椋たみ子　167
苧阪真理子　47
苧阪良二　31
太田信夫　50
大山　正　6-8, 24, 29, 31

P
Paivio, A.　81
Papini, M. R.　157
Park, D. C.　63
Pavlov, I. P.　89, 90
Penfield, W.　143
Pepperberg, I. M.　154
Peterson, L. R.　45, 46
Peterson, M. J.　45, 46
Pezdek, K.　58
Piaget, J.　160, 161
Pines, A.　185
Plutick, R.　121, 122, 124

Q

Quinn, P. C. 162

R

Rapee, R. M. 41
Rasmussen, T. 143
Rescorla, R. A. 96
Rilling, M. 151
Rochat, P. 89
Roitblat, H. L. 152
Roper, K. L. 151
Rosch, E. 80
Ross, E. A. 170
Rubin, D. C. 49
Rubin, E. 31
Rubin, Z. 129

S

Saffran, J. R. 162
斎藤　勇 129
坂本真士 188
Salmon, D. P. 148
Salthouse, T. A. 64
佐藤浩一 84
Schacter, S. 125, 126
Schank, R. C. 59
Schlosberg, H. 121, 123
Seligman, M. E. P. 105, 106, 186, 187
Seo, E. H. 63
Shepard, R. N. 81, 82
重野　純 24
島井哲志 131
Singer, J. 125
Skinner, B. F. 7
Slotnick, B. 157
Smith, E. E. 11
Smith, L. B. 163, 164
Son, L. K. 156

Sperling, G. 43
Sperry, R. W. 139
Sternberg, R. J. 129
Stevens, S. S. 28
Stonebraker, T. B. 151
Strack, F. 126
杉原淳子 154
鈴木宏昭 74
鈴木伸一 184

T

高橋雅延 57, 127, 131
高橋順一 173
高井弘弥 167
高井直美 167
竹村和久 78
田中富士夫 182, 183
田中沙夜香 131
谷口高士 131
谷内　通 109, 110, 154, 158
丹野義彦 183
寺崎正治 16, 132
Terrace, H. S. 154
Thagard, P. 74
Thompson, R. F. 88
Tice, D. M. 178
Till, R. E. 63
Tinbergen, N. 86
Titchener, E. B. 5
Thorndike, E. L. 98, 99
Tolman, E. C. 7, 99, 100
Tomasello, M. 164
富田達彦 49
Treisman, A. 39, 40
辻　正三 57
Tulving, E. 52, 54

U

上淵　寿 112-114, 116
上野糧正 109, 110
梅田　聡 49
Ungerleider, L. G. 141
宇津木　保 48, 57

V

Van Essen, D. C. 142
Vecchi, T. 63
Von Fersen, L. 155

W

Warren, J. 157
鷲塚清貴 158
渡辺恒夫 3
渡部保夫 57, 127
Watson, J. B. 7, 90, 91
Wegner, D. M. 84, 85
Weiner, B. 114, 115
Wells, A. 41
Wernicke, C. 137, 138
Wertheimer, M. 6
Williams, J. M. 41
Wilson, N. E. 94
Wolfe, J. M. 40
Wundt, W. 4

Y

八木文雄 135, 137, 141
山田　寛 123, 126
山内光哉 19
山崎晃男 75
横澤一彦 39
吉田寿夫 4

Z

Zaijons, R. B. 126

事項索引

あ
アクションスリップ　59
アクションスキーマ　59
悪定義問題　68
足場作り　167
アナログ表象　81
アメリカ心理学会（APA）
　　173
アルゴリズム　68
ERP　146
EEG　145
鋳型照合モデル　33
閾　26
意識　5
　──心理学　5
　──性　4
維持リハーサル　45
意図的忘却　58
隠蔽　95
隠喩　75
ヴィジランス　37
where 経路　141
後ろ向きの解決法　69
運動残像　37
運動野　139
鋭敏化　88
エス　8
S－O－R 図式　7
fMRI　146
MEG　146
演繹推論　69
延髄　136
おばあさん細胞　144
オペラント水準　103
オペラント箱　100
オペレーター　66
音韻類似性効果　47

音韻ループ　46

か
快－不快　122
概念　69, 164
　──形成　72, 163
解発刺激　86
回避－回避型　118
確実性効果　78
学習　86
　回避──　100
　──性無力感　106
　　──理論　186
　　改訂──　189
　──セット　157
　──の構え　157
　──の準備性　94
　──の生物学的制約
　　106-107
　観察──　108
　継時弁別──　103
　再──法　54
　刺激－刺激──　96
　刺激－反応──　96
　試行錯誤──　98
　社会的──　107
　条件性弁別──　103
　潜在──　99
　統計的──　163
　同時弁別──　103
　逃避──　100
　連続逆転──　157
覚醒水準　122
カクテルパーティ現象
　38
獲得　92, 102
確率推論　73

仮現運動　37
家族的類似性　80
可塑性　145
形バイアス　163
学校心理士　21
活性化拡散モデル　61
葛藤　118
カテゴリー　79, 161
　──化　79
　──階層　80
ガルシア効果　91
感覚可能範囲　26
感覚遮断実験　115
感覚ネットワークモデル
　128
感覚野　139
関係概念　153
観察　12
　──学習　108
干渉　55
感情混入モデル　128
感性　22
感度　26
間脳　136
顔面フィードバック効果
　126
記憶
　意味──　59
　エピソード──　48
　回想的──　50, 151
　画像──　57
　感覚──　43
　──術　51
　──の系列位置効果
　　150
　──の二段階貯蔵モデル
　　44

212　索　引

　　——範囲　45
　　顕在——　50
　　作動——　46
　　視覚的——　57
　　自伝的——　49
　　潜在——　50
　　手続き——　50
　　展望的——　49, 151
記述的理論　76
記述統計学　19
基礎カテゴリー　80
帰属　114, 173, 191
基礎水準　80, 162
期待×価値理論　114
機能的核磁気共鳴画像法　146
帰納推論　69
気分一致効果　127
気分状態依存効果　52, 127
帰無仮説　20
記銘　43
逆向干渉　55
キャノン・バード説　124
嗅覚　22
急速反復書字　60
橋　136
強化　98
　　——後休止　104
　　——スケジュール　103
　　正の——　101
　　代理——　108
　　負の——　101
強化子
　　一次性——　101
　　条件性——　101
　　正の——　101
　　トークン——　101
　　般性——　101

　　負の——　101
　　無条件性——　101
驚愕反応　87
共感覚　23
凶器注目効果　127
強制選択法　54
共通運命　34
　　——の要因　37
共同注意　165
共分散構造分析　16
極限法　5
近赤外分光法　11, 146
近接　33
　　——の要因　97
空間の異方性　35
群化　33
　　——の法則　33
経験説　160
経験的な手がかり　36
継時的負の対比効果　157
計数　153
系列位置曲線　45
ゲシュタルト心理学　6
結合探索　39
原因帰属　189
　　——理論　115
研究デザインと方法　172
検索　43
減衰モデル　38
検定力　20
語彙判定課題　62
構音抑制　47
効果の法則　99
恒常法　5
構成主義　5
構成説　160
向性論　10
行動　3, 4, 13
　　——科学　3

　　——喚起機能　111
　　——主義　7
　　新——　7
後頭葉　136
効用　76
心の理論　158
個人心理学　8
個人内過程　173
語長効果　47
コンサルテーション　184

さ
サーベイマップ　83
最終選択モデル　39
再生　53
　　——の二過程説　54
再認　53
サイン刺激　86
錯視　30
　　幾何学的——　148
　　月の——　31
査定　184
三色説　24
地　→　図と地
ジェームズ・ランゲ説　124
ジオン　33
自我　8
視覚　22
　　——的探索　39
視空間スケッチパッド　46
刺激閾　26
刺激頂　26
刺激特定性　88
刺激般化　88, 92, 102
試行錯誤　66
　　——学習　98
自己　173
自己決定感　115

事項索引

自己効力感　193
視差　35
指示忘却　58, 150
事象関連電位　146
辞書編纂の方略　77
自然観察　13
実験　13
　　——参加者　13, 178
　　——室実験　14, 172
実際運動　36
質問紙調査法　15
実用的推論スキーマ　71
自動運動　37
自動反応形成　91
シナプス　134
自発的回復　92, 102
ジャーゴン　137
社会　170
　　——学的アプローチ
　　　　171
　　——的行動　170
　　——的状況　177
　　——的相互作用　173
　　——文化的アプローチ
　　　　167
写像　74
シャトル箱　100
集合現象　173
集合論モデル　61
従属変数　13
集団・組織・産業　173
種間一般性　87
主観的確率　77
主観的輪郭　32, 148
主題化効果　71
種に特有の防御反応
　　106
馴化　87-88
　　——-脱馴化法　89
　　脱——　88
順応　29

暗——　30
明——　29
順向干渉　55
消去　102
　　——抵抗　92, 102
状況　178
条件刺激　90
条件性抑制　90
条件づけ
　　延滞——　93
　　オペラント——　98,
　　　　110
　　感性予備——　95
　　逆行——　93
　　高次——　94
　　興奮——　97
　　古典的——　89
　　痕跡——　93
　　時間——　93
　　瞬目——　91
　　制止——　97
　　道具的——　98
　　同時——　93
　　二次——　94
　　パブロフ型——　89
　　複合——　95
　　味覚嫌悪——　91
　　レスポンデント——
　　　　89
条件反応　90
小細胞　141
上側頭溝　142
状態依存効果　52
象徴機能　166
象徴見本合わせ　149
情動の二要因理論　125
小脳　136
情報へのアクセス　56
省略　101
初期状態　66
触覚　22

初頭効果　46, 150
処理水準　53
自律神経　136
神経細胞　134
神経発火　134
信号検出理論　29
新近効果　46, 150
身体感覚　22
心的回転　81
心的表象　59
真にランダムな統制条件
　　97
心理学検定　21
心理学的アプローチ
　　171
心理進化説　121
心理的単位　45
心理統計学　18
図　→　図と地
推移的推論　154
推測統計学　20
随伴　186
随伴性　97
　　三項——　98
　　正の——　97
　　非——　186
　　負の——　97
推論　154
スキーマ　57, 59
スキャラップ　105
スクリプト（台本）　59
スケジュール
　　強化——　103
　　　固定間隔——　105
　　　固定比率——　104
　　　部分強化——　104
　　　変動間隔——　105
　　　変動比率——　104
　　　連続強化——　103
スティーブンスの法則
　　29

図と地　31
ストループ干渉　17
　　逆——　17
成熟　159
精神物理学的測定法　5
精神分析学　8
生成効果　51
精緻化　51
　　——リハーサル　45
生得説　160
制約条件　66
整列効果　83
接近－回避型　118
接近－接近型　118
絶対閾　26
節約率　54
選言方略　77
潜在制止　93
全体性　4
全体報告法　43
全体野　31
選択的注意　37
選択の連合性　94
前頭葉　136
想起　43
走性　86
側頭葉　136
側性化　138
属性の重み　76
側抑制　32
阻止　96
組織的観察　13
存在想起　49

た
ターゲット領域　74
第一種の誤り　20
第二種の誤り　20
対偶　70
大細胞　141
対人援助職　185

対人関係　173
対人魅力　129
体制化　50
体性神経　136
大脳　136
対比　25
代表性バイアス　73-74
諾否法　54
多属性効用分析　76
達成目標理論　114
他人の手徴候　143
多変量解析　16
段階説　25
単純反復接触効果　126
地域援助　184
遅延見本合わせ　149
知覚
　　——の恒常性　36
　　——表象システム　50
　　——閉合　32
　　——的流暢性　126
逐次接近法　103
知的な好奇心　115
注意資源　39
注意バイアス　41
中心溝　136
中枢起源説　125
中脳　136
聴覚　22
超自我　8
調整法　5
丁度可知差異　27
直喩　75
貯蔵　43
治療的介入　184
通様相性現象　23
TOT現象　43
定位反応　87
定義的素性　61
データ　14, 180
　　——の収集方法　172

未加工の——　18
適刺激　22
典型性　80
同化　26
動機
　　感性——　116
　　欠乏——　116
　　社会的——　113
　　成長——　116
　　生理的——　112
　　達成——　114
　　——づけ　111
　　内発的——　115
　　ホメオスタシス性——
　　　　112
洞察　6, 66
頭頂葉　136
トークン強化子　101
特性論　10
特徴探索　39
特徴統合理論　39
特徴の正負数比較方略
　　77
特徴分析モデル　33
独立変数　13
トップダウン処理　59
トリアディックデザイン
　　187

な
内観　5
内容想起　49
二重符号化理論　81
日本社会心理学会の領域リ
　　スト　174, 175
ニューロン　134
NIRS　11, 146
人間情報処理心理学　11
認知地図　82, 100
認知的評価理論　126
認定心理士　21

事項索引　215

ネットワークモデル　61
脳幹　136
脳磁計　146
脳波　145

は
パーソナリティ　9, 173, 178
背側系　141
罰　101
　　正の——　101
　　負の——　101
発達段階　160
発達連関　161
場面観察法　13
パペッツの情動回路　125
バランス理論　129
般化勾配　93, 102
反射　86
半側空間無視　139
反対色説　25
パンディモニアムモデル　33
反応形成　103
PNA 現象　128
比較心理学　147
非感性的完結化　32
皮膚感覚　22
非見本合わせ　149
ヒューリスティックス　68
　　代表性——　73
　　利用可能性——　74
標準化　10, 19
標準正規分布　19
標準偏差　19
評定値　19
標本　19
頻度の要因　97
フィールド実験　14, 172

フィルターモデル　38
フェヒナーの法則　28
腹側系　141
符号化　43
　　——特定性原理　52
ブタ　109, 110
部分強化消去効果　104
部分報告法　43-44
プライミング
　　間接——　62
　　直接——　62
　　反復——　62
　　——効果　62
　　——実験　61
ふり遊び　166
プレマックの原理　102
プロスペクト理論　77
プロトタイプ　80
分化　93
文化・社会問題　173
分散　19
　　——効果　51
分析心理学　8
文脈依存効果　52
平均　19
閉合　33
ベース・レートの無視　74
ベース領域　74
PET　146
変数　13
弁別　103
　　——閾　27
　　——刺激　98
防衛機制　119
忘却　43, 55
放射状迷路　149
保持　43
ポジティブ・フィードバック　193
母集団　19

補償反応　97
本能的行動　86

ま
マガーク効果　23
マグニチュード推定法　28
末梢起源説　124
マンセル色立体　24
味覚　22
身ぶり　166
見本合わせ課題　149
無条件刺激　90
無条件反応　90
明順応　29
メタ認知　156
面接　184
網膜非対応　35
燃え尽き症候群　185
目標状態　68
目標づけ機能　111
モダリティ　23, 178
模倣　165

や
薬物耐性　97
ヤング・ヘルムホルツ仮説　25
有意差検定　20
誘導運動　37
誘導探索モデル　40
有能さ　115
よい形　34
よい連続　34
幼児期健忘　56
要素　5
　　——主義　5
容量モデル　39
欲求不満　119

ら

リハーサル　150
隆起現象　49
領域一般説　161
領域特殊説　161
良定義問題　66
利用できる可能性　56
両耳分離聴実験　38

理論ベース　80
臨界期　144
臨床心理学　182
　——研究　185
臨床心理士　21
臨床発達心理士　21
類型論　10
類推　69, 74, 155

累積反応曲線　104
類同　33
ルートマップ　83
連言錯誤　73
連言方略　76

わ

what 経路　141

執筆者紹介(五十音順，*は編者)

荒木友希子(あらき・ゆきこ)
金沢大学人間社会研究域人間科学系准教授
担当：第Ⅱ部第11章

飯塚由美(いいつか・ゆみ)
島根県立大学短期大学部保育学科准教授
担当：第Ⅱ部第10章

上野糧正(うえの・りょうせい)
石川県立大学附属農場助教
担当：コラム5

國見充展(くにみ・みつのぶ)
国立長寿医療研究センター研究員
担当：コラム3（共著）

小島治幸(こじま・はるゆき)
金沢大学人間社会研究域人間科学系教授
担当：第Ⅱ部第7章

谷内　通(たにうち・とおる)
金沢大学人間社会研究域人間科学系准教授
担当：第Ⅰ部第5章，第Ⅱ部第8章

松川順子(まつかわ・じゅんこ)*
金沢大学人間社会研究域人間科学系教授
担当：第Ⅰ部第1章，第2章，第3章，第4章，第6章
コラム1，3（共著），4，6

松本　圭(まつもと・けい)
金沢工業大学基礎教育部准教授，同カウンセリングセンター・カウンセラー
担当：コラム2

村瀬俊樹(むらせ・としき)
島根大学法文学部教授
担当：第Ⅱ部第9章

心・理・学

基礎の学習と研究への展開

2009 年 5 月 20 日　初版第 1 刷発行
2015 年 3 月 25 日　初版第 4 刷発行

定価はカヴァーに表示してあります

　　編著者　　松川順子
　　発行者　　中西健夫
　　発行所　　株式会社ナカニシヤ出版
　　　　〒606-8161　京都市左京区一乗寺木ノ本町 15 番地
　　　　　　telephone　075－723－0111
　　　　　　facsimile　075－723－0095
　　　　　　郵便振替　01030－0－13128
　　　　　　URL　http://www.nakanishiya.co.jp/
　　　　　　E-mail　iihon-ippai@nakanishiya.co.jp

装丁＝白沢　正／印刷＝ファインワークス／製本＝兼文堂
Printed in Japan
Copyright © 2009 by J. Matsukawa
ISBN978-4-7795-0354-2

◎本書のコピー，スキャン，デジタル化等の無断複製は著作権法上での例外を除き禁じられています．本書を代行業者等の第三者に依頼してスキャンやデジタル化することは，たとえ個人や家庭内での利用であっても著作権法上認められておりません．